KB253267

송복규 지음

부동산으로
주머니돈
100억 만들기

가림출판사

　"못 합니다. 다른 분을 찾아보세요."
　출판사로부터 출간 제의가 들어왔을 때 한마디로 잘라 거절했었다. 매일 매일 기사를 쓰고 있는 기자이지만 내 이름을 걸고 책을 낸다는 것은 상당히 부담스러운 일이기 때문이다.

　'내가 무엇을 많이 알고 있다고 책을 내겠나' 라는 생각이 들었던 것은 물론 10여 년 넘게 부동산시장에 몸담아 온 전문기자 선배들이 유독 많은 터라 부끄러움이 앞섰던 것도 사실이다. 하지만 출판사의 설득이 여러 차례 이어졌고 결국 초보 투자자를 위한 책이라면 한번 써보겠다는 결정을 내렸다.

　토지, 경매 등 한 분야에 대한 투자지침서들이 많지만 부동산 투자에 통달한 전문가 수준의 독자들에게 도움이 될 만한 메시지를 전달할 자신이 없었다. 부동산 기자로서 다양한 부동산 분야를 접하고는 있지만 아직 한 분야의 전문가라고 얘기하기는 부족한 부분이 많다.

　그러나 어떤 아파트를 사야할지, 어떤 청약통장에 가입해야 좋을지 모르는 초보 투자자들에게 도움이 될 수 있다면 짧은 지식이나마 정리할 필요가 있다는 생각이 들었다. 실제로 내가 부동산 투자를 시작한다면 어떤 점이 궁금할까라는 마음가짐으로 글을 썼다.

　출간 목표대로 이 책은 각 상품에 대한 기초적이고 원론적인 내용으로 꾸며져 있다. 때문에 초보 투자자가 아닌 부동산 지식이 해박한 투자자에게는 맞지 않을 수도 있다.

　부동산에 관심이 있다면 꾸준히 관심을 가지고 노력하라고 말하고 싶다. 신문이든, 인터넷이든, TV이든 간에 관련 뉴스나 정보 등은 꼼꼼히 체크하고 본인의 것으로 만들어야 한다. 그래야만 시시각각 변하는 '부동산시장을 보는 눈'을 가질 수 있다.

부동산에 투자해 성공하거나 실패하는 사례를 들여다보면 공통된 특징이 있다. 성공하는 사람들은 투자 현실을 받아들이고 그에 대한 노력과 분석을 아끼지 않지만, 실패하는 사람들은 특별한 노력이나 시장 분석 없이 이미 관철된 본인의 생각만 고집한다는 것이다. '시장을 보는 눈' 못지 않게 '시장에 대처하는 유연성'도 중요하다.

초보 투자자들이 이 책을 통해 각 부동산 상품에 대한 기본 지식을 익히고 '시장을 보는 눈'과 '시장에 대처하는 유연성'을 키워 부동산 투자에 성공하기를 진심으로 바란다.

이 책을 쓸 수 있도록 많은 도움을 주신 머니투데이 건설부동산부 방형국, 남창균, 문성일, 이경호, 원종태, 이정선 선배님들과 매일경제 김규식 선배님께 진심으로 감사 드린다. 바쁘다는 핑계로 약속된 기한보다 원고 마감이 많이 늦어졌음에도 배려를 아끼지 않은 가림 출판사 직원 여러분께도 감사의 말씀을 전하고 싶다.

겨울로 다가가는 가을밤에 **송복규**

C O N T E N T S

03 소액 투자법

– 적은 돈으로 하는 부동산 투자

웰빙 투자법

– 웰빙과 부동산 투자를 한 번에

상품별 투자법

부동산 기본상품,
이렇게 투자하면 '백전백승'

제1장 아파트

아파트

돈 되는 아파트,
따로 있다

대학 동창인 K씨와 J씨는 지난 1996년 노원구 상계동에 있는 20평형 주공아파트를 8,000만 원에 구입해 신혼살림을 시작했다. 2001년 K씨는 강남구 개포동에 있는 21평형 아파트를 1억 5,000만 원에 매입해 이사했고, J씨는 1억 1,000만 원을 들여 노원구 중계동에 있는 25평형 아파트로 옮겼다. 현재 K씨의 강남 아파트는 3억 5,000만 원을 호가하고 있는데 반해 J씨의 중계동 아파트는 1억 5,000만 원 수준에 머물러 있다.

내 집을 가지고 있는 사람이라면 '다른 아파트는 가격이 오르는데 왜 우리 아파트는 그대로일까' 라는 생각을 해본 적이 한두 번쯤은 있을 것이다. 실제로 부동산 경기 침체에도 여전히 가파른 상승률을 자랑하는 아파트들이 있는가 하면 호황기에도 가격이 그대로이거나 분양가 이하로 떨어지는 마이너스 프리미엄 단지들도 있다.

그렇다면 어떤 아파트를 골라야 돈이 될까? 아파트를 구입할 때 꼭 따져봐야 할 조건들은 다음과 같다.

  아파트 값을 좌우하는 가장 중요한 요소는 교통여건이다. 같은 지역에 위치해 있더라도 걸어서 지하철을 이용할 수 있는 역세권 아파트가 그렇지 않은 단지보다 가격이 비싼 것도 이 때문이다. 걸어서 10~15분 이내에 지하철역에 닿을 수 있는 단지가 좋지만 그렇지 않다면 단지 앞에서 지하철역까지 바로 연결되는 버스 노선이 많은 곳도 눈 여겨 볼 만하다. 향후 지하철역이 개설될 지역에 관심을 갖는 것도 바람직하다. 출퇴근 시간에 자가용으로 도심, 강남 등으로 진출하기 쉬운지 여부도 아파트를 고르는 중요한 잣대이다. 상습 정체구역의 경우 교통체증이 집값 상승의 걸림돌이 될 수도 있다.

  아파트 단지 규모는 클수록 좋다. 1000가구 이상의 대단지가 가장 좋지만 관심 지역에 대단지가 없다면 적어도 500가구 이상 되는 아파트를 골라야 한다. 단지 규모가 커야 편의시설이 고루 갖춰져 생활환경이 좋아진다. 1~2개 동 규모의 '나 홀로 단지'의 경우 상가 등 편의시설이 형성되지 않아 생활에 불편을 겪을 수도 있다. 매매 거래나 환금성면에서도 대단지가 유리하다. 소규모 단지에 비해 매물이나 수요가 풍부해 거래가 수월하기 때문이다.

  '거실이나 안방에서 무엇이 내다보이나' 가 아파트값을 결정짓는 중요한 변수로 떠오르면서 같은 아파트, 같은 동, 같은 평형이라 해도 조망권에 따라 가격이 수억 원씩 차이나는 경우가 많다. 따라서 건물로 꽉 막혀 조망이 답답한 저층보다는 고층 아파트를 고르는 것이 바람직하다. 하지만 조망권이 좋다고 선뜻 높은 프리미엄을 주고 샀다가 다른 건물이 들어서 조망을 가리는 등 낭패를 볼 수도 있으므로 주의해야 한다.

웰빙 열풍이 불면서 주거 쾌적성은 아파트를 고르는 중요한 기준이 되었다. 특히 산이나 강, 공원 등을 끼고 있으면서 단지 내 광장이나 조경시설까지 잘 갖춰져 있는 아파트는 그렇지 않은 아파트에 비해 가격 상승폭이 크다. 단지 안이나 주변에 피트니스센터나 대형쇼핑시설, 문화센터 등이 들어서 있다면 '쾌적한 생활'과 '아파트값 상승'이라는 두 마리 토끼를 잡을 수 있다. 반면 주변에 유해물질을 배출하는 공장이나 납골당 등 혐오시설이 있거나 차로와 인접해 오염·소음이 심한 아파트들은 값이 오를 가능성이 낮다.

서울의 강남이나 분당 등 신도시에서는 같은 지역에서도 길 하나를 사이에 두고 아파트값이 2배 이상 차이가 날 정도로 학군의 위력이 대단하다. 아이를 위해 무리해서 강남으로 이사갈 필요는 없지만 구입하려는 아파트 인근에 어떤 학교가 있는지, 통학여건은 어떤지 꼼꼼히 살피는 것이 좋다. 해당 지방자치단체나 단지 인근 부동산중개업소에 문의해 배정 학교 등을 확인하는 것도 좋은 방법이다. 초등학생 자녀가 있다면 단지 내에 초등학교가 있는 아파트가 여러 면에서 유리하다.

아파트 브랜드 역시 가격을 결정하는 요인이다. 입지여건, 단지 규모, 구성 평형 등 조건이 모두 같은 아파트들 중에서도 브랜드 인지도가 높은 아파트의 가격이 단연 비싼 것을 보면 '브랜드의 힘'을 실감할 수 있을 것이다. 일반적으로 대형 건설회사의 브랜드 아파트들이 분양 때 청약 경쟁률이 높고 입주 후에도 가격 상승탄력이 강하다. 특정 지역에 집중적으로 공급된 일부 브랜드 아파트의 경우 일종의 타운을 형성해 가격 상승을 주도하기도 한다.

현재 조건도 중요하지만 향후 개발계획 등 발전가능성도 따져봐

야 한다. 지하철이나 도로 개통, 택지개발지구·신도시개발 예정
지 인근 아파트는 가치가 급상승하기 마련이다. 다만 소문이나 부
동산중개업자의 말만 믿기보다는 아파트를 구입하기 전에 해당 지
방자치단체나 기관에 개발 내용이나 일정 등을 꼼꼼히 확인해야
한다.

Tip

✳ 돈 되는 아파트 고르는 법 ✳

❶ **교통여건** : 걸어서 지하철을 이용할 수 있는 역세권, 도심·강남 등으로의
　　　　　　　진·출입이 쉬운 단지
❷ **단지규모** : 1000가구 이상 대단지, 서울에서는 적어도 500가구 이상
❸ **조망권** : 강·산·공원 등 조망이 탁 트인 단지, 저층 가구보다는 고층 가
　　　　　　구가 유리
❹ **쾌적성** : 녹지공간이 풍부하고 주변에 체육·쇼핑·문화시설이 있는 단지
❺ **학교시설** : 유망 학군·명문 학교로의 배정이 가능한 단지
❻ **브랜드** : 대형 건설사의 인지도 높은 브랜드 단지
❼ **발전가능성** : 택지개발지구·신도시 등 개발 예정지 인근 아파트

나에게 맞는 청약통장

2003년 2월 대학을 졸업한 L씨는 사회에 첫발을 내딛으면서 바로 주택 청약통장을 만들었다. 청약통장에 가입하는 것이 내 집 마련과 투자를 위해 바람직하다는 거래은행 재테크 담당자의 조언 때문이었다. 청약통장에 가입한 이후 멀게만 느껴졌던 아파트 청약, 부동산재테크 등에 관심이 가기 시작했다. 1순위 조건이 갖춰지면 판교신도시 아파트에도 청약해 볼 생각이다.

아파트 후분양제 추진과 분양시장 침체로 한때 청약통장 무용론이 제기된 적도 있다. 하지만 청약제도가 사라지지 않는 한 청약통장 가입은 내 집 마련을 위한 필수 과정이다. 서민들이 프리미엄 없이 새 아파트를 마련하는 가장 좋은 방법이 청약이고, 청약 기회를 얻으려면 청약통장에 가입해야 하기 때문이다.

2007년 후분양제가 본격 시행되더라도 아파트 청약 과정상 순위를 정해야 하므로 청약통장은 유효할 것으로 보인다. 정부의 주택정책 초점이 서민들이 쉽게 내 집을 마련하는데 맞춰져 있다는 점도 서둘러 청약통장에 가입해야 할 이유이다.

당장 청약할 계획이 없는 사람도 청약통장에 가입해 두는 것이 유리하다. 청약자격을 확보해두면 향후 갑자기 아파트에 청약할 사정이 생기더라도 유용하게 쓸 수 있다. 일반예금보다 이자가 높으므로 장기 저축에 들었다고 생각하면 된다. 필자도 이 같은 이유에서 4년 전에 가입한 청약통장을 지금까지 보유하고 있다.

청약통장에는 청약저축, 청약부금, 청약예금 등 세 가지가 있다. 종류에 따라 가입 금액과 돈을 넣는 방법, 청약할 수 있는 아파트가 달라지므로 자신의 수입과 자금 상황에 맞는 상품을 골라야 한다. 예전에는 특정 은행에서만 가입 신청을 받았지만 현재는 모든 시중은행에서 가입할 수 있다. 다만 청약저축은 국민은행, 우리은행, 농협에서만 들 수 있다. 만 20세 이상이면 누구나 청약통장 개설을 할 수 있지만 계좌 수는 통장종류, 금융기관을 통틀어 1개로 제한된다.

청약저축

청약저축은 국민주택기금 지원을 받는 국민주택이나 국가, 지방자치단체, 대한주택공사 등이 건설하는 전용면적 25.7평(85m²) 이하 아파트에 청약할 수 있다. 원칙상 20세 이상의 무주택세대주만 가입할 수 있지만 60세 이상 또는 장애인인 직계존속을 부양하는 호주승계예정자(세대구성원 전원이 무주택일 경우)는 세대주가 아니더라도 청약저축을 들 수 있다.

매월 2만~10만 원 범위에서 5,000원 단위로 자유롭게 납입하면 되므로 목돈이 없는 직장인이나 신혼부부에게 적당하다. 연말 정산시 연간 불입금액의 40%까지 소득공제 혜택도 받을 수 있다. 가입 후 6개월 이상 저축액을 납입하면 2순위, 2년이 지나면 1순위 자격이 생긴다. 청약시 가구주 본인이나 배우자가 5년 이내 다른 주택에 당첨된 사실이 없어야 한다. 동일 1순위일 경우 청약납입 횟수와 저축총액이 많은 사람이 당첨되므로 1순위 자격이 생겼더라도 당첨될 때까지 계속 저축하는 것이 좋다.

청약부금

청약부금은 전용면적 25.7평(85m²) 이하 민영아파트, 민간건설 중형국민주택의 청약우선권이 주어진다. 만 20세 이상이면 세대주가 아니라도, 주택을 소유하고 있어도 가입할 수 있다. 즉 같은 세대 구성원이라도 20세 이상이면 각자의 청약통장을 소유할 수 있는 것이다. 청약부금은 서울·부산 300만 원, 기타 광역시 250만 원, 기타 시·군 200만 원 등으로 지역에 따라 가입금액이 다르다. 매달 납부하는 적금식 상품으로 목돈을 예치시켜 놓지 않아도 청약 자격이 생긴다는 것이 장점이다. 보통 월 납입액은 5만~50만 원이지만 은행에 따라 권장 납입액이 다르므로 가입할 때 자세히 문의해야 한다.

예치금이 가입금액 이상이고 가입한 지 2년이 지나면 1순위가 된다. 6개월 이상 납부한 사람에게는 2순위 자격이 주어진다.

청약예금

　청약예금의 경우 민간건설업체가 국민주택기금을 지원 받지 않고 건설하는 민영주택에 청약할 수 있는 상품이다. 국가, 지방자치단체 등이 짓는 국민주택 가운데 전용면적 25.7평($85m^2$)을 초과하는 아파트에도 청약자격이 주어진다. 청약부금과 마찬가지로 만 20세 이상이면 가입을 할 수 있고 가입 후 2년이 지나면 1순위, 6개월이 지나면 2순위가 된다.

　청약예금은 가입시 일정액을 예치해야 하므로 목돈이 필요하다. 예치 금액에 따라 청약할 수 있는 아파트 규모가 달라지는 만큼 중대형 아파트가 필요한 사람이 가입하기에 적합하다. 서울·부산의 경우 전용면적별 예치금액은 25.7평 이하($85m^2$) 300만 원, 25.7평($85m^2$) 초과 30.8평($102m^2$) 이하 600만 원, 30.8평 초과($102m^2$) 40.8평($135m^2$) 이하 1,000만 원, 40.8평($135m^2$) 초과 1,500만 원 등이다. 가입 후 2년이 지나면 1순위, 6개월이 지나면 2순위가 된다.

청약통장의 종류

구　분 (전용면적 기준)	청약부금	청 약 예 금			
	25.7평 이하($85m^2$)	25.7평 이하($85m^2$)	30.8평 이하($102m^2$)	$102m^2$ 초과~$135m^2$ 이하	40.8평 초과($135m^2$)
서울·부산	300만 원 이상	300만 원 이상	600만 원 이상	1,000만 원 이상	1,500만 원 이상
인천·대전·대구·광주·울산	250단 원 이상	250만 원 이상	400만 원 이상	700만 원 이상	1,000만 원 이상
기타 시·군	200만 원 이상	200만 원 이상	300만 원 이상	400만 원 이상	500만 원 이상
비　고	해당 평형은 물론, $60m^2$ 초과 ~$85m^2$ 이하 민간 건설 중형국민주택도 청약 가능	해당 평형은 물론, $85m^2$ 이하 민영주택도 청약 가능	해당 평형만 청약 가능	해당 평형만 청약 가능	

Tip

재외 동포나 외국인도 청약통장에 가입할 수 있는가

지난 2000년 3월부터 20세 이상의 재외동포와 외국인(출입국관리법에 따라 외국인 등록을 한 사람에 한함) 역시 청약예금과 청약부금에 가입할 수 있게 되었다. 단, 주택시장 안정대책이 발표된 2002년 9월 5일 이후 가입한 사람은 투기과열지구에서 청약 1순위 자격이 제한된다. 청약저축은 가입할 수 없다.

국외이주 신고자는 출국하기 전까지만 청약통장 개설이 가능하다. 출국 후 주민등록이 말소되어 청약통장에 가입할 수 없을 경우 재외동포나 외국인등록증을 발급 받으면 청약예금과 청약부금에 가입할 수 있다. 해외 영주권자 역시 재외동포나 외국인등록증을 발급 받으면 청약예금 · 청약부금을 넣을 수 있다.

청약 3순위

1, 2순위가 아닌 청약 수요자를 말한다. 청약통장 가입 기간이 6개월 미만이거나 청약통장에 가입하지 않았더라도 신청금을 준비해 청약한 사람들이 3순위에 해당하는 것이다.

청약통장, 아는 만큼 활용할 수 있다

서울 성북구 돈암동에 사는 회사원 J씨는 요즘 마냥 싱글벙글이다. 청약부금을 청약예금으로 변경해 마포구 상암동에 있는 40평형 아파트를 분양 받았기 때문이다.

청약통장을 잘 활용한 덕분에 2년 뒤 고향에 계신 부모님을 모셔와도 부인, 자녀들과 비좁지 않게 생활할 수 있게 되었다. 청약통장 종류를 바꿀 수 있다는 사실을 몰라 마음고생을 했던 1년 전을 떠올리면 절로 웃음이 난다.

"청약부금 1순위인데 국민주택에 청약할 수 있나요?", "얼마 전에 서울에서 경기도로 이사했는데 어떻게 해야 하나요?", "제 명의의 통장을 남편 명의로 바꿀 수 있나요?"

청약통장은 가지고 있지만 가입 당시와 달라진 조건 때문에 어떻게 활용해야 할지 모르는 사람들이 많다. 1순위가 된 지 수년이 지나도록 청약 한 번 못 해 본 사람도 수두룩하다. 알아두면 유용한 청약통장 활용법을 모아봤다.

청약통장 종류 바꾸기 

청약저축에 가입한 지 2년 이상 되었고 납입인정금액이 지역별 청약예금 예치금액을 넘으면 청약예금으로 바꿀 수 있다. 청약저축액이 원하는 평형의 예치금보다 적더라도 모자라는 금액을 추가로 내면 된다. 청약부금 역시 가입기간이 2년 이상이고 모자라는 금액을 예치하면 청약예금으로 바꿀 수 있다.

통장을 변경한 뒤에도 2년이 지날 때마다 횟수 제한 없이 재전환이 가능하다. 그러나 청약부금과 청약예금으로 변경했다가 다시 청약저축으로 바꿀 수는 없다. 따라서 청약저축 가입자는 청약통장을 변경할 때 신중해야 한다.

청약통장 평형 바꾸기 

청약통장은 종류에 따라 청약할 수 있는 아파트 규모가 제한되어 있기 때문에 원하는 평형을 분양 받으려면 통장 평형을 변경해야 한다. 통장 종류를 바꿀 때와 마찬가지로 가입한 지 2년이 지나야 평형을 바꿀 수 있고 2년이 경과할 때마다 횟수 제한 없이 재전환할 수 있다.

작은 평형에서 큰 평형으로 바꾸고 싶다면 예치금을 더 내고, 반대로 큰 평형에서 작은 평형으로 변경할 때는 예치금을 낮추면 된다. 예를 들어 서울지역 청약부금 가입자가 전용면적 33평(109m²) 아파트(예치금 1,000만 원)를 분양 받고 싶다면 700만 원을 더 넣고, 1,000만 원짜리 청약예금 가입자가 전용면적 25.7평(85㎡) 이하 아파트(예치금 300만 원)에 청약하려면 700만 원을 빼면 되는 것이다.

통장 변경 후 청약자격

청약저축은 최초 가입한 저축 가입일을 기준으로 청약순위가 정해지는 만큼 청약예금으로 변경해도 곧바로 청약자격이 생긴다. 단, 청약 희망 아파트의 최초 입주자 모집공고일 전일까지 청약예금으로 바꿔야 한다.

청약부금과 청약예금은 평형을 바꾼다고 바로 청약자격이 생기지 않는다. 작은 평형에서 큰 평형으로 바꿨을 때는 변경일로부터 1년간 변경 평형에 청약을 할 수 없다. 청약자격이 제한되는 1년 동안은 변경 전 평형에 청약할 수 있다. 큰 평형에서 작은 평형으로 전환할 경우에는 해당 주택의 최초 입주자 모집공고일 전일까지 변경하면 곧바로 바꾼 평형으로 청약할 수 있다.

청약통장 주소지 바꾸기

청약부금이나 청약예금에 가입한 뒤 다른 지역으로 주소지를 옮길 경우 주택공급 신청 전까지 최종 주소지에 해당하는 예치금액으로 변경해야 한다. 주소지 변경에 따라 예치금이 바뀌었을 때에는 제한 기간 없이 바로 청약자격이 주어진다. 예를 들어 경기도에서 500만 원짜리 청약예금에 가입한 뒤 서울로 이사하면 기존 평형과 청약순위가 그대로 인정되어 서울지역 전용 40.8평(135m²) 초과 아파트에 청약할 수 있다. 단, 서울지역 예치금액에 맞춰 1,000만 원을 더 넣어야 한다. 또 청약부금은 지역별 예치금액 차이로 순위 발생일이 달라질 수 있다는 점에 유의해야 한다.

청약통장의 명의를 바꿀 수 있는가 

　청약통장의 명의는 예금종류와 가입시기에 따라 제한적으로 바꿀 수 있다. 우선 2000년 3월 26일 이전에 가입한 청약부금과 청약예금은 가입자의 사망, 결혼, 이름 변경, 세대주 변경 등의 사유가 있을 때 명의를 바꿀 수 있다. 그러나 2000년 3월 27일 이후 가입한 통장은 가입자 본인의 사망 이외에는 어떤 경우라도 명의를 바꿀 수 없다. 청약저축 가입자는 가입 시기와 상관없이 가입자의 사망, 결혼, 이름 변경 또는 세대주가 배우자나 직계존비속으로 바뀌었을 때 명의를 바꿀 수 있다.

다른 지역 아파트에 청약할 수 있는가 

　서울·인천·경기 지역 청약통장 가입자는 해당 거주지 외에 수도권에서 분양되는 아파트에 청약할 수 있다. 같은 평형이라도 지역에 따라 가입금액이나 예치금액이 다르지만 상관없다. 서울에서 분양한 전용면적 40.8평 초과 아파트(예치금 1,500만 원)가 해당 지역 순위에서 미달되어 수도권 순위로 넘어갈 경우 500만 원짜리 경기도 청약예금 가입자가 같은 평형에 청약할 수 있는 것이다.

지방에 살면서 서울·인천·경기 등 수도권 분양 아파트에 순위 청약할 수는 없다. 단, 1~3순위 접수에서 미달되어 선착순 분양으로 넘어가면 아파트를 구입할 수 있다. 수도권 거주자들이 지방분양 아파트에 순위 청약하는 것도 불가능하다.

청약통장에 관한 오해

❶ 청약부금에 가입해 2년이 지나면 무조건 1순위?

청약부금 가입자의 청약자격은 단순히 가입 기간만으로 정해지는 것이 아니다. 가입한 지 2년이 경과하고 납입금액이 서울은 300만 원, 광역시는 250만 원, 기타 지역은 200만 원이 되어야 1순위 자격이 주어진다. 가입한 지는 2년이 지났는데 납입액이 지역별 기준에 미달된 가입자는 여전히 2순위인 것이다.

❷ 한 번 청약통장에 가입하면 계속 사용할 수 있다?

아파트에 청약해 당첨되었더라도 계약만 안 하면 기존 청약통장을 다시 사용할 수 있는 것으로 착각하는 사람들이 많다. 그러나 청약통장의 재사용 여부는 청약 횟수나 계약체결 여부가 통장을 사용해 당첨이 되었느냐, 안 되었느냐에 따라 결정된다. 100번을 청약해도 당첨된 적이 없는 통장은 계속 사용할 수 있는 것이다.

❸ 동시에 여러 곳에 청약 못 한다?

대부분의 청약자들이 한 곳에 접수하고 당첨 결과가 나오면 다른 단지에 청약한다. 동시에 여러 단지에 청약할 수 없는 것으로 알고 있기 때문이다. 그러나 접수일이 같아도 당첨자 발표일이 다르면 동시에 여러 곳에 청약할 수 있다. 당첨자 발표일이 빠른 단지에서 당첨이 되면 늦은 곳은 자동 소멸된다.

달라진 청약제도 완전정복하기

서울 중랑구 묵동에 사는 회사원 K씨는 청약통장을 만들려고 은행을 찾았다가 황당한 이야기를 들었다. 청약통장에 가입은 할 수 있지만 세대주가 아니면 2년이 지나도 1순위가 될 수가 없다는 것이다. 청약 1순위가 되었다고 자랑하던 친구의 모습이 떠올랐다. 자신과 조건이 비슷한 친구는 1순위가 되었는데 왜 자신은 1순위가 될 수 없는지 이해가 되지 않았다.

원래 청약통장에 가입한 후 2년이 지나면 청약 1순위가 된다. 그러나 청약통장 가입자가 크게 늘고 청약시장이 과열되면서 정부가 청약 1순위 자격을 제한하는 규제책을 잇따라 내놨기 때문에 이 규제 범위에 포함되는 가입자의 경우 가입한 지 2년이 지나도 1순위가 못 될 수도 있다.

이처럼 청약제도를 정확히 파악하지 않고 있으면 청약통장을 제대로 사용하기 어렵다. 내 집 마련 등 중요한 결정을 내릴 때 잘못된 판단을 할 수 있으므로 투자에 앞서 무엇이 달라졌는지도 반드시 확인해야 한다.

청약제도가 달라진 만큼 무주택자, 1가구 다주택자, 기존 당첨자 등 조건별 청약전략 수정도 필요하다.

투기과열지구, 청약 1순위 조건이 까다로워졌다 

청약 1순위 자격 제한 대상은 투기과열지구에서만 적용되며 투기 과열지구 외 지역은 종전과 달라지는 것이 없다.

우선 청약 신청일로부터 과거 5년간 본인과 세대원 가운데 단 1명 이라도 청약통장을 사용해 당첨된 적이 있으면 투기과열지구에서 1 순위 자격으로 청약할 수 없다. 청약통장 없이 3순위로 당첨되거나 예비당첨자로 뽑혀 분양 계약을 맺은 경우도 5년간 재당첨 금지 적 용을 받는다. 그러나 순위 내 청약을 하지 않고 미분양·미계약 아 파트 등을 선착순으로 분양 받았을 때에는 1순위 자격이 유지된다.

재건축 아파트 조합원은 사업계획 승인일 이후, 재개발 아파트 조 합원은 관리처분 확인일 이후 아파트를 분양 받은 것으로 간주되어 청약통장 가입기간이 2년 이상이 되어도 2순위로 청약할 수밖에 없 다. 단, 사업승인·관리처분을 받기 전에 매도하거나 사업승인·관 리처분 이후 조합원이 된 경우에는 1순위 자격이 유지된다.

임대아파트 가운데 일정기간 후 분양 전환하는 임대아파트 당첨자 역시 1순위 자격 제한을 받는다. 그러나 분양 전환이 되지 않는 50년 임대아파트, 영구임대아파트, 국민임대아파트 당첨자는 해당되지 않는다.

주택을 2채 이상 가지고 있는 세대의 세대주와 세대원 역시 모두 1순위로 청약할 수 없다. 소유하고 있는 주택을 처분해 1가구 조건을 충족하면 1순위가 될 수 있다.

2002년 9월 5일 이후 청약부금과 청약예금에 가입한 경우 5년간 아파트 당첨 사실이 없더라도 세대주가 아니면 투기과열지구에서 청약 1순위가 될 수 없다. 5년간 당첨사실이 없는 배우자나 세대원 등이 청약부금·청약예금에 가입한 뒤 세대주가 되었을 때는 1순위 자격이 생긴다.

무주택 우선공급량이 크게 늘었다 

무주택 우선공급이란 최근 5년 이내에 청약당첨 사실이 없는 청약 1순위자 가운데 만 35세 이상인 무주택 세대주에게 민영아파트를 먼저 공급하는 제도로 투기과열지구 내 전용면적 25.7평 이하 아파트에 적용된다. 외환위기(IMF) 이후 폐지되었다가 2002년 4월 부활되었으며, 우선공급 비율은 당초 50%에서 2004년 3월부터 75%로 확대되었다. 즉 전용면적 25.7평 이하 아파트 1000가구를 분양할 때 750가구를 무주택 세대주에게 우선공급하는 것이다. 무주택 우선공급 물량에 청약해 당첨이 되지 않더라도 일반 1순위에 다시 청약할 수 있는 만큼 내 집 마련 기회가 그만큼 높아진 셈이다.

무주택자라면 자신이 우선순위에 해당되는지 여부를 확인하고 전용면적 25.7평 이하 아파트에 청약할 수 있는 통장으로 바꾸는 것이 유리하다. 무주택 우선공급분에 청약하려면 본인은 물론 배우자, 직계존비속 세대원 모두가 최근 5년간 주택 소유 사실이 없어야 한다. 이 기간 일시적으로 주택을 소유한 경우 우선공급 대상에서 제외되며 주택을 매도한 시점부터 다시 무주택 기간을 산정한다.

분양권은 주택이 아니라 아파트에 입주할 수 있는 권리이므로 몇 개를 보유하고 있어도 무주택 우선공급 청약을 하는데 제약을 받지 않는다. 그러나 건물이 완공된 뒤 소유권 이전 등기를 하면 주택으로 인정되는 만큼 그 전에 매각해야 한다.

재건축·재개발 조합원의 경우 멸실등기일 기준으로 무주택 자격을 따진다. 멸실등기를 하기 전에는 유주택자, 멸실등기를 한 후에는 무주택자로 간주되는 것이다. 사업승인 또는 관리처분에 따라 아파트 당첨 여부와는 기준이 다른 만큼 명확히 구분해야 한다.

Tip ✠ 투기과열지구 ✠

주택건설촉진법에 따라 최근 2개월간 주택청약률이 5 대 1을 넘는 지역, 분양권 전매 과열 등으로 투기 우려가 있는 지역 중에서 지정한다. 투기과열지구로 지정되면 청약 1순위 자격 제한, 분양권 전매 제한, 재건축 조합원 지위 전매 금지 등의 규제를 받는다. 전용면적 25.7평 이하 아파트는 75%를 무주택자에게 우선공급해야 한다. 주상복합아파트·오피스텔을 분양할 때도 입주자를 공개 모집해야 한다.

해당 지역 : 서울·경기도·인천·부산·대구·대전·광주·울산 전지역, 충남 천안시·아산시·연기군·공주시·계룡시, 충북 청주시·청원군, 경남 창원시·양산시 (2004년 8월 현재)

✠ 알쏭달쏭 청약제도 ✠

투기과열지구 내 아파트 청약시 1순위 자격 제한

- 본인, 배우자, 세대원 중 최근 5년 이내에 청약순위 안에서 당첨된 적이 있는 경우
- 1가구 2주택 이상인 경우
- 2002년 9월 5일 이후 청약부금 · 청약예금 가입주 중 세대주가 아닌 경우

Q. 1순위 자격이 제한되면 청약을 할 수 없는가?

A. 아니다. 1순위가 못 되더라도 2, 3순위 자격으로 청약할 수 있다.

Q. 1순위 자격은 청약통장 가입 시점에 갖춰야 하는가?

A. 아니다. 청약은 통장 가입 시점이 아니라 분양 받으려는 입주자 모집공고일 기준으로 1순위 자격을 갖추면 된다. 1가구 2주택이라 하더라도 입주자 모집공고일 이전에 1가구를 매도하면 1순위 자격이 생기는 것이다. 부모가 최근 5년 이내 당첨된 사실이 있더라도 그 자녀가 가구를 분리하면 1순위 청약이 가능하다. 그러나 부부는 동일 가구로 보기 때문에 당첨 사실이 있으면 가구를 분리해도 1순위 청약을 할 수 없다.

Q. 투기과열지구 내에서 주택 당첨 사실만 없으면 1순위 또는 무주택 우선순위 자격 제한을 안 받는가?

A. 아니다. 청약 1순위 자격을 제한하는 곳은 투기과열지구지만 주택 당첨 사실은 전국을 기준으로 한다. 무주택 우선자 여부도 이 기준을 적용한다. 비투기과열지구에서 주택 당첨이 되었거나, 주택을 소유했더라도 청약 1순위 또는 무주택 우선순위 자격에 제한을 받게 되는 것이다.

Q. 재건축 · 재개발 아파트 조합원도 1순위 또는 무주택 우선순위 자격 제한을 받는가?

A. 그렇다. 재건축은 사업승인, 재개발은 관리처분 인 · 허가 후부터 주택에 당첨된 것으로 간주해 1순위 자격 제한을 받는다. 무주택 우선순위가 되려면 이주와 철거가 시작되어 등기부상 건물등기가 삭제되어야 한다.

미분양 아파트에서 진주 찾기

주부 L씨는 새 아파트를 분양 받으려고 서울 동시분양 아파트에 10여 차례 청약했지만 번번이 떨어졌다. 급기야 미분양 아파트로 눈을 돌렸고 아파트 계약일정을 체크하며 모델하우스를 돌아다녔다. 분양 현장을 누비고 다닌 지 3개월 만에 마음에 드는 아파트(양천구 목동)를 발견했다. 대형업체가 분양한 인근 아파트 단지로 사람들이 몰려 청약순위 내에서 미분양되었지만 단지 규모, 입지, 교통 등 모든 조건이 좋았다. 서둘러 38평형 로열층을 골라 계약했다. 입주 시점 L씨의 집값은 분양가보다 2억 원 이상 올랐다.

예전에는 미분양 아파트로 큰돈을 번 사례가 많았다. 한 건설업체의 홍보실장은 미분양 아파트를 이용해 10억 원 이상 재산을 불린 것으로 유명할 정도이다.

분양시장 침체로 미분양 아파트가 쌓이고 있지만 진흙을 닦아내면 진주가 되는 아파트가 있다. 역세권 대규모 단지, 수도권 택지개발지구, 지하철 개통 예정지 주변 아파트가 그것이다. 건설업체들이 미분양을 해소하기 위해 내놓는 계약금 인하, 중도금 무이자 융자 등을 활용하면 더 많은 이익을 얻을 수 있다.

그러나 대부분의 실수요자들은 미분양 아파트에 시큰둥한 반응을 보인다. 다른 사람들이 거들떠보지 않는 아파트를 샀다가 혹시 손해보지 않을까 하는 불안감 때문이다. 이럴 때 필요한 것이 과감함이다. 청약통장이 없는 무주택자라면 더욱 그렇다. 분양시장에 남아 있는 미분양 아파트, 다시 한번 둘러보자. 유리한 조건으로 내 집을 마련할 수 있는 좋은 기회가 될 수도 있다.

미분양 아파트, 이래서 좋다 

미분양 아파트의 가장 큰 매력은 청약통장 없이도 구입할 수 있다는 것이다. 계약을 하더라도 재당첨 금지 대상에서 제외되어 기존의 청약자격이 그대로 유지된다. 청약통장이 없는 사람, 청약 1순위 자격 제한자, 청약 1순위자 등 어느 누구에게나 프리미엄 없이 내 집을 마련할 수 있는 유용한 수단으로 이용되는 것도 이 때문이다. 남아 있는 물량 중 원하는 평형과 층수를 고를 수 있다는 것도 미분양 아파트의 장점이다. 노인과 아이들이 있어 높은 층이 부담된다면 저층 가구를, 조망권 등을 중시하는 사람은 고층 가구를 선택하면 된다.

건설사들이 미분양 해소 전략으로 내놓는 다양한 할인 혜택을 이용하면 오히려 순위 내 청약자들보다 유리한 조건에 분양 받을 수도 있다. 계약금 인하, 중도금 무이자 융자, 이자 후불제 등 금융 혜택은 물론 발코니 새시를 무료로 시공해 주거나 이사 비용을 대 주기도 한다. 분양가 자체를 할인해 주는 경우도 있다.

미분양 아파트에서 진주를 찾으려면 

- 입주용인지 투자용인지 구입 목적을 분명히 해야 한다. 실제로 거주할 목적이라면 분양가와 납부 조건을 최우선 기준으로 삼아야 한다. 층과 방향이 좋지 않더라도 생활여건이 맞는다면 구입할 만하다. 시세 차익을 기대한다면 개발 잠재력이 높은 곳을 선택해야 한다.

- 미분양 원인을 정확히 분석해야 한다. 분양시장 침체로 미분양된 것인지, 아파트 자체에 문제가 있어서 팔리지 않은 것인지 따져봐야 한다. 품질, 가치 등 상품에는 문제가 없는데 시장 상황이 좋지 않아 미분양이 생겼다면 가능한 빨리 구입하는 것이 좋다. 이런 단지들은 시장 여건이 조금만 좋아지면 순식간에 팔려 나가기 때문이다. 또 분양 당시 인기가 없었어도 입주 시점에는 제 값을 찾을 가능성이 높다.

- 앞으로 5~10년 뒤 가치를 평가해 본다. 지금은 지하철역도 멀고 학교, 편의시설 등 주거여건이 별로이지만 몇 년 뒤 알짜 주거단지로 부상할 수도 있다. 평소 지하철 개통, 뉴타운 개발 등 개발계획에 관심을 갖고 해당 지역을 지켜보는 게 바람직하다.

- 미분양 아파트를 고를 때도 대단지를 노려야 한다. 대단지가 입주 후 가격이나 환금성 면에서 소규모 단지에 비해 절대적으로 유리하다.

- 분양이 잘된 아파트의 미분양분은 무조건 잡는 것이 좋다. 아파트 청약률과 계약률은 높은데 일부 비인기 평형이 남았다는 것은 전반적으로 단지에 대한 평가가 좋다고 할 수 있다.

- 미분양 아파트는 정보 수집이 중요하므로 인터넷 등을 통해 먼저 자료를 수집하고 분석해야 한다. 건설교통부나 국민은행, 한국주택협회 등이 발표하는 미분양 정보를 활용하는 것도 좋은 방법이다. 부동산정보업체들이 홈페이지에 게시하는 미분양 아파트 안내 코너도 이용할 만하다.

구입 전 반드시 유의할 사항 

미분양 아파트는 잘 고르면 내 집 마련의 수단이 되지만 잘못 고르면 애물단지가 되기도 한다.

파격적인 분양 조건에 현혹되어 현장 검증 없이 계약을 했다가는 낭패를 볼 수도 있다. 구입 전에 현장을 직접 찾아가 교통, 교육, 생활편의시설 등 주거여건을 꼼꼼히 확인해야 한다. 아파트 가치를 떨어뜨릴 만한 혐오시설은 없는지도 살펴본다.

인근 아파트와 비교해 분양가가 지나치게 높거나 단지 규모가 작은 나 홀로 아파트는 피하는 것이 좋다. 입주 후 가격 상승을 방해할 요소이기 때문이다.

동 간 거리나 가구 내부 평면, 단지 녹지율, 주차시설, 난방방식 등도 체크해야 할 사항이다.

✠ 미분양 vs. 미계약 ✠

미분양 아파트는 청약 단계부터 미달이 되는 것이고, 미계약 아파트는 청약은 잘됐는데 당첨자들이 계약을 포기해서 남게 된 물량이다. 팔지 못해서 남은 아파트라는 점에서 미분양 아파트와 미계약 아파트는 같은 맥락이다.

✠ 임의분양 ✠

임의분양 아파트는 일반분양 가구수가 20가구 이하로 해당 사업자가 임의의 분양을 할 수 있는 단지를 말한다. 주로 일반분양 물량이 많지 않은 강남 재건축 단지, 대규모 재개발 단지의 계약 취소분 등이 임의분양 대상으로 청약통장 없이 인터넷 청약 방식으로 공급된다. 공급업체는 몇 가구 분양으로 인지도를 향상시킬 수 있고, 수요자 입장에서는 청약통장이나 별도의 청약금 없이도 청약할 수 있어 인기를 끌고 있다.

주택시장,
모기지시대 열렸다

부동산정보업체 부동산뱅크가 2004년 초 발표한 자료에 따르면 도시근로자가 서울에서 25평짜리 집을 마련하는데 걸리는 기간은 평균 18년이다. 서울지역 25평형 아파트 매매가가 2억 2,214만 원인데 금리를 연 5%로 가정할 때 한 달에 70만 7,000원씩 18년을 꼬박 저축해야 이 돈이 마련된다는 것이다.

그나마 이 분석은 집값이 오르지 않는다는 가정이 전제된 것으로 도중에 집값이 오르면 내 집 마련 기간은 더욱 길어지게 된다. 실제로 저축으로 열심히 돈을 모아도 집값은 어느 새 저축액 이상으로 껑충 뛰는 게 다반사다. 많은 사람들이 무리하게 빚을 얻어서라도 일단 내 집을 마련하려는 이유도 여기에 있다.

하지만 2004년 3월 25일부터 장기주택저당 대출상품인 모기지론이 출시되어 서민들의 내 집 마련을 앞당길 수 있게 되었다. 봉급생활자들에게는 이루기 힘든 목표에 가까웠던 내 집 마련이 현실로 다가온 것이다.

모기지론을 운영하는 한국주택금융공사에 따르면 모기지론이 출시된 2004년 3월 25일부터 2004년 7월말까지 4개여 월 동안 모두 2만 3000명이 모기지론을 이용해 내 집 마련의 꿈을 이뤘다. 이 기간 모기지론으로 대출된 돈은 1조 6,853억 원에 달한다. 1인당 평균 7,327만 원을 대출 받은 셈이다.

나는 모기지론을 받을 수 있는가 

모기지론은 만 20세 이상의 무주택자 또는 1주택 소유자로 소득능력이 있는 대한민국 국민이면 신청할 수 있다. 단, 이미 1주택을 보유중인 세대가 모기지론을 이용하려면 1년 안에 기존 주택을 처분해야 한다. 이를 처분하지 않으면 대출금리 인상 등 불이익이 따른다.

서민과 중산층을 위한 제도인 만큼 2채 이상 주택을 가진 사람이 투기 목적으로 모기지론을 이용할 수 없도록 제한을 두고 있다. 신용불량자, 신용회복지원 등록자, 개인신용평가 최하등급(10등급)자 등도 돈을 빌릴 수 없다.

아파트, 단독주택, 연립주택, 다세대주택 등 등기부등본상 주택을 구입하는 사람이 모기지론을 받을 수 있다. 주택 크기에 제한은 없지만 전용면적 25.7평 이하 국민주택규모 주택이 우선지원 대상이다. 집값이 6억 원을 넘는 고가주택(아파트 포함)이나 상가, 오피스텔, 재개발·재건축 주택, 다가구주택, 권리침해(가압류·가처분·공매·경매) 중인 주택 등을 매입할 때는 모기지론 대상에서 제외된다.

모기지론 범위와 상환 방법 

　모기지론 대출한도는 집값, 부채상환능력(DTI), 주택종류별 대출비율(LTV)에 의해 최저 2,000만 원에서 최대 2억 원 범위에서 결정된다. 집값은 매매가나 분양가가 아니라 한국감정원, 국민은행 제공 시세가, 외부감정기관의 감정가, 금융기관 자체 평가액에 의해 평가된다. 부채상환능력은 부채와 소득에 의해 정해진다. 주택 종류에 따라 대출비율이 다르지만 아파트의 경우 집값의 70%까지 빌릴 수 있다. 1억 원짜리 아파트라면 7,000만 원까지 대출 받을 수 있는 것이다. 대출금 상환 방식은 매월 동일한 원금과 이자를 상환하는 원리금균등분할 방식으로 매달 갚는 상환액은 월 소득의 1/3분 이내여야 한다. 대출기간은 10, 15, 20년 등 세 종류이다. 대출금리는 2004년 10월 14일 현재 연 6.2%로 고정금리이고, 대출 시점에 적용되는 금리를 확정 받는 만큼 향후 시중금리가 오르더라도 추가 인상되지 않는다. 예를 들어 1억 원을 빌릴 경우 1년에 620만 원을 이자로 내는 셈이다.

　대출을 받을 때 근저당권설정비를 부담하면 연 6.1%, 이자율 할인옵션(대출과 동시에 원금의 0.5%를 선납)을 선택하면 추가로 0.1%가 떨어져 연 6.0%로 돈을 빌릴 수 있다. 또 봉급생활자가 1가구 1주택(전용면적 25.7평 이하)을 담보로 15년 이상 장기 모기지론을 이용할 경우 이자상환액을 연간 1,000만 원까지 소득공제 받을 수 있기 때문에 실제 금리부담은 5% 선이다.

　자영업자의 경우 소득공제 혜택을 받을 수 없다.

　모기지론을 받은 후 연체가 되면 기간 이내에 연체를 정리하고,

연체가 정리되지 않는 경우에는 경매를 통해 대한주택금융공사의 대출금을 회수하게 된다. 대출금을 연체한 사람은 신용불량자로 등록되므로 본인의 대출상환능력을 감안해 대출을 받아야 한다.

목돈이 생겨 대출 후 5년이 지나기 전에 대출금을 상환하면 갚는 돈의 1~2%를 중도상환 수수료로 내야 한다. 하지만 5년이 지난 후부터는 벌금 없이 중도상환할 수 있다.

모기지론을 받으려면 

모기지론을 받으려면 소득수준을 인정받아야 한다. 소득수준은 근로소득, 사업소득, 연금소득, 임대소득을 합해 산정한다.

근로소득은 근로소득원천징수영수증이나 월급여명세표, 최근 3개월간의 급여입금통장으로 입증하면 된다. 사업소득은 사업소득원천징수영수증, 소득금액증명서가 있으면 된다. 연금소득은 연금증서 및 연금수급권자확인서 · 연금수령통장으로, 임대소득의 경우 세무서 발급 소득금액증명원 · 해당 등기부등본으로 입증이 가능하다. 소득 증빙이 어려울 때는 국민연금 납부액을 소득으로 환산해 인정받을 수 있다.

모기지론을 취급하고 있는 곳은 2004년 10월 현재 시중은행, 지방은행, 보험사 등 총 21개 금융기관으로 해당 기관에 서류를 챙겨 내면 된다. 필요한 서류는 현 거주지 및 구입예정지의 부동산 등기부등본(토지 · 건물), 부동산 매매계약서, 주민등록등본, 인감증명(대출용), 신분증, 부동산권리증 등이다.

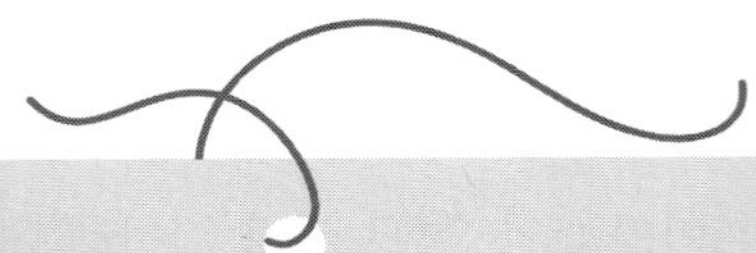

✠ 중도금 모기지론도 있다 ✠

한국주택공사는 아파트 중도금 모기지론 상품을 출시하여 판매하고 있다. 아파트를 분양 받은 예비 입주자가 대한주택금융공사의 보증을 받은 뒤 일반 금융회사에 대출을 신청해 중도금을 지급 받는 구조이다.

중도금 모기지론 대출한도는 최고 2억 원이며, 이자 상환금액에 대해 연간 1,000만 원까지 소득공제를 받을 수 있다. 단, 국민주택 규모 이하, 1가구 1주택 보유, 본인 명의 등의 요건을 충족해야 한다. 아파트가 완공되어 등기가 본인 명의로 바뀌면 주택구입 자금을 빌려주는 대한주택금융공사의 정식 모기지론으로 자동 전환할 수 있다. 한 번의 계약으로 중도금 대출에서 장기 모기지론까지 '원스톱'으로 대출이 실행되는 것이다.

✠ 모기지론(Mortgage Loan) ✠

서민들의 내 집 마련을 돕기 위한 대출제도로 집을 살 때 집값의 일부만 본인이 부담하고 나머지 부족한 자금은 정부나 은행 등에서 빌려주는 방식이다. 이 때 정부나 은행에서 빌린 돈은 수십 년에 걸쳐 나눠 갚으면 된다.

'모기지' 란 말은 죽음을 뜻하는 'Mort' 와 저당을 의미하는 'Gage' 란 말이 합쳐진 것으로 어원대로라면 대출 받은 돈을 죽을 때까지 갚아야 한다는 의미로 해석된다. 선진국에서는 모기지론으로 빌린 돈을 30~40년에 걸쳐 갚는 것을 감안하면 그럴듯한 해석이다.

✠ 모기지론 취급 금융기관 ✠

경남은행, 광주은행, 국민은행, 기업은행, 농협, 대구은행, 대한생명, 부산은행, 삼성생명, 삼성화재, 수협, 신한은행, LG화재, 외환은행, 우리은행, 전북은행, 제일은행, 제주은행, 조흥은행, 하나은행, 한미은행 등 21개(2004년 10월 현재)

모기지론으로
내 집 마련하기

서울 강동구 천호동에 사는 회사원 J씨는 요즘 이사할 집을 고르느라 정신이 없다. 자녀들이 크면서 좀 더 넓은 곳으로 이사해야겠다고 마음 먹고 있었던 차에 집값의 70%를 빌려주는 모기지론을 이용해 아예 내 집을 마련하기로 결심했다. 현재 살고 있는 25평형 아파트의 전세를 빼서 인근 지역 32평형 아파트를 구입할 계획이다. J씨는 모기지론으로 얼마나 빌릴 수 있을까?

집값의 최고 70%를 장기로 빌려주는 모기지론이 출시되어 내 집 마련 수요자들의 관심을 끌고 있다. 하지만 모기지론을 자세히 들여다보면 남의 돈으로 집을 사는 일이 만만치 않다는 것을 알 수 있다.

우선 대출 한도가 그렇다. 집값의 70%까지 대출이 된다지만 이는 아파트에만 해당된다. 단독주택의 경우 담보인정 비율이 50~60% 선에 불과하므로 집값의 40~50%는 가지고 있어야 내 집 마련 계획을 세울 수 있는 것이다.

최고 2억 원까지 대출이 된다는 것도 '그림의 떡'일 수 있다. 금융권 대출이나 전세보증금을 끼고 있는 경우 대출금이 줄어들기 때문이다. 월 소득의 1/3을 매달 상환해야 하므로 월 소득이 일정하지 않은 사람은 모기지론을 신청해도 거절당할 가능성이 높다.

10~20년 동안 연 6.2%의 대출 이자를 꼬박 물어야 하는 것도 부담으로 작용한다. 각종 할인혜택을 적용해 이자를 낮춘다 하더라도 결국 집값이 이자만큼 오르지 않으면 집을 사고도 손해를 보게 되는 것이다. 따라서 모기지론을 이용해 집을 마련하려면 보다 구체적이고 장기적인 전략이 필요하다. 모기지론을 신청하기 전에 자신의 소득에 맞는 대출 규모를 정하고, 가격이 많이 상승할 만한 아파트를 찾는 것은 기본이다.

내 연봉에 적합한 대출 규모 알아보기 

모기지론 한도는 구입하려는 집값과 대출자의 연봉에 따라 정해지지만 기존에 대출을 받았거나 전세보증금을 끼고 있을 경우 그 한도가 줄어든다. 대출이나 전세보증금 등 대출 한도를 낮출 만한 조건이 없다는 것을 전제로 연봉대별 대출 가능 금액과 월 상환액을 알아봤다.

연봉이 2,000만 원 이하인 직장인이 20년 기준 모기지론으로 빌릴 수 있는 한도액은 7,000만 원 선, 매년 내야 할 이자는 430만 원 선이다. 대출 한도가 낮기 때문에 전세금 등 보유 자금이 넉넉지 않다면 아파트 선택 폭이 좁아질 수밖에 없다. 이럴 경우 무작정 모기지론을 받기보다는 정부지원 전세자금이나 서민주택구입자금 대출을 받는 것이 유리하다. 연봉 3,000만 원 이하 근로자 대상의 서민주택구입자금 대출은 1년 거치 19년 또는 3년 거치 17년 상환 조건으로 1억 원까지 빌릴 수 있다. 연 6%대 이율에 소득공제 혜택도 주어진다.

2,000만~3,000만 원 연봉자의 20년 기준 모기지론 대출 한도는 1억 1,000만 원 선, 1년에 내야 할 이자액은 730만 원 선이다. 여기에 해당하는 사람 역시 대출 가능 금액이 내 집 마련을 하기에 넉넉하지 않으므로 모기지론 외에 정부가 지원하는 주택구입자금 대출 등 다른 방법을 찾아보는 것이 바람직하다.

일년에 3,000만~4,000만 원을 받는 직장인은 20년간 모기지론을 이용할 때 1억 5,000만 원 선까지 빌릴 수 있다. 매년 1,000만 원 정도를 이자로 내야 한다.

3,000만 원 이상 연봉자는 정부 지원 주택구입자금 대출을 받을 수 없으므로 모기지론이나 금융권의 주택담보대출 등을 이용해야 한다. 15년 이상 장기 대출자에 한해 연간 이자납부액을 기준으로 1,000만 원까지 소득공제가 되지만 무주택 세대주, 전용면적 25.7평 이하 주택 조건이 아니면 이 혜택을 받을 수 없다.

연봉이 4,000만~5,000만 원인 직장인이 20년 기준 모기지론으로 빌릴 수 있는 대출 한도는 1억 8,000만 원 선이고, 1년 이자는 1,110만 원 선이다. 이 경우도 정부 지원 대출을 받을 수 없다. 대출 한도와 이자액이 큰 만큼 대출 기간, 이자율, 취급 기관 등을 꼼꼼히 따져보고 결정해야 한다.

모기지론을 이용해 구입할 만한 아파트 

- 모기지론을 이용해 아파트를 고를 때는 대출 금리 이상으로 가격이 오를 수 있는지 여부를 최우선 기준으로 삼아야 한다. 희망대로 집값이 대출금리 이상으로 올라준다면 내 집 마련과 시세차익이라는 '두 마리 토끼'를 한꺼번에 잡을 수 있다.

- 5년 이상 장기 거주하는 것이 유리하므로 입주한 지 오래된 아파트보다는 5년 이내의 새 아파트를 구입하는 것이 좋다. 장기간 대출 담보가 설정되기 때문에 집을 다시 되팔 경우 환금성도 따져봐야 한다.

- 매달 갚아야 하는 상환액이 만만치 않은 만큼 2억~3억 원대 중소형 아파트가 가장 무난하다. 보통 서울 및 수도권 중소형 아파트 전셋값이 1억~1억 5,000만 원 선이므로 전세금과 1억~1억 5,000만 원 안팎의 대출금을 합치면 아파트를 살 수 있다.

서울에서는 마포구 공덕동·용강동·성산동, 성동구 왕십리동·금호동·옥수동, 중구 신당동, 강동구 암사동·상일동, 송파구 거여동·마천동 일대 대단지 아파트를 공략해 볼 만하다.

수도권에서는 택지개발지구나 교통여건이 개선될 만한 곳을 찾아본다. 일산, 산본, 안양, 수원, 광명, 용인, 남양주 등에 저평가된 단지들이 밀집되어 있다.

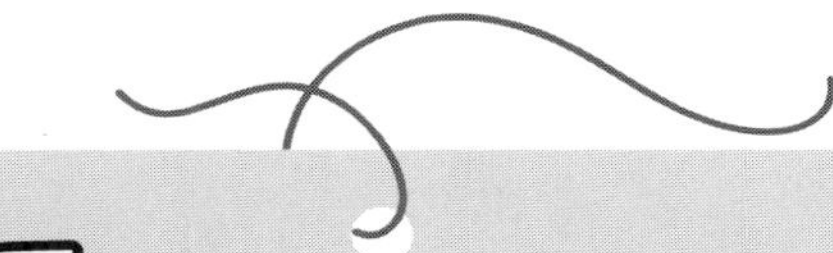

✠ 모기지론 궁금증 여기서 해결하자 ✠

한국주택금융공사 홈페이지(www.khfc.co.kr)에서 모기지론 관련 내용을 확인할 수 있다. 구체적으로 내가 얼마를 대출 받을 수 있는지 또는 대출 받은 돈을 매달 얼마씩 갚아나가야 하는지도 쉽게 계산할 수 있다.

부동산114(www.r114.co.kr), 유니에셋(www.uniasset.com), 닥터아파트(www.drapt.com) 등 부동산정보업체의 홈페이지도 이용할 만하다. 모기지론을 받는 구체적인 절차와 소득수준에 맞는 대출 가능 금액 등을 손쉽게 파악할 수 있다.

✠ 역모기지론 ✠

역모기지론이란 집을 담보로 10년 이상 장기간에 걸쳐 매달 일정액을 연금식으로 받는 상품이다. 주로 집 1채 이외에는 아무런 노후 대책이 없는 노년층을 겨냥한 것으로 돈을 빌려 집을 사는 '모기지론' 과 반대라는 의미에서 '역(逆)모기지론' 이라는 이름이 붙었다.

역모기지론이 일반화된 미국 등 선진국에서는 만기가 되면 집의 처분권을 금융기관에 넘겨주는 방식으로 대출금을 상환한다. 집에 대한 애착이 강한 우리나라에서는 모기지론만큼 인기를 끌지 못하고 있다.

08 갈아타면 돈이 보인다

광고회사에 다니는 K씨는 2년 전 강서구 염창동에 있는 24평형(1억 6,000만 원) 아파트를 팔고 1억 7,000만 원을 더 들여 마포구 염리동에 있는 32평형 아파트로 이사갔다. 자신이 살던 아파트보다 2배 이상 비싼 아파트를 구입한다는 게 부담스러웠지만 교통, 편의시설, 교육여건 등 3박자를 고루 갖춘 아파트를 보고만 있을 수는 없었다. 결론부터 얘기하자면 K씨의 갈아타기는 대박이었다. 염창동 아파트는 2년 동안 5,500만 원이 오르는데 그쳤지만 새로 이사한 염리동 아파트는 1억 9,000만 원이나 뛰었다. 이사할 때 받은 대출금(1억 원) 이자를 빼고도 1억 6,000만 원 이상 수익을 올린 것이다.

아파트 갈아타기가 재산 증식의 새로운 화두로 떠오르고 있다. 제때에 블루칩아파트로 이사하는 것이 처음으로 내 집을 마련하는 것 못지않게 중요한 부동산재테크의 핵심 코스이기 때문이다.

실제로 부동산재테크의 희비는 최초 내 집 마련보다 2~3차 내 집 마련에서 확실히 갈라진다. 처음 마련한 집을 발판 삼아 유망 아파트로 갈아탄 사람과 그렇지 못한 사람의 재산이 수억 원 이상 차이나는 것을 보면 알 수 있다.

갈아타기 재테크의 성패는 어느 지역 혹은 어느 평형을 선택할 것인지에 달렸다. 이 밖에 갈아타는 시기와 자금조달 능력도 중요한 변수로 작용한다.

지역 갈아타기 

지역 갈아타기는 같은 지역에서 평형을 갈아타는 것보다 힘든 만큼 2~3단계 전략을 짜는 것이 좋다. 용인 수지에 사는 사람이라면 1단계로 분당에 진입한 다음 2단계로 강남으로 가는 등 단계적으로 움직일 필요가 있는 것이다.

지역 갈아타기는 일반적으로 비수도권 → 수도권 → 서울이나 수도권 → 신도시 → 서울 등으로 진입해야만 재테크 효과를 볼 수 있다. 서울에서는 강북 → 강남이 정석 코스이다. 지역 갈아타기의 최종 목적지가 강남인 이유는 집값 상승률이 가장 높기 때문이다.

국민은행의 시세조사 자료에 따르면 2003년 강남권 집값 변동률은 강남구 19.7%, 송파구 20.2%, 강동구 20.1% 등으로 서울지역 평균 변동률(10.6%)을 훨씬 웃돌았다. 반면 서울 변두리인 강북구는 0.3%, 노원구는 1.5%, 성북구는 1.6%, 구로구는 4.2% 등에 그쳤다.

지역을 갈아타려면 생활기반과 교육여건 등 조건이 맞아야 하지만 이보다 더 중요한 것은 자금 여력이나 조달능력이다.

자금 문제가 해결되었다면 이주 희망지역을 정해야 한다. 신도시, 택지개발지구, 교통망 확충 등 개발 호재가 풍부한 지역이 가치도 높다.

지역을 고를 때는 주택 수급 상황도 고려해야 한다. 입주물량이 많은 지역은 집주인이 아니라 수요자 중심으로 시장이 형성되어 가격이 오를 수가 없다. 경기도 김포 풍무지구가 대표적인 사례이다. 공급과잉 상태인 이 곳의 아파트값은 분양가 수준에 머물러 있다.

평형 갈아타기 

최근 주택 수요자들이 선호하는 평형이 20~30평형대에서 40~50평형대로 바뀌고 있다. 예전에 비해 가족 수가 늘었기 때문이 아니라 좀 더 넓은 곳에서 쾌적하게 살고 싶어하는 수요가 증가하고 있기 때문이다.

선호 평형 변화에 따라 평형별 집값 변동률도 큰 차이를 보이고 있다.

부동산정보업체 부동산114에 따르면 2003년 서울지역 평형대별 집값 상승률은 21~25평 8.94%, 26~30평 13.91%, 31~35평 12.81%, 36~40평 16.04%, 41~45평 13. 32%, 46~50평 17.65% 등이다. 20~30평형대보다 40~50평형대 아파트의 집값 상승률이 높은 만큼 중소형에서 중대형 아파트로 옮기는 것은 자연스런 재테크 수단으로 자리잡았다.

평형을 갈아탈 때도 지금 살고 있는 아파트보다 더 나은 곳을 찾는 것이 현명한 방법이다. 현재 주거여건이 좋은 단지에 살고 있다면 주변에서 넓은 평수의 아파트를 찾으면 된다. 평형 갈아타기를

할 때 준비해야 할 자금은 갈아타기를 원하는 평수에서 현재 주거
평형을 뺀 뒤 평당가격(서울 평균 1,000만 원)을 곱하면 산출된다.

갈아타기, 이 점은 유의해야 한다 

아파트 갈아타기는 고수익을 올릴 수 있는 만큼 주의할 점도 많
다. 우선 입지여건, 학군, 선호도, 주변환경, 실내구조 등을 종합적
으로 따져 볼 수 있는 분석력이 필요하다.

최근 정부의 각종 규제로 아파트값이 약세를 보이고 있다는 것도
염두에 둬야 한다. 가격 약세장에서 대출 등을 통해 단기차익 목적
으로 갈아타기를 시도한다면 상당한 부담이 될 수 있다. 아파트값
이 하락세로 반전할 경우 갈아타기는 오히려 독이 되기도 한다. 아
파트 갈아타기는 철저히 실수요 관점에서 하되 비용이 많이 들더
라도 유망지역의 블루칩아파트를 노리는 것이 바람직하다. 은행
대출을 받아 갈아타기를 할 때는 최소 5년 정도는 이자 상환 부담
을 견딜 수 있는지 자금상황을 따져봐야 한다.

제2장 주상복합아파트 · 오피스텔

주상복합아파트 · 오피스텔

주상복합아파트·
오피스텔 어떻게 다른가

"시티파크가 주상복합아파트야, 오피스텔이야?"

2004년 3월 서울 용산에 들어서는 주상복합아파트 '시티파크' 분양으로 부동산시장이 시끌벅적할 때 필자의 친구가 묻던 말이다. 신문, 인터넷 등을 통해 분양 내용을 살펴보면 아파트는 아닌 것 같은데 무슨 기준으로 주상복합아파트다, 오피스텔이다 하는 것인지 모르겠다는 얘기였다.

최근 2~3년간 주상복합아파트와 오피스텔 분양이 봇물을 이뤘지만 주상복합아파트와 오피스텔이 어떻게 다른지 정확히 구분하기란 쉽지 않은 일이다. 하지만 주상복합아파트와 오피스텔에 관심이 있다면 상품의 특성을 제대로 알고 있어야 한다. 주상복합아파트와 오피스텔은 비슷한 상품인데 별반 다른 것이 있을까라는 생각으로 투자했다가는 십중팔구 실패한다. 어떤 기준으로 상품이 분류되는지, 상품별 장·단점은 무엇인지 알아야 자신에게 맞는 상품을 고를 수 있다.

 제1부 상품별 투자법 – 부동산 기본상품, 이렇게 투자하면 '백전백승'

주상복합아파트는 주택법, 오피스텔은 건축법이 적용된다 

　주상복합아파트는 주거와 상업 시설이 함께 들어선 건물이다. 보통 건물의 지하층, 지상 1~2층 등 저층부는 상업시설, 중·상층부는 아파트 등 주거시설로 구성된다. 도심권 등 사업장 위치에 따라 상가와 아파트 외에 오피스텔 물량이 포함되기도 한다. 최근에는 아파트처럼 주거동과 상업동을 분리해 건립하는 경우도 많다.

　그 동안 분양된 오피스텔은 사무와 주거 기능을 합친 것으로 사무실로 쓸 수도 있고 집으로 사용할 수도 있다. 업무기능을 강화하면 업무용 오피스텔, 주거기능 위주로 내부를 꾸미면 주거형 오피스텔이 된다.

　두 상품 모두 부동산시장에서 유사 주택상품으로서의 기능을 톡톡히 하고 있지만 적용되는 법은 서로 다르다. 주상복합아파트는 주택법, 오피스텔은 건축법의 적용을 받아 건립된다.

　원래는 주상복합아파트도 오피스텔과 같이 건축법 적용을 받았으나 주택법 개정에 따라 일반 아파트와 똑같은 주택법을 따르고 있다. 따라서 20가구 이상 주상복합아파트는 청약통장 가입자를 대상으로 청약을 받아야 한다. 투기과열지구 내에서는 전용면적 25.7평 이하 공급물량의 75%가 무주택자에게 우선공급되고 분양권 전매도 제한된다. 주상복합아파트 단지 내에 있는 오피스텔의 경우 이 규정을 따르지 않아도 된다.

　건축법은 분양 및 청약 방식에 대한 제한이 없어 원칙대로라면 모든 분양 조건을 사업자가 마음대로 정할 수 있다. 한때 자격 제한 없이 선착순으로 주상복합아파트 · 오피스텔을 분양 받을 수 있었던 것도 이 때문이다. 하지만 현재는 투기과열지구 내에서 분양되는 오피스텔은 반드시 공개청약을 실시하도록 규제하고 있다.

주상복합아파트는 주택으로 간주되어 1가구 2주택 적용대상이 된다. 주택임대사업 대상에 해당되므로 주상복합아파트 임차인은 임대차보호법의 보호도 받을 수 있다. 하지만 오피스텔은 원칙상 업무용 시설로 분류되는 만큼 주거용으로 사용했다는 사실이 확인되지 않는 한 주택 수에 포함되지 않는다. 세입자도 주택임대차보호법의 보호를 받을 수 없다.

내부 설계를 보면 주상복합아파트는 일반 아파트처럼 욕조와 발코니를 설치할 수 있다. 반면 오피스텔은 내부에 욕조와 발코니를 설치할 수 없어 주거기능은 떨어진다. 전용면적도 주거용 부분이 30%를 넘을 수 없다.

달라진 주상복합아파트 투자환경 이해하기

서울 서초구에 사는 주부 S씨는 분양권 전매 차익을 노리고 분양 받은 주상복합아파트가 안 팔려 골머리를 앓고 있다. 여러 중개업소에 분양권을 내놨지만 사겠다는 사람이 없다. 분명히 청약 당시 10만 명이 넘는 청약자들이 몰릴 정도로 인기가 있던 단지인데 왜 사겠다는 사람이 없을까? 계약 직후 3,000만 원 정도 붙었던 프리미엄은 석달 새 거짓말처럼 사라졌다.

주상복합아파트는 청약통장 없이도 구입할 수 있고, 분양권 전매가 자유로워 정부 규제로 오갈 데 없는 부동자금이 몰리는 유일한 시장이었다. 투자가 유망하다고 소문난 주상복합아파트 모델하우스에는 청약하려고 몰려든 투자자들로 수백 미터씩 줄을 서는 진풍경이 여지없이 펼쳐졌다. 당첨만 되면 수백만 원에서 수천만 원의 프리미엄을 받고 분양권을 팔 수 있었기 때문이다. 그러나 2004년 3월말 주택법이 개정되면서 주상복합아파트의 투자 환경이 완전히 달라졌다. 투기과열지구에서 분양권 전매가 금지되었고, 청약자격은 청약통장 가입자로 제한되었다. 주상복합아파트 투자의 기폭제가 차단되면서 발붙일 틈새를 잃은 투자자들이 황급히 시장을 빠져나가고 있다. 예전보다 실수요자가 늘어나기는 했지만 아직까지는 한계가 있다는 지적이 많다. 실제로 규모가 작거나 브랜드 인지도가 떨어지는 단지는 거래가 끊기는 등 약세를 면치 못하고 있다.

투기과열지구에서는 분양권 전매를 못 한다 

주상복합아파트 분양권 전매 제한은 투기과열지구에서만 적용된다. 전매 제한 기준은 분양승인 신청일이다. 개정된 주택법 시행일인 2004년 3월 30일 이후 분양승인 신청을 했다면 준공 후 소유권 이전 등기 때까지 분양권 전매가 금지된다. 2004년 3월 29일까지 분양승인을 받았거나 신청을 한 곳은 분양계약 이후 1회에 한해 전매할 수 있다.

예를 들어 용산 시티파크의 경우 2004년 3월 29일 이전에 분양승인 신청을 했고 2004년 4월초 분양계약을 실시했으므로 당첨자는 분양권을 전매할 수 있다. 하지만 이 분양권을 구입한 사람은 소유권 이전 등기 때까지 전매가 금지된다.

정부가 2003년 5월 23일 발표한 부동산안정대책에는 '2003년 7월 1일 이전 건축허가를 받은 주상복합아파트는 1회에 한해 분양권 전매를 허용한다' 는 규정이 있었다. 그러나 이 규정은 개정된 주택법이 시행되는 2004년 3월 30일 즉시 삭제되었다. 2003년 6월

30일까지 건축허가를 받았더라도 2004년 3월 29일까지 분양승인 신청을 하지 않았다면 전매 금지 대상이 된다는 것이다. 투기과열 지구로 지정되기 전에 분양한 주상복합아파트의 경우 분양권 전매가 무제한 허용된다. 서울의 경우 투기과열지구로 지정된 2002년 9월 6일 이전에 분양한 단지들은 전매가 자유롭다. 비투기과열지구 단지들도 횟수와 관계없이 전매할 수 있다.

청약은 청약통장 가입자만 할 수 있다 

바뀐 청약제도도 2004년 3월 30일부터 적용되었다. 분양권 전매 금지는 투기과열지구에서만 적용되지만 바뀐 청약제도는 전국 모든 지역에서 시행되었다. 따라서 2004년 3월 30일 이후 분양승인 신청을 한 주상복합아파트는 일반아파트처럼 청약통장 가입자를 대상으로 분양해야 한다. 단, 순위 내 청약에서 미분양 되었을 때는 자격 제한 없이 구입할 수 있다.

청약 1순위 자격도 제한된다. 따라서 최근 5년 이내에 다른 주택에 당첨된 사실이 있거나 1가구가 2주택 이상을 소유한 경우 청약통장이 있더라도 1순위로 청약할 수 없다. 2002년 9월 5일 이후 청약통장 가입자도 세대주가 아니면 1순위 청약을 할 수 없다. 투기과열지구에서는 전용면적 25.7평 이하 주상복합아파트는 공급물량의 75%를 만 35세 이상 무주택 가구주에게 먼저 공급하는 무주택 우선공급 제도도 실시해야 한다.

분양보증 의무화,
발코니도 전용면적에 포함

  주택법 개정에 따라 주상복합아파트도 분양신고 전까지 대지소유권을 100% 확보해야 한다. 착공과 동시에 입주자를 모집할 때는 분양보증도 의무화된다. 소비자들의 투자 위험이 줄게 된 셈이다.

  서울지역 21층 이상 고층 주상복합아파트는 발코니(베란다)를 커튼월(강화유리를 사용한 칸막이 벽) 구조로 시공해야 한다. 서비스면적으로 분류하던 발코니면적도 전용면적에 포함된다. 건설사 입장에서는 용적률이 줄어 수익성이 악화되고, 입주자들은 서비스면적(32평형 아파트 기준 6.5~10평) 혜택을 못 받으면서 더 비싼 분양가를 내야 한다.

Tip

용적률과 건폐율

용적률이란 대지면적에 대한 건축물의 연면적 비율을 말한다. 전체 건물바닥 넓이의 합이라고 생각하면 쉽다. 건폐율은 전체면적 중에서 건물을 지을 수 있는 면적이다. 예를 들어 전체 대지면적이 100평인데 건폐율이 60%라면 60평에 건물을 지을 수 있다. 여기에 용적률 200%가 적용된다면 전체면적인 100평의 200%, 즉 200평까지 건물바닥 전체면적을 허용한다는 것이다. 건폐율이 60%면 3층까지(건물바닥 전체면적 180평) 지을 수 있다.

전용면적과 공용면적

전용면적은 벽으로 둘러싸인 현관, 거실, 주방, 욕실 등 실제 입주해서 이용할 수 있는 집 내부면적이다. 아파트 등에 설치되는 발코니는 서비스면적으로 전용면적에서 제외된다(단, 2003년 11월 18일 이후 건축심의 신청한 서울지역 21층 이상 초고층 주상복합아파트는 전용면적에 포함). 전용면적은 자신의 청약통장으로 신청할 수 있는 아파트 평형을 결정하는 기준이 된다.

주거 공용면적은 전용면적을 제외한 2가구 이상이 공동으로 사용하는 계단, 승강기, 복도 등의 면적을 말한다. 만약 전용면적이 좁고, 공용면적이 넓다면 실제 집값보다 분양가를 더 많이 낸다고 볼 수 있다. 기타 공용면적은 지하주차장, 관리실 등 면적을 합한 것이다.

입주자모집공고 등에 m^2로 표시된 면적 표시를 평단위로 바꾸려면 0.3025를 곱하거나 3.3057로 나누면 된다. 따라서 $60m^2$는 18.15평, $85m^2$는 25.71평 등이 된다.

달라진 오피스텔
투자환경 이해하기

　직장인, 독신자, 대학생 등 혼자 생활하는 1인 가구가 늘면서 오피스텔시장은 급성장했다. 매년 반복되던 전세난도 오피스텔시장이 확대되는 촉매제로 작용했다.

　그러나 외환위기 이후 쏟아졌던 오피스텔의 입주가 잇따르면서 얼마 전부터는 공급과잉에 따른 부작용이 잇따르고 있다. 정부가 내놓은 각종 규제로 오피스텔 투자환경도 급변하고 있다. 기존 투자법에 연연하기보다는 바뀐 투자환경을 제대로 이해하고 거기에 맞는 투자전략을 새로 짜야 할 때가 온 것이다.

　우선 달라진 제도를 살펴보면 전용면적 중 주거비율을 축소하고 욕실·화장실 면적을 제한하는 등 건축기준이 대폭 강화되었다. 2005년부터는 2개 업체 이상의 시공연대보증을 받아 골조공사를 완료해야만 분양할 수 있는 후분양 제도도 도입된다. 반면 분양권 전매는 여전히 자유롭다. 일반아파트나 주상복합아파트의 분양권 전매가 금지되었기 때문에 유사 주택상품 중에서는 유일하게 분양권을 사고 팔 수 있다. 청약자격, 분양방식 등도 예전과 똑같다.

건축기준 강화, 주거기능 축소 

2004년 6월 1일부터 오피스텔 건축기준 개정안이 시행되고 있다. 새 오피스텔 건축기준에 따라 각 사무 구획별 전용면적 중 업무부분이 현행 50% 이상에서 70% 이상으로 늘어난다. 다시 말해 주거부분은 기존 50%에서 30% 정도로 줄어든다.

온돌 또는 온수온돌에 의한 난방도 금지된다. 화장실 및 욕실을 3m² 이하로 1개만 만들도록 하고 창문을 바닥에서 1.2m 이하에 설치할 경우 안전 난간을 반드시 설치하도록 했다. 주거면적뿐만 아니라 주거기능도 대폭 줄여 더 이상 주거상품으로 사용할 수 없도록 만들겠다는 취지로 해석된다.

그러나 오피스텔 건축기준 개정안이 시행되기 전인 2004년 5월 31일까지 건축허가나 건축심의허가를 신청한 사업장은 주거비중 50% 등 기존 기준대로 지어 분양할 수 있다.

후분양제 도입, 투자 안전성이 높아졌다 

2005년부터는 후분양제가 도입되어 연면적 907평(1000m²) 이상 오피스텔 등은 반드시 토지소유권을 확보하고, 시공연대보증을 받아 골조공사를 끝내야만 분양할 수 있게 된다. 수요자 입장에서는 투자 안전성이 높아진 셈이다. 그러나 착공과 동시에 선분양을 실시하여 계약금·중도금 등을 받아 사업을 추진해온 공급업체들은 후분양이 시행되면 자금 운영상 어려움을 겪을 수밖에 없다. 결국 오피스텔 신규 분양시장은 침체될 가능성이 높다.

청약자격 · 분양권 전매 제한이 없다 

분양조건은 여전히 자유롭다. 투기과열지구 내에서만 공개청약하면 되고 그 외 지역에서는 사업자 마음대로 분양방식을 정할 수 있다. 공개청약을 할 경우에도 청약자격 제한은 없다. 한 사람이 여러 채를 구입할 수도 있고 분양권 전매 제한도 없다. 계약 후 열 번이고, 백 번이고 횟수에 제한 없이 사고 팔 수 있다.

사용목적에 따라
주택으로 인정되기도 한다

오피스텔은 업무시설로 분류되기 때문에 1가구 1주택자가 오피스텔을 구입해도 1주택 요건은 그대로 유지된다. 오피스텔을 소유하고 있으면서 주택(3년 이상 보유, 투기지역은 3년 중 2년 이상 거주)을 팔 때 양도세를 내지 않아도 되는 것이다. 오피스텔에 대한 양도세 비과세 기준이 없으므로 오피스텔을 팔 때는 양도세를 내야 한다.

그러나 오피스텔을 업무용이 아닌 주거용으로 사용한 사실이 인정되면 주택으로 간주된다. 1가구 1주택자가 오피스텔을 구입해 주거용도로 이용하면 1가구 2주택자로 간주하여 양도세 비과세 조건을 갖춰도 세제 혜택을 받을 수 없다. 무주택자가 오피스텔을 주거용으로 이용했다면 1가구 1주택자에게 주어지는 양도세 비과세 혜택을 받을 수 있다.

✠ 투기지역 ✠

투기지역에서는 양도소득세를 실거래가로 과세한다. 월간 집값 상승률이 전국 소비자물가 상승률보다 30% 이상 높거나, 최근 2개월간 평균 집값 상승률이 전국 평균 집값 상승률보다 30% 높은 곳 등이 주택투기지역으로 지정된다.

주택투기지역에서는 주택 및 그에 딸린 토지 등 부속물을 거래할 때 실거래가를 기준으로 양도소득세를 내야 한다. 상황에 따라서는 기본 세율에 최고 15%의 탄력세율이 붙기도 한다.

주택투기지역 외 지역은 토지투기지역이라고 한다. 분기별 지가상승률이 전국 소비자물가 상승률보다 30% 이상 높고, 분기 지가상승률이 전국 평균 지가상승률보다 30% 이상 높은 곳 등이 지정된다. 이곳에서는 토지뿐만 아니라 토지에 딸린 건물 등 주택을 제외한 거의 모든 부동산에 실거래가 기준으로 양도세가 부과된다.

이런 주상복합·
오피스텔이 돈 된다

L기업에 다니는 B씨는 2002년 초 서울 강남에 있는 오피스텔 3채를 분양 받았다. 중도금 무이자 융자 조건으로 계약금만 내면 입주 때까지 돈이 들어가지 않는다는 점이 마음에 들었다. 오피스텔이 준공되면 중도금 대출은 담보 대출로 전환하고, 잔금은 임대보증금을 받아서 내면 된다는 분양 관계자의 설명도 그럴 듯 해 보였다.

그러나 막상 오피스텔 입주가 시작되고 보니 분양 때와는 모든 상황이 달랐다. 금융권 담보 대출 조건은 까다로워졌고, 임대시장은 침체되어 세입자조차 구하기가 힘들었다. 지금 B씨는 임대수익이 욕심나 덥석 분양 받은 오피스텔 때문에 심각한 자금압박을 받고 있다.

분양권 거래가 활발하던 2002~2003년 주상복합아파트·오피스텔 분양시장을 생각하면 투전판이 연상된다. 당첨만 되면 그 자리에서 프리미엄을 받고 팔 수 있었기 때문에 목 좋은 주상복합아파트와 오피스텔은 '당첨 가능성 높은 로또' 로 통했다. 너도나도 주상복합아파트·오피스텔에 투자했고 친정엄마와 딸, 윗집 아줌마와 아랫집 아줌마, 회사 동료들이 삼삼오오 모여 모델하우스를 누비고 다녔다.

그러나 앞으로 이런 모습이 연출되기는 힘들 것 같다. 정부의 부동산시장 안정대책에 따라 주상복합아파트는 분양권 전매와 청약 자격이 제한되고, 오피스텔은 건축기준 강화로 주거기능이 떨어지는 등 투자환경이 악화되었기 때문이다. 가수요 중심의 주상복합아파트·오피스텔 분양시장은 수요 부재로 붕괴될 가능성도 있다.

분양시장 활황세를 틈타 우후죽순 분양되었던 주상복합아파트·오피스텔의 입주가 본격화되면서 세입자를 찾지 못한 임대 매물들이 쏟아지고 있다. 물량이 남아돌면서 임대수익률도 떨어지는 추세이다. 그렇다면 이제 주상복합아파트·오피스텔 투자는 물 건너간 것일까? 그렇지 않다. 시장이 침체되어도 주상복합아파트나 오피스텔 수요는 여전히 존재한다. 또 입지가 좋은 각 지역 대표 단지들은 여전히 높은 임대수익을 올리고 있다. 단지에 따라 상황이 천차만별인 것이다.

이런 단지에 투자해야 임대수익이 있다 

모든 부동산 상품이 그렇겠지만 주상복합아파트·오피스텔은 교통여건이 특히 중요하다. 웬만하면 모두 지하철역을 끼고 있는 것도 이 때문이다. 그만큼 어설프게 지하철역과 가깝다는 것은 단지의 장점이 되지 못한다. 2~3개 호선이 교차하는 환승역이나 지하철역과 매우 가깝게 있는 단지를 선택해야 임대 세입자를 구하기도 쉽고 임대료도 비싸게 받을 수 있다.

달랑 한 동짜리 '나 홀로 단지' 보다는 여러 동으로 이뤄진 단지형이 좋다. 일반 아파트에 비해 단지 편의시설이 부족하다는 단점을 보완할 수 있다. 시세나 환금성 면에서도 소규모 단지보다 유리하다. 주거동과 상업동이 분리되어 있다면 금상첨화이다.

도심이나 강남의 사무지역에 있다보면 삭막해지기 쉽다. 이를 상쇄해야 프리미엄도 붙고 수요자들에게도 인기가 높다. 이왕이면 공원 등 녹지공간이 가까운 주거환경이 쾌적한 단지를 고른다. 대형할인점, 백화점, 병원, 멀티플렉스 극장 등이 잘 갖춰져 생활이 편리한지도 따져봐야 한다. 이왕이면 브랜드 인지도가 높은 단지를 구입해야 한다. 일반적으로 아파트보다 주상복합아파트·오피스텔의 투자위험이 크다고 생각하는 경향이 있기 때문에 대형건설사가 분양하는 단지이어야 매매나 임대 거래가 수월하다.

수익률 200% 올리는 방법 

주상복합아파트는 중대형에, 오피스텔은 중소형에 투자하는 것이 바람직하다. 주택으로 분류되는 주상복합아파트는 가족 단위로 거주하는 경우가 많아 너무 좁으면 세입자들에게 인기가 없다. 반면 독신자, 직장인 등이 주로 찾는 오피스텔은 중대형보다 중소형의 인기가 높다. 평당 10만 원이 넘는 임대료를 주고 40평형 이상 오피스텔에서 살 사람은 많지 않다. 그 돈이면 넓은 아파트를 얻는 게 낫기 때문이다.

실거주나 시세차익이 목적이라면 비싸더라도 조망권이 우수한 고층을, 임대사업을 할 계획이라면 분양가나 시세가 다소 낮은 저층을 매입하는 것이 좋다. 세입자들은 임대료가 비싼 고층보다 싼 값에 얻을 수 있는 저층을 선호한다.

　앞으로 서울지역에서도 21층 이상 초고층 주상복합아파트의 발코니면적이 전용면적에 포함되는 만큼 기존에 분양된 21층 이상 고층 아파트 단지 분양권이나 매물을 사두는 것도 좋은 방법이다. 이들 단지는 향후 건립되는 단지보다 같은 평형 대비 전용면적이 넓고, 가격이 오를 가능성도 높다. 오피스텔은 앞으로 주거기능이 대폭 축소되므로 기존 분양단지 중 주거기능이 강조된 물량을 확보해 두면 반사이익을 누릴 수도 있다.

　일반 오피스텔보다 주상복합아파트 내 오피스텔의 가격 상승폭이 높다. 서울시 강남 도곡동 타워팰리스의 경우 아파트뿐만 아니라 주거용 오피스텔에도 수억 원의 프리미엄이 형성되어 있다.

✠ 투자하기 전에 주의해야 할 사항 ✠

❶ 투자 목적을 분명히 하라
투자하기 전에 실거주가 목적인지, 임대수익이 목적인지를 정해야 한다. 각종 규제로 분양권 전매 등에 따른 시세차익을 노린 투자는 가급적 피하는 것이 좋다.

❷ 구체적인 투자기간 선정은 필수이다
나중에 계획을 바꾸더라도 구체적인 투자기간을 계획해야 한다. 결과가 좋으면 계속하고, 별 수익이 없으면 그만둔다는 자세로는 투자에 성공할 수 없다.

❸ 종합적 · 장기적으로 수익률을 분석하라
임대수익률이 떨어지고 있는 추세이므로 다각적인 수익률 분석은 반드시 해야 한다. 충분한 분석 없이 투자했다가는 세입자를 구하지 못해 손해를 볼 수도 있다.

05

아파텔,
알고 투자하자

최근 분양시장에 '아파텔'이라는 신종 상품이 선보였다. 아파텔은 말 그대로 '아파트 같은 오피스텔'이라는 뜻으로 법적으로는 오피스텔이다. 일반 오피스텔과 달리 아파트와 비슷한 구조와 품질로 설계한다고 해서 건설업체들이 붙인 이름이다.

주거기능은 아파트와 비슷하면서 별다른 규제가 없어 서울·수도권 일대 대단지 아파텔은 투자자들로부터 관심을 끌고 있다. 유망 주상복합아파트에 몰렸던 부동자금이 일부 아파텔로 이동하여 수백 대 1의 경쟁률을 기록한 사례도 있다.

주거기능은 아파트급 

기존 오피스텔의 주거 전용률이 50~60% 선인데 비해 아파텔의 전용률은 70~80% 선에 달한다. 주거 전용률이 떨어지는 일반 오피스텔의 단점을 보완한 것이다. 주차장을 서비스면적으로 제공해 전용률을 높인 곳도 있다.

크기는 10평형대 위주에서 20~30평형대로 커지는 추세이고, 내부 구조는 단순 원룸이 아니라 방 2~3개를 갖추고 있다. 거실과 주방을 독립시킨 점도 주목할 만한 부분이다. 지역난방과 개별난방을 적용해 관리비를 줄인 곳도 있다. 아파텔 모델하우스에 가보면 일반 아파트와 별다른 차이를 느끼지 못할 정도이다.

투자조건이 유리하다 

분양가는 일반 오피스텔보다 비싸지만 아파트나 주상복합아파트보다는 싸다. 아파텔은 주택이 아닌 업무용 시설로 분류되기 때문에 청약조건에 제한이 없다. 만 20세 이상이면 세대주 여부와 관계없이 누구나 청약할 수 있는 것이다. 분양권 전매가 자유롭다는 것도 장점이다. 또 당첨되더라도 청약 1순위 자격 제한을 받지 않는다. 주택으로 간주되지 않으므로 다른 주택을 1채 소유하고 있더라도 1가구 2주택 요건에 해당되지 않는다. 단, 주거용으로 사용한 사실이 명백한 경우에는 소득세법상 주택으로 간주된다는 점에 유의해야 한다. 세를 놓을 때는 일반 아파트의 80~90% 정도를 받을 수 있어 임대사업을 하기에도 무난하다.

오피스텔 건축기준이 강화되어 향후 주거용 오피스텔 신규 분양이 어려워지는 만큼 이미 분양된 단지에 투자하면 희소성이 인정되어 높은 수익을 올릴 수 있다.

아파텔 투자시 유의 사항 

아무리 주거기능을 강화했더라도 일반 아파트나 주상복합아파트에 비해 기능이 떨어진다는 점을 감안해야 한다. 건축법 적용을 받는 오피스텔이므로 내부에 발코니와 욕조를 설치할 수 없다. 발코니가 없으면 난방효율이 떨어지고 빨래를 널거나 화단을 가꾸기도 어렵다.

주차장을 제외한 면적을 기준으로 전용률을 표시하는 경우도 있으므로 미리 잘 살펴야 한다. 분양가는 전용면적을 기준으로 환산하고 주변 시세와도 비교해야 한다. 입지가 좋더라도 분양가가 너무 비싼 단지에는 투자하지 않는 것이 바람직하다.

단지 규모가 작고 지하철역에서 너무 멀면 완공 후에도 값이 오르지 않거나 세입자를 구하기가 어려우므로 대단지나 역세권, 사무실·관공서 밀집지역 등으로 투자대상을 한정해야 한다.

06 오피스 성공투자전략

　서울·수도권에 업무용 오피스 분양이 급증하고 있다. 일반 분양된 오피스는 2001년 1만 7225평에서 2003년 10만 1211평으로 5.8배나 뛰었다.

　오피스 분양이 증가하는 이유는 최근 2~3년간 오피스텔이 지나치게 많이 공급된 데다 같은 면적의 임대료가 높기 때문이다. 다시 말해 오피스텔 대신 더 높은 임대수익을 올릴 수 있는 오피스 건립이 늘어났다는 것이다.

　업무용 오피스는 주거형 오피스텔과 달리 기업이나 개인 사업가가 입주한다. 또 10평에서 수백 평까지 분양 면적이 다양한 것이 특징이다.

　오피스는 분양업체들이 건물을 완공한 후 임대 관리를 맡아 분양받은 사람들에게 지급하는 방식으로 공급된다.

오피스텔보다 임대수익이 높다 

오피스는 오피스텔에 비해 높은 수익률을 기대할 수 있다. 서울 강남구 역삼동 강남역 주변에 오피스텔의 평당 임대료는 보증금 50만 원에 월세 5만 원 선이다. 예를 들어 20평형 오피스텔을 임대하면 보증금 1,000만 원에 월세 100만 원을 벌 수 있는 것이다.

같은 지역 오피스의 평당 임대료는 신축 건물을 기준으로 보증금 55만 원에 월세는 5만 5,000원~6만 원을 웃돈다. 20평짜리 오피스를 임대하면 보증금 1,100만 원에 월 110만~120만 원의 수익을 올릴 수 있다는 얘기다. 실제로 뱅뱅사거리 앞 업무용 빌딩인 두산 랜드마크타워는 평당 보증금 58만 원, 평당 월세 5만 8,000원 선에 임대되고 있다.

연간 투자수익률이 9~10%은 되어야 한다 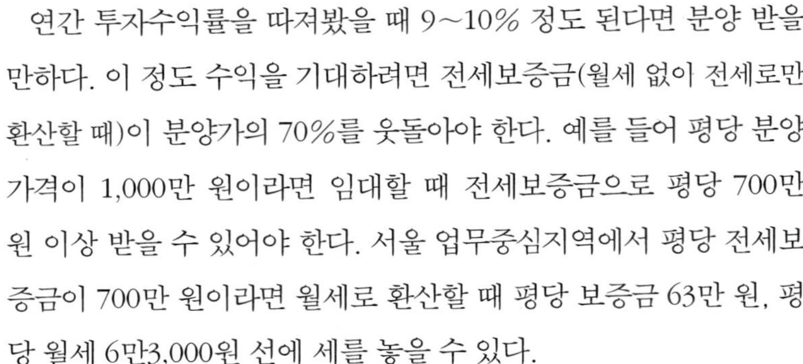

연간 투자수익률을 따져봤을 때 9~10% 정도 된다면 분양 받을 만하다. 이 정도 수익을 기대하려면 전세보증금(월세 없이 전세로만 환산할 때)이 분양가의 70%를 웃돌아야 한다. 예를 들어 평당 분양 가격이 1,000만 원이라면 임대할 때 전세보증금으로 평당 700만 원 이상 받을 수 있어야 한다. 서울 업무중심지역에서 평당 전세보증금이 700만 원이라면 월세로 환산할 때 평당 보증금 63만 원, 평당 월세 6만3,000원 선에 세를 놓을 수 있다.

참고로 역삼동, 대치동, 서초동 등 오피스가 밀집된 서울 강남권의 경우 평당 분양가가 1,000만~1,700만 원까지 다양하다.

오피스 투자는 신중해야 한다 

오피스는 지역이나 상품에 따라 수익률이 크게 엇갈리므로 투자에 신중해야 한다. 일반적으로 강남, 광화문, 여의도 등 업무중심지나 지하철 역세권, 풍부한 주차공간, 다양한 부대시설 등의 조건을 갖추고 있는 오피스의 임대수익이 높다.

직접 입주할 실수요자라면 건물 구조나 설계 등을 꼼꼼히 살펴보아야 한다. 임대수익이 목적이라면 분양업체의 설명만 믿기보다는 주변 임대현황을 직접 확인하는 것이 안전하다.

지방보다는 서울지역에서 투자하는 것이 유리하다. 서울지역 오피스의 임대료는 보합세를 지속하는 등 크게 경기를 타지 않는데 반해 지방의 경우 경기가 침체되면 임대료가 큰 폭으로 낮아진다.

소형보다는 중대형의 투자수익률이 크다. 대형 오피스의 공실률이 중소형 빌딩에 비해 낮은 데다 주로 대기업이 입주하므로 장기적·안정적으로 임대가 가능하기 때문이다. 환산 임대료도 중소형에 비해 중대형이 20% 이상 높다.

입주 기업들은 낡은 빌딩보다 편의시설이나 첨단 시스템이 잘 갖춰진 신개념의 빌딩을 선호한다. 실제로 첨단 사무자동화시설, 건강관리시설, 휴식시설, 편의시설이 잘 갖춰진 오피스는 안정적으로 임대가 이뤄진다.

제3장 상 가

CHAPTER 3

상가

상가의 종류와 분양방식

상가는 아파트시장이 침체되면 어김없이 틈새상품으로 떠오르는 상품이다. 매달 일정한 임대수익을 얻을 수 있고 경기가 좋으면 자산 가치 상승도 기대할 수 있어 투자상품으로 제격이다.

그러나 상가는 일반인들이 투자하기에 그리 녹록한 상품이 아니다. 보통 상가라고 통칭해서 부르지만 그 종류가 다양하고 분양방식도 제각각이기 때문이다. 자신의 투자자금이나 투자기간에 딱 맞는 상품에 투자하면 좋겠지만 자칫 잘못 골랐다가는 분양사기를 당하거나 임차인을 구하지 못해 고생할 수도 있다.

강남의 아파트값과 강북의 아파트값이 다르듯이 상가도 그 종류와 위치에 따라 수익률 차이가 크다. 일반적으로 테마쇼핑몰의 수익률이 가장 높고 단지 내 상가, 근린상가 등의 순이라고 보면 된다. 상권이 활성화된 곳이라고 가정할 때 평균 수익률은 테마쇼핑몰 18~20%, 단지 내 상가 12~15%, 근린상가 10~12% 선이다.

평균 수익률만 놓고 보면 두말할 것도 없이 테마쇼핑몰에 투자해야겠지만 테마쇼핑몰은 수익이 높은 만큼 적지 않은 위험이 따른다. 시행사가 부도날 경우 돈을 모두 날릴 수 있고, 상권이 형성되지 않으면 은행금리 이상의 임대소득을 얻기도 힘들다. 수익이 높은 만큼 그에 따르는 위험도 크다는 얘기다.

상가라고 다 같은 상가가 아니다 

단지 내 상가는 배후 아파트의 독점 상권을 보장받고 고정적인 임대수익을 올릴 수 있다. 보통 은행금리에 2배 정도의 수익을 얻으면서 다른 상가에 비해 경기를 덜 탄다는 것도 장점이다.

서울 및 수도권의 경우 단지 내 상가의 1층 10평짜리 점포의 분양가는 보통 1억 5,000만~2억 원 선이고 2, 3층의 점포 분양가는 싸지만 수익률은 떨어진다. 그러므로 투자하기 전에 단지 규모와 주변 상권 등을 살피는 것은 기본 사항이다.

근린상가는 대부분 대로변이나 시장통, 역세권 등에 건물 형태로 들어서 있다. 신도시의 경우 ○○프라자, ○○타운 등 이름이 붙어 있는 상가로 1개 점포가 15평형 정도이다.

근린이란 생활권에 가까이 있다는 의미로 약국이나 병원, 학원 등 실생활과 관계 있는 업종들이 입주한다. 근린상가의 분양가는 단지 내 상가와 비슷한 수준이지만 경기에 민감해서 업종이 수시로 바뀌는 것이 특징이다. 입지여건과 배후 인구가 매출과 임대료를 결정하므로 같은 값이면 지역 대표상권 내에 있는 상가를 고르는 것이 좋다.

테마쇼핑몰은 동대문의 두타나 밀리오레처럼 한 상가에 수천 여

개 점포가 들어선다. 1개 점포의 크기는 3~5평으로 평당가격은 2,000만 원 이상이다. 그러나 점포가 작기 때문에 투자비는 많이 들지 않는다. 상권이 좋은 곳은 높은 권리금과 월세수익을 기대할 수 있지만 상권이 가라앉으면 투자금을 날릴 수도 있다.

이 밖에 용산 전자상가와 같은 전문상가, 주거시설에 붙어 있는 상가주택 등이 있다.

분양 방법, 분양 방식이 다양하다 

상가 분양 방법에는 등기분양, 임대분양 등이 있다. 분양하는 방식도 일반경쟁입찰, 예정가 공개경쟁입찰, 선착순 수의계약, 추첨 등 여러 가지가 있다.

분양 방법 가운데 등기분양은 상가를 계약하면 토지와 건물에 대한 소유권이 계약자에게 넘어오는 것이다. 아파트와 똑같이 등기를 해주기 때문에 권리 확보면에서 안전하다. 소유권이 계약자에게 있는 만큼 상가에 대한 재산권 행사를 할 수 있다. 직접 장사를 해도 되고 세를 놓을 수도 있다. 상가가 완공된 후에는 계약자들이 모여 운영위원회를 만들어 관리한다. 단지 내 상가, 근린상가 등은 등기분양이 유리하다.

임대분양은 계약자가 상가에 대한 사용권만 갖는 것이다. 시행사나 건물주에게 보증금을 주고 상가의 일부분을 일정 기간 동안 사용하는 방법이다. 상가에 대한 제반 권리는 건물주가 갖고 있으며 임대분양을 받은 사람은 계약기간 동안 임대권리만 갖는다. 계약

기간은 상가에 따라 다르지만 2~5년이 보통이며 임대기간이 끝나면 연장 계약할 수 있다는 것이 통례이다. 임대기간이 끝나 계약 연장을 원하지 않으면 보증금을 돌려 받을 수 있다. 그러나 시행사 부도 등으로 사업 주체가 바뀌면 권리금은커녕 보증금조차 받을 수 없으므로 재무구조가 튼튼한 업체를 골라야 한다. 보통 테마쇼핑몰이나 복합상가 등이 임대분양 방식으로 분양한다.

분양 방식 중 일반경쟁입찰은 신청자 중에서 최고가격을 써 낸 사람을 낙찰자로 정하는 방식이다. 일반경쟁입찰에서 입찰장 분위기에 휩쓸려 계획보다 높은 가격을 써냈다가는 수익을 내기 어려울 수도 있으므로 주의해야 한다. 이것은 단지 내 상가나 소규모 상가를 분양할 때 주로 쓰는 방식이다.

선착순 수의계약은 공급자가 분양가를 정해 놓고 선착순으로 분양하는 방식이다. 수의계약 물건은 계약금만 있으면 누구든 계약할 수 있다. 상가 위치가 좋지 않거나 분양가가 비쌀 수 있으므로 꼼꼼히 살펴봐야 한다.

추첨 방식은 점포가 많지 않은 상가에서 신청을 받은 뒤 공개 또는 비공개로 추첨해 당첨자를 정하는 것이다. 단지 내 상가의 업종별 호수를 지정하거나 전문상가의 위치를 정할 때 이용한다.

돈 되는 상가, 어떻게 고르나

상가는 매일 현찰이 왔다 갔다 하므로 매월 임대료를 받는 데는 문제가 없다. 다만 장사가 잘되는 곳에서는 임대료를 비싸게 받을 수 있지만 장사가 안 되는 곳에서는 임대료 수입이 적을 수 있다.

상가에 투자하는 사람들은 은행금리의 최소 2배 이상을 목표 수익률로 정하는 것이 보통이다. 상가 자체에 웃돈이 붙어 나중에 팔 때 시세차익을 노릴 수도 있지만 이것은 부가적인 것이고 우선은 임대수익을 얼마나 올릴 수 있느냐가 중요하다. 특히 토지투기지역에서는 양도세를 실거래가로 내야 하기 때문에 시세차익보다는 임대수익 위주로 투자전략을 짜야 한다. 현재 투기지역으로 지정된 곳은 서울의 강남구·강동구·송파구, 경기도의 분당구 등이다.

상가 투자자가 자신이 기대한 수익률을 올리기 위해서는 제대로 된 상가에 투자해야 한다. 배후 세대수는 적고 점포수가 많은 상가, 역세권에서 떨어져 있는 상가 등 조건이 나쁜 상가에 투자하고 은행금리에 2배 이상의 수익률을 바라는 것은 어리석은 일이다.

단지 내 상가, 근린상가, 테마쇼핑몰 등 상가 종류와 관계없이 살펴봐야 할 것은 상가의 자리이다. 일반적으로 지하철역과 가까우면 목이 좋다고 하지만 단순히 지하철 출입구와의 거리만 가지고 판단할 수 있는 것은 아니다. 50m 안에 있더라도 어떤 곳은 A급지의 이름값을 하는가 하면 어떤 곳은 D급지보다 못 한 곳도 있다. 업종과 브랜드가 그런 차이를 낳기도 하지만 결정적인 차이는 유동인구에 있다. 사람들이 주로 다니는 통로에 위치해 있느냐 아니냐에 따라 A급지, B급지로 나누어지는 것이다.

단지 내 상가는 고정된 배후세대 수가 주수요층이기 때문에 상가의 활성화 정도는 애초부터 정해져 있다고 볼 수 있다. 따라서 주변에 대형쇼핑몰이 들어설 가능성이 높은 곳은 위험부담이 크다. 몇 년 전 분당에 대형쇼핑몰이 들어서면서 아파트 단지 내 상가의 공실률이 급격하게 늘어난 것이 그 예이다. 다행히 셔틀버스 운행이 금지되면서 몰락은 면했지만 여전히 고전하고 있다. 단지 규모는 1000가구 이상 대단지이면서 20~30평형대 중소형이 밀집되어 있는 곳이 유리하다. 내정가 대비 낙찰가가 150%를 넘으면 수익성이 떨어지므로 유의해야 한다. 같은 상가라도 2, 3층보다는 분양가가 비싸더라도 1층을 분양 받는 것이 좋다.

근린상가는 지역에 따라 투자가치가 천차만별이다. 택지개발지구처럼 이제 막 상권이 형성되어 가는 곳은 위험과 기회가 공존한다. 상권의 중심이라면 성장 가능성이 크지만 끝자락쯤 위치한 곳은 막차를 탈 가능성이 적지 않다. 이미 상권이 자리잡은 구시가지의 근린상가는 매출액 변동의 여지가 크지 않기 때문에 싸게 구입하지 않는 이상 수익률을 높일 방안이 없다.

테마쇼핑몰은 집객력으로 승부를 걸어야 한다. 동대문 상권처럼 거대상권에서는 4~5개 테마쇼핑몰이 시너지 효과를 거두며 공존해 가지만 웬만한 상권에서는 한 곳도 자리잡기가 힘들다. 테마쇼핑몰에 투자하려면 그 지역의 랜드마크가 될 수 있는 곳에 해야 한다. 2등은 살아남기 힘든 것이 테마쇼핑몰의 현주소이기 때문이다. 같은 쇼핑몰 내에서도 중심자리와 구석자리는 수익률 차이가 크다. 쇼핑몰 1층의 경우 에스컬레이터 앞에 위치한 점포가 가장자리 점포보다 2배 이상 매출 차이를 보인다.

✠ 권리금 ✠

아파트에 프리미엄이 있듯이 상가에는 권리금이라는 것이 있다. 장사가 잘되는 상권에서는 보증금보다 권리금이 훨씬 비싸다. 권리금은 점포를 넘겨받는 사업자가 기존 사업자에게 주는 일종의 보상금으로서 무형의 영업가치를 돈으로 환산한 것으로 법적 근거는 없다. 권리금은 우리 나라 부동산시장에만 있는 제도이지만 모르고 계약에 임했다가는 큰 코 다치기 십상이다. 창업비용에서 가장 큰 비중을 차지하지만 민법, 상가임대차보호법에 의해 보호받지 못하는 것이 권리금이다. 권리금은 협상에 따라 가격이 다르게 매겨질 수도 있다.

✠ 상가 계약 전 체크 포인트 ✠

❶ 사업부지의 권리관계를 확인한다.
❷ 동종 업종을 중복 분양하는지 여부를 따져본다.
❸ 입주예정일에 입주할 수 없을 때 보상문제를 짚어본다.
❹ 분양이나 매도하는 사람이 실제 소유권자인지 확인한다.

불황 모르는 단지 내 상가

단지 내 상가는 수익이 안정적이어서 수익형 부동산의 대명사로 통한다.

최근에는 대형할인점이나 백화점 등이 많이 생기면서 단지 내 상가의 명성은 예전만 못하지만 '썩어도 준치'라고 단지 내 상가만큼 안정된 수익을 보장해 주는 투자상품도 없다.

단지 내 상가는 안전성이 검증된 건설업체와 대한주택공사가 분양하므로 다른 상가보다 투자 위험이 적다는 것도 또 다른 매력이다.

단지 내 상가는 보통 아파트 분양 후 1년쯤 지나서 분양하지만 최근에는 아파트 분양 후 곧바로 이어서 하는 경우도 있다. 대형 단지의 경우 30~40개 점포를 갖춘 경우도 있지만 대부분 단지는 10~20개 안팎이다. 분양가는 서울과 수도권이 비슷한데 대개 평당 1,500만 원(1층) 이상이고 2층은 1층의 40~50% 선이다. 분양 받은 상가를 임대할 경우 최소 월 100만 원에서 최고 300만 원까지 임대료를 받을 수 있다.

안정적인 투자수익이 보장되려면 우선 배후 세대수가 커야 한다.

단지 규모가 작으면 매출에 영향을 주기 때문에 최소 500가구 이상은 되어야 한다. 그렇다고 무조건 세대수가 많을수록 좋은 것도 아니다. 세대수가 많아지면 상가 규모도 커지고 인근에 쇼핑몰 등이 생길 수 있기 때문이다.

배후 아파트의 평형은 20~30평형대가 낫다. 큰 평수에 사는 사람들은 단지 내 상가보다는 백화점과 대형할인점에서 물건을 사는 경향이 있다. 따라서 근거리 소비자가 많은 중소형 평형이 많은 단지가 유리하다.

또 상가 내 점포수가 적정 규모라야 한다. 500가구 규모 단지에 20개 이상 점포가 들어선다면 업종이 중복될 수밖에 없어 출혈경쟁을 해야 한다. 일반적으로 상가 연면적이 배후 세대당 0.5평 이하라야 적당하다. 하지만 점포수가 너무 적어도 문제가 된다. 상권이 갖춰지려면 점포수가 10개 이상은 되어야 한다. 점포수가 적은 분산상가의 경우 중심상가에 비해 집객력이 떨어져 장사가 안 된다.

적정 규모의 점포수와 충분한 배후 세대수를 끼고 있는 단지 내 상가라도 인근에 대형쇼핑센터나 재래시장이 있는 곳은 피해야 한다. 또 역세권 주변으로 가로상권이 발달된 곳도 영업에 어려움이 따르므로 투자하지 않는 것이 좋다.

아파트 단지에 출입구가 여러 개인 곳도 리스크가 크다. 출입구가 두 곳이라면 배후세대 수의 절반 정도를 놓칠 수 있기 때문이다. 출입구가 한 곳인 단지의 정문 쪽에 위치해야만 배후세대 수를 모두 끌어안을 수 있다.

단지 내 상가에서는 생활밀착형 업종을 제외하고는 성공 확률이 낮다는 점도 염두에 두어야 한다. 1층에는 부동산중개업소·슈퍼마켓 · 서점 · 비디오대여점이 기본 업종으로, 2층에는 미용실 · 세탁소 · 중국집이 기본 업종으로, 3층에는 학원 등이 기본 업종으로 들어간다.

상가는 분양가 등 투자금액이 높으면 수익률을 내기가 힘들다. 그러므로 단지 내 상가는 내정가의 150% 안팎, 근린상가는 주변 시세보다 비싸지 않아야 적당하다. 서울의 강남구 · 송파구, 경기도의 분당구 · 평택시, 충남 아산시 등 토지투기지역에 위치한 상가는 양도세를 실거래가로 내야 하기 때문에 단기 시세차익을 노리기보다는 장기투자하는 것이 바람직하다.

Tip

배후 세대수에 맞는 상가 선택 요령

❶ 500가구 이하 : 소형 슈퍼마켓, 중개업소, 비디오 · DVD 대여점, 세탁소, 제과점, 중국집, 미용실
❷ 500~1000가구 : 문구점, 열쇠수선, 치킨가게
❸ 1000~1500가구 : 중소형 슈퍼마켓, 반찬가게, 약국, 보습학원, 소아과 병원, 약국
❹ 1500~2000가구 : 화장품점, 태권도장, 헬스클럽
❺ 2000가구 이상 : 대형 슈퍼마켓, 패스트푸드점, 인테리어점, 제과점, 치과

근린상가 공략하기

근린상가는 부동산 침체기에 상대적으로 투자위험이 낮은 상품으로 꼽힌다. 단지 내 상가는 치열한 입찰 경쟁으로 수익성이 낮아지거나 업종이 한정되어 있는데 반해 근린상가는 물량이 많고 업종이 다양하다는 것이 장점이다.

근린상가는 지역이나 위치에 따라 수익률이 크게 엇갈리므로 위치가 좋아야 한다.

유동인구가 많은 역세권과 택지개발지구의 근린상가가 유리하다. 장기 투자처를 찾는다면 용인 죽전지구, 파주 금촌지구, 천안 불당지구 등을 눈 여겨 볼 만하다. 그러나 일부 택지지구의 경우 가구수에 비해 상업용지가 많이 공급되어 공실률이 높은 곳도 있으므로 주의해야 한다.

근린상가는 대규모 주거단지나 대로변에 들어서 있으므로 다른 상가와 경쟁이 불가피하다. 특히 신도시는 대형할인점이나 백화점, 중소형 근린상가가 즐비하므로 주변상권을 꼼꼼히 분석해야 한다. 아파트 단지 출입구 부근이나 안쪽 뒤블록이 유동인구도 많고 상권 형성이 잘된다.

업종은 층에 따라 선택한다. 지하층은 노래방·호프점, 1층은 패스트푸드점·편의점·약국, 2층은 커피숍·미용실, 3층은 학원·의원 등의 업종이 적합하다.

근린상가는 공급량과 상가 위치에 따라 수익률과 매출 프리미엄의 차이가 크다.

투자해 볼 만한 근린상가 

- 역세권이나 전철역, 대로변에서 가까울수록 좋다. 유동인구가 많은 곳은 임대도 잘되고 상가 건물 시세도 올라갈 가능성이 높다. 상가의 입지가 가로로 뻗어 있는지 세로로 뻗어 있는지도 수익률을 결정하는 주요인이다. 입지로는 동선에 가로로 길게 뻗어 있는 상가가 낫다. 전면이 넓어야 전시효과를 충분히 살려 구매 욕구가 높아지기 때문이다. 상가 전면이 좁고 안쪽이 긴 상가는 활용성면에서 떨어진다.

- 출근길보다 퇴근길 상권이 유리하다. 근린상가 이용자의 대부분은 퇴근길에 쇼핑을 하는데 도로 폭이 넓고 차량의 왕래가 잦은 도로가 있을 경우 구매할 물건이 있더라도 길 건너기를 꺼리는 경향이 있다. 주5일 근무제가 많이 도입되면서 주거지 주변에서 여가활동 등의 소비가 많아지고 있다.

- 초기 투자금이 많이 들더라도 권리금이 높은 지역을 선택하는 것이 좋다. 권리금이란 일종의 영업권이다. 따라서 권리금이 있다는

말은 그만큼 장사가 잘된다는 것이다. 장사가 잘되는 지역의 근린상가는 최초 분양가를 주변 시세와 비교해서 시세차익을 챙길 수 있는지 따져야 한다. 신규 상가는 주변 시세를 따라가거나 더 높게 임대를 놓을 수 있지만 분양가가 주변 시세와 맞먹는다면 투자 매력이 떨어진다.

- 주변에 노점상이 있는지도 알아본다. 노점상이 들어서 있는 곳은 장사가 잘되는 곳이라고 봐도 무난하다. 노점상이 있으면 손해 볼 것 같지만 공생관계에 있는 경우가 더 많다.

- 분양 받을 계획이라면 분양 초기에 상가를 선점하는 것이 유리하다. 임대할 사람들은 상가의 입점 6개월 전후가 적절하다. 상가 완공 후 상권 변화를 살펴본 후 들어가도 늦지 않다.

수익률을 계산할 때 취득세나 등록세, 전세권설정비용, 점포 개·보수비용을 기본적으로 감안하지 않는 경우가 흔하다. 수익률이란 입점해서 운영을 해봐야 흐름을 알 수 있지만 투자시 이 같은 부분을 감안해야 제대로 된 수익률 분석을 할 수 있다.

✠ 근린상가, 상권개발비·홍보비가 따로 들지 않는다 ✠

근린상가는 분양 받을 때 시행·시공업체가 얼마나 견실한지 확인해야 한다. 공급업체가 부도 날 경우 투자비를 받지 못하는 경우가 많으므로 가급적 건물골격이 올라가 윤곽이 드러나고 골조공사가 완료된 상태에서 분양 받는 것이 안전하다. 간혹 근린상가를 분양하면서 개발비 등 분양가 외에 추가 비용을 요구하는 업체도 있다. 하지만 근린상가는 테마상가처럼 대규모 상권 개발을 위한 개발비나 홍보비 등 추가비용이 들지 않는다는 점을 알아두는 것이 좋다.

테마쇼핑몰, 이렇게 분양 받으면 안전하다

서울 영등포구 문래동에 사는 주부 S씨는 2001년 봄, 여윳돈을 굴릴 만한 곳을 찾다가 영등포에 들어서는 마음에 드는 테마쇼핑몰을 발견했다. 그래서 5,000만 원을 대출 받아 1억 1,000만 원에 분양 받았다. 2003년 입점과 동시에 보증금 1,000만 원, 월세 120만 원에 세를 놓았기 때문에 S씨가 투자한 돈은 5,000만 원이다. S씨의 월수입은 5,000만 원에 대한 대출이자 30만 원을 제외한 90만 원이다. 다시 말해서 연 21%의 수익률을 올리고 있는 셈이다.

도심 주요 상권에서는 테마쇼핑몰 분양이 잇따르고 있다. 사례의 S씨처럼 소액을 투자해 높은 수익을 올릴 수도 있지만 투자위험이 많기 때문에 낭패를 볼 수도 있다.

단지 내 상가의 경우 분양 주체가 아파트 시공업체이고 상가를 다 지은 다음 분양하기 때문에 투자금을 떼일 염려가 거의 없다. 하지만 테마쇼핑몰은 건축허가만 받아 놓은 상태에서 분양하기 때문에 위험부담이 적지 않다. 심지어 동대문에 있는 G상가 등은 부지 매입조차 안 된 상태에서 계약자를 모집해 물의를 빚기도 했다.

다행스럽게도 2005년부터는 상가도 골조공사를 끝내야 분양할 수 있는 후분양제가 시행된다. 후분양제가 실시되면 사업 비리나 시행사 부도 등으로 소액투자자들이 투자금을 날리는 안타까운 일은 줄어든다.

그러나 아직까지는 신문광고나 전단지만으로는 믿고 투자해도 괜찮은 것인지, 투자수익률은 얼마나 될지 가늠하기 힘든 것이 현실이다. 모든 분양 조건을 조목조목 따져 투자금을 잃는 일이 없도록 해야 한다.

믿을 수 있는 사업자인가 확인해야 한다

토지 등기부등본을 떼어 사업부지에 대해 시행사 명의로 등기가 완료되었는지, 근저당이나 가압류 등 권리관계는 깨끗한지 확인해야 한다. 등기부등본상 권리관계가 복합하게 얽혀 있는 곳이라면 사업이 장기화되거나 사업추진이 안 될 수도 있다.

건축허가 서류를 열람해 상가로 건축허가가 났는지, 건축시공을 맡은 시공사와 준공보증약정서를 체결했는지도 체크해야 한다. 만약 기존 건물을 허물고 신축하는 경우라면 기존 건축물의 철거가 완료된 후 분양 받는 것이 안전하다.

상가는 경기에 민감한 상품인 만큼 분양한 지 1년 이내에 입점할 수 있는 곳이 좋다. 공사기간이 길면 투자금 회수도 늦어지므로 불리하다.

소비자들을 끌어들일 수 있는가를 따져본다

테마쇼핑몰의 성패는 고객들이 얼마나 찾아오는가에 달려 있다고 해도 과언이 아니다. 분양은 잘되었는데 상가 관리와 마케팅에 소홀해 상권이 기우는 상가도 적지 않다.

소비자들을 끌어들이려면 단순한 제품 판매에서 벗어나 볼거리, 먹거리, 놀거리를 모두 갖추고 있어야 한다. 서울지하철 2호선 강변역 인근에 위치한 테크노마트는 복합영화관인 멀티플렉스가 입점해 상권이 살아난 대표적인 예이다.

상가의 인지도가 높다면 이 같은 엔터테인먼트 기능은 크게 문제가 되지 않지만 신규 상가가 단기간 내에 인지도를 높이는 것은 쉬운 일이 아니다. 소비자도 중요하지만 상인들이 몰려드는 상가라면 유망한 투자처이다. 상인들만큼 상권 분석이 뛰어난 사람도 없다. 동대문 상권이 남대문 상권을 압도한 것은 기반시설 차이도 있지만 남대문 상인들이 대거 이동했기 때문이라는 분석도 있다.

✠ 등기이야기 ✠

상가는 소유권 분쟁 소지가 빈번한 상품이다. 따라서 계약할 때는 구분등기가 가능한지 알아보는 것이 좋다.

구분등기란 집합건물에서 특정 동, 호수를 계약한 사람의 소유권을 인정하는 것이다. 등기가 늦어지면 그 기간만큼 영업을 할 수 없다. 완공 뒤에도 구분등기 여부를 확인해야 한다.

지분등기는 전체 면적에서 일정 지분에 대해서만 권리 행사를 할 수 있는 제도로 특정 동, 호수에 대한 소유권 주장도 어렵다.

06 상가임대차보호법 길라잡이

경기도 구리시에서 보증금 1억 원, 월세 150만 원짜리 점포에서 화장품점을 운영하는 C씨는 보증금 1억 원을 고스란히 날릴 뻔했다. 건물이 경매 처분되었기 때문이다. 그러나 C씨는 확정일자를 받아두었기 때문에 상가임대차보호법의 보호를 받을 수 있었다. 마침 이 건물에는 선순위 채권이 없었기 때문에 C씨가 경락대금에서 1순위로 보증금 1억 원을 배당 받을 수 있었다.

2002년 11월 1일부터 상가임대차보호법이 시행되고 있다. 법 개정이 시급하다는 지적도 있지만 상가임대차보호법은 상가세입자가 주택세입자와 마찬가지로 임대보증금을 보호받을 수 있는 제도이다.

상가임대차보호법은 상가 주인의 과다한 보증금 인상으로 인한 피해로부터도 세입자들을 보호해 준다.

확정일자는 꼭 받아야 한다 

　세무서에서 확정일자를 받아놓으면 상가세입자들은 점포가 경매 처분되더라도 보증금을 우선적으로 받을 수 있다. 그 동안은 점포가 경매로 넘어가면 한푼도 건지지 못하는 사례가 허다했지만 이제는 임차보증금을 당당하게 돌려 받을 수 있게 된 것이다.

　세무서에서 확정일자를 받으려면 사업자등록을 하고 임대차계약서 원본에 확정일자 날인을 받아야 한다. 확정일자를 받기 위해 갖춰야 할 서류는 사업허가증 사본, 법인등기부등본, 임대차계약서 사본, 건물도면 등이다.

　확정일자를 받아놓으면 경매 처분이 되더라도 상가임대차보증금을 최우선적으로 돌려 받고 국세 및 담보물권이 설정된 채권, 일반채권은 후순위로 밀린다. 하지만 확정일자를 받기 전에 국세압류나 담보물권이 설정되어 있다면 변제 순서가 국세 및 담보물권이 설정된 채권(1순위)에 밀린다. 단, 일반채권보다는 우선순위로 보호받을 수 있다. 따라서 임대차 계약을 맺을 때는 선순위 채권이 있는지 여부를 살펴야 한다.

임대차, 5년간 유지된다 

　상가임대차보호법의 보호를 받을 수 있는 범위는 지역에 따라 다르다. 지역별 임대보증금 적용대상을 보면 서울지역 2억 4,000만 원, 수도권 과밀억제권역 1억 9,000만 원, 인천을 제외한 광역시 1

억 5,000만 원, 기타 지역 1억 4,000만 원 이하이다.

전세보증금을 월세로 주고 있는 경우라면 월세금액에 100을 곱한 금액(월세전환율 12%)이 전세환산금액이다. 보증금이 1억 원이고 월세가 100만 원이라면 환산보증금은 2억 원(1억 원＋100만 원×100)이다.

소액 세입자도 보호된다 

보증금이 소액인 영세입자는 사업자등록만 해 놓으면 확정일자를 받지 않아도 최우선변제를 받을 수 있다. 여기에 해당되는 세입자는 보증금이 서울지역 4,500만 원 이하, 수도권 과밀억제권역 3,900만 원 이하, 광역시 3,000만 원 이하, 기타 지역 2,500만 원 이하이다. 이 경우 돌려 받게 되는 변제금액은 서울지역 1,350만 원, 수도권지역 1,170만 원, 광역시 900만 원, 기타 지역 750만 원 등이다.

서울에서 보증금 1,000만 원에 월세 35만 원짜리 점포를 임대하고 있는 세입자는 최우선변제를 받게 되어 점포가 경매 처분되더라도 보증금을 모두 돌려 받을 수 있다.

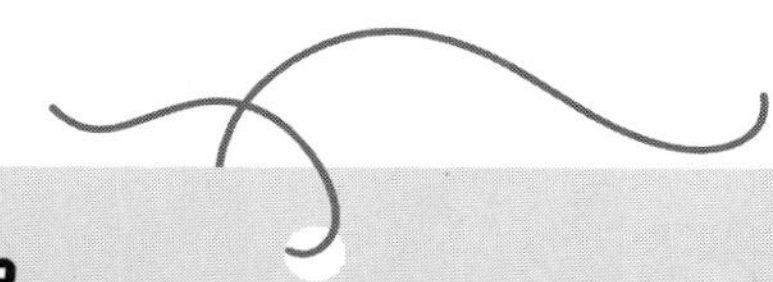

✠ 상가임대차보호법 대상 및 변제권 범위 ✠

구 분	환산보증금	최우선변제대상 보증금	최우선변제시 돌려 받는 금액
서울지역	2억 4,000만 원	4,500만 원	1,350만 원
수도권 과밀억제지역	1억 9,000만 원	3,900만 원	1,170만 원
광역시(인천시 제외)	1억 5,000만 원	3,000만 원	900만 원
기타 지역	1억 4,000만 원	2,500만 원	750만 원

✠ 바뀐 주인이 점포를 비워달라고 하면? ✠

Q. 상가 점포를 임차해 사업자등록을 신청하고 임대차계약서에 확정일자인까지 받고 서 영업을 하고 있던 중 건물이 매각되어 주인이 바뀌었다. 그런데 새 주인이 점포 를 비워달라며 내용증명을 보내왔다. 이런 경우 점포를 비워줘야 하는가?

A. 2002년 11월 1일부터 시행된 상가건물임대차보호법에 따라 상가 건물의 임차인 이 건물의 인도와 사업자등록이라는 대항요건을 갖춘 후 건물이 양도되면 새 주인 은 기존 주인의 지위를 그대로 승계하기 때문에 임차인은 새 주인에게도 임차권을 주장할 수 있다. 따라서 새 주인과 다시 임대차계약을 체결할 필요가 없으며 원래 의 임대차 계약기간이 끝날 때까지 계속 영업할 수 있다. 계약기간이 끝나면 새 주 인으로부터 임차보증금을 반환 받을 수 있다.

제4장 토 지

CHAPTER 4

토지

토지 구입 길라잡이

부산에 사는 자영업자 P씨는 아파트가 들어선다는 한 부동산중개업자의 말만 믿고 2003년 말 경남 김해에 있는 땅 300평을 매입했다. 그런데 몇 개월이 지나도 구체적인 개발 소식이 없어 토지전문업체에 컨설팅을 의뢰해 보니 자신이 평당 20만 원을 주고 산 땅이 평당 5만 원의 땅에 불과하다는 사실을 알게 되었다. 그리고 도로가 붙어 있지 않은 맹지인 데다 3명 소유의 지분등기로 되어 있어 다시 팔기도 쉽지 않았다.

땅에 대한 관심이 뜨겁다. 정부 규제로 아파트시장이 가라앉으면서 부동산시장은 온통 토지투자에 관한 얘기뿐이다. "뭐니뭐니해도 땅에 투자해야 큰돈을 번다", "집은 없어도 땅은 사야 한다" 등 토지투자에 대한 격언(?)들이 인기를 끌고 있을 정도이다.

신행정수도 이전, 2기 신도시 개발 등 각종 개발계획이 쏟아지는 것도 토지투자 열기를 달군다. 이쯤 되면 일반인들도 '나도 땅 한 번 사볼까' 라는 생각이 들기 마련이다.

그러나 토지는 일반인들이 투자하기에 그리 호락호락한 상품이 아니다. 지역마다, 매물마다 조건이 모두 다른 데다 투자금액도 천

차만별이다. 또 너무 자주 바뀌는 부동산정책도 부담으로 작용한
다. 따라서 다른 사람들이 하니까 나도 해보자는 주먹구구식의 투
자전략으로는 성공하기 힘들다.

한동안 부동산시장을 주름 잡을 토지에 투자하려면 하나부터 열
까지 익히고 따져보는 수밖에 없다. 얼마 투자해서 얼마를 벌었다
는 성공 사례에만 현혹되기보다는 투자 실패 사례를 꼼꼼히 분석
하는 자세도 중요하다.

물건 제대로 보기 

토지투자에서 가장 중요한 것은 물건을 제대로 보는 것이다. 진
짜로 투자가 유망한 지, 투기 수요가 개입된 것은 아닌지 정확히
파악해야 한다. 요즘은 땅에 대한 정보가 폭넓게 공유되고 있으므
로 항상 관심을 갖고 부지런히 발품을 팔면 미래 가치를 판단할 수
있는 눈을 가질 수 있다.

입지여건을 따질 때는 부동산을 개발해 어느 정도 부가가치를 얻
을 수 있는지를 가늠해야 한다. 주변에 편의시설·공공시설 등은
잘 갖춰져 있는지, 혐오시설은 없는지, 교통망은 어떻게 배치되어
있는지를 살펴보는 것은 기본이다. 교통망은 도로를 비롯해 철도,
지하철, 경전철, 공항 등을 모두 고려해야 한다.

토지를 개발했을 때 이용할 수요층이 두터운 곳이 향후 가치가
높은 곳이다. 배후지가 크고 인구 밀도, 고객의 소득 등이 높다면
더할 나위 없다.

땅의 모양은 남쪽이 트이고 북쪽에 산이나 숲을 끼고 있는 정사각형이 가장 좋다. 절벽이나 소형분지, 봉우리가 있는 곳은 피해야 한다. 과거에는 논이나 매립지 등은 투자 기피 대상이었지만 매립기술이 발달하면서 위치만 좋으면 높은 평가를 받고 있다.

현재는 조건이 별로 좋지 않아도 향후 가치가 올라갈 만한 지역은 미리 선점할 필요가 있다. 가격이 오를 만한 곳은 교통망 개발 및 확충 계획이 있는 곳, 신도시 등 대규모 개발계획이 예정된 곳 주변, 규제에서 풀리는 곳, 대형 공단이나 관광단지가 들어서는 곳 등이다.

베스트 투자전략 

토지는 환금성이 떨어지므로 팔고 싶을 때 원하는 가격을 받고 팔기 힘들다. 그래서 바로 옆 땅 주인이 비싼 값에 땅을 처분했다고 나도 그 값에 팔 수 있다는 보장도 없다. 따라서 같은 값이면 싸게 사는 것이 수익을 올릴 수 있는 기본 투자방법이다. 투자 고수들이 관심 지역의 단골 부동산중개업자와 친분을 쌓아두었다가 시세보다 싼 물건이 나오면 놓치지 않고 사는 것도 이 때문이다.

투자금이 많이 들더라도 수도권이나 개발예정지 주변에 투자하는 것이 좋다. 지방에 있는 땅은 값은 싸지만 땅값이 좀처럼 움직이지 않고 수요가 많지 않아 처분하기도 어렵다. 사는 곳에서 너무 멀리 떨어져 있으면 관리하기도 힘들고 시장 동향 파악에도 뒤처질 수밖에 없다.

장기 계획을 세워야 한다. 구입했다가 1~2년 안에 팔겠다는 생각이라면 다른 투자상품을 찾아보는 것이 낫다. 고수들은 신중을 기해 산 땅은 웬만해서는 팔지 않는다. 땅만큼 좋은 투자처는 없다고 생각하기 때문이다.

개발 정보를 기준으로 투자하는 것도 좋지만 개발예정지에 투자금을 몰아 넣으면 안 된다. 개발계획은 규모나 일정이 바뀔 수도 있기 때문이다. 경제 상황이나 정권에 따라 계획이 백지화되는 경우도 있다. 그러므로 여유자금이 많다면 두 서너 곳에 분산 투자하는 것이 바람직하다.

이런 점은 유의하자 

서류 내용과 현장이 일치하는지 꼭 확인해야 한다. 도시는 비교적 구획정리가 잘되어 있지만 지방의 경우 현장과 지적도 사이에 차이가 많다. 지적도에는 도로가 있는데 실제 가 보니 도로가 없는 경우도 있다. 지적도 외에 토지(임야)대장, 항측도 등도 살펴봐야 한다.

떴다방(이동식 중개업소)이나 기획부동산(텔레마케팅 수법으로 투기를 조장하는 불법 컨설팅 업체) 등이 퍼뜨리는 근거 없는 개발계획에 속아 투자금을 날리는 일이 없도록 한다. 이들은 개발 가능성이 전혀 없는 맹지를 싼값에 사들여 비싼 값에 되판다. 그러므로 투자를 하기 전에 개발계획이 현실적으로 가능한지, 추진 상황은 어떤지 관련 지방자치단체와 건설교통부 등에 직접 문의해야 한다.

가급적 여윳돈으로 투자한다. 급하게 자금이 필요하더라도 마음대로 팔리지 않을 수도 있다. 덩치가 큰 땅을 찾기보다는 자신의 자금 동원 능력을 감안해 투자하는 자세가 필요하다. 융자를 받을 경우에는 갚을 수 있는 금액 내에서 받되 이자나 원금 상환 계획 등은 미리 세워두는 것이 좋다.

✠ 토지투자에 성공하는 전략 ✠

❶ 무리한 투자는 금물이다

자기 능력에 맞는 투자가 바람직하다. 욕심이 앞선 나머지 덩치가 큰 땅에 투자했다가 자금길이 막히면 체하기 십상이다.

❷ 개발 예정지 인근을 공략한다

택지지구 주변, 공단 조성지역 주변 땅은 다른 지역에 비해 땅값 상승률이 높다. 개발 중심지보다 땅값이 싸 장기적으로 높은 투자수익률을 기대할 수 있다

❸ 정확한 정보만 믿어라

뜬소문을 듣고 투자했다가는 낭패를 볼 수 있다. 특히 개발계획 등은 해당 지방자치단체에 직접 확인해야 한다.

❹ 길에 주목하자

땅값은 지하철과 철도, 도로 등 교통 신설 도로 등을 따라 움직인다. 값이 아무리 싸고 모양이 좋더라도 맹지는 쓸모 없다. 접근이 쉬워야 거래가 쉽고 가격 오름세도 크다.

❺ 발품을 팔아야 한다

등기부등본상 권리관계만 믿어서는 안 된다. 현장과 등기부등본 사항이 정확히 맞는지, 이용 상황이 달라 제한을 받는 것은 아닌지 따져봐야 한다.

택지지구 단독택지, 투자처로 급부상

부동산 경기 침체기에도 수백 대 1의 경쟁률을 기록하며 큰 인기를 끄는 상품이 바로 택지개발지구 내 단독택지이다. 아파트 못지않은 환금성에 짭짤한 시세차익도 기대할 수 있기 때문이다. 주거환경이 쾌적하고 대규모 택지개발지구에 들어서는 각종 편의시설을 이용할 수 있다는 것도 장점이다. 수도권 땅이라도 토지거래허가를 받지 않아도 되고, 한국토지공사 · 대한주택공사 등 공기업이 분양하는 땅인 만큼 토지 사기를 당할 위험이 없다. 공급가의 70%까지 금융기관에서 담보 없이 대출을 받을 수 있으므로 여유자금으로 투자하려는 사람들에게 딱 맞는 투자상품인 셈이다.

점포 겸용 택지가 수익성이 높다 

택지지구 단독택지는 주택만 지을 수 있는 주택 전용과 근린상가를 함께 지을 수 있는 점포 겸용으로 나뉜다.

　주거 전용 단독택지는 건폐율 50% 이하, 용적률이 100% 이하로 최고 2층까지 지을 수 있다. 다시 말해서 100평짜리 주거 전용 택지를 살 경우 바닥면적 50평에 2층까지만 올릴 수 있다는 얘기이다.

　점포 겸용 택지는 건폐율 60% 이하, 용적률 180% 이하, 최고 3층까지 건축을 할 수 있다. 근린시설은 총면적의 40%에 설치할 수 있어 일반적으로 1층은 상가로, 2~3층은 임대용 주택으로 짓는다. 주거성은 주거 전용 택지에 비해 다소 떨어지지만 안정적인 임대수익을 올릴 수 있다.

　2003년 1월 28일 이후 개발계획 승인을 받은 택지지구 내 단독택지는 점포 겸용 없이 주거 전용으로만 사용된다. 1층에 상가 등 근린생활시설을 설치할 수 있는 점포 겸용 단독택지가 없어지는 것이다. 판교, 김포, 파주 신도시 등도 여기에 포함된다. 이에 따라 2003년 1월 28일 이전 개발계획 승인을 받은 택지지구 내 점포 겸용 택지는 희소성이 높아지고 있다. 단독택지 분양에서 점포 겸용 택지가 수백 대 1의 치열한 경쟁률을 기록하는 것도 이 때문이다.

단타 투자는 금물이다 

　단독택지는 2003년 12월 4일부터 전매가 금지된 상태이므로 단기 차익을 노린 투자는 삼가야 한다. 잔금을 치르고 등기를 이전해야 되팔 수 있는 만큼 장기적인 자금 계획을 세워야 한다. 택지지구 단독택지는 대부분 한국토지공사나 대한주택공사 홈페이지를 통해 인터넷으로 하며, 당첨되었을 경우 낙찰가의 10%를 계약금으로 내고 나머지는 분할 납부한다.

수도권의 경우 청약자격도 제한된다. 1순위는 공급공고일 현재 해당 지역 거주자로서 무주택 가구주, 2순위는 해당 지역 거주자, 3순위는 일반 실수요자 등이다. 단, 1순위에서 미달 용지가 나올 경우 다른 지역의 무주택 세대주도 청약할 수 있다.

수도권 이외 지역에서는 해당 지역에 거주하는 20세 이상 실수요자에게 1순위 자격을 주는 등 청약자격 기준이 다르므로 사전에 확인해야 한다. 공급가의 1.5%를 학교용지 부담금으로 내야 하고, 일정 기간 이내에 건물을 지어야 한다는 점에 유의한다. 청약을 통해 직접 분양 받지 않고 입주권(딱지)을 살 경우에는 이중 매매가 아닌지, 프리미엄이 지나치게 높지 않은지 따져봐야 한다.

Tip

상업용지 · 근린생활용지

택지개발지구 내 상업용지는 근린상업 · 일반상업 · 중심상업 등으로 나뉜다. 용지 종류에 따라 분양면적도 100평에서 1000평까지 다양하다. 분양 금액 역시 2억~3억 원에서 수백억 원까지 제각각이다. 근린생활용지는 소규모 생활편의시설을 지을 수 있는 땅으로 음식점, 슈퍼마켓, 미용실, 유치원 등을 지을 수 있다. 투자금액이 큰 만큼 수익성과 환금성을 꼼꼼히 분석해야 한다.

이주자 택지, 인기 상한가

이주자 택지는 택지지구가 개발되기 전부터 거주한 원주민들에게 독점적으로 공급되는 땅으로 일반 분양보다 수개월 앞서 공급된다.

조성원가의 80% 선에 공급하기 때문에 일반 단독택지보다 싸다. 또 추첨을 통해 필지별로 위치가 확정되며, 이 때부터 현장에서 프리미엄이 붙어 거래된다. 일반 단독택지에 부과되는 학교용지 부담금도 내지 않아도 된다.

총면적의 40%까지 상가 등 근린시설을 설치할 수 있고 계약 후 즉시 전매도 할 수 있다. 택지지구 내 단독택지의 전매가 금지된 데다 앞으로 점포 겸용 택지가 사실상 없어지는 만큼 이주자 택지의 인기가 날로 높아지고 있다.

길 뚫리는 곳,
땅값도 오른다

서울 개포동에 사는 Y씨는 새로 뚫리는 도로 주변 땅을 샀다가 큰 이익을 봤다. 도로 개설 계획이 있는 지역을 중심으로 현장조사를 다니다 땅 모양, 주변여건 등이 마음에 드는 물건을 발견하고 해당 지방자치단체에 알아보니 구입하려는 땅 주변으로 도로가 개설될 것이 확실했다. 원래는 농지지만 도로가 뚫리면 음식점 등을 지을 수 있는 땅으로 용도를 변경할 수 있다는 사실도 확인했다. 그래서 여유자금 3억 원으로 구입한 이 땅은 도로 개통 후 6억 원으로 가격이 뛰었다.

부동산에서 '길'만한 호재도 없다. 도로나 철도, 전철 등이 새로 생겨 교통여건이 개선되면 개발이 가속화되고 편의시설이 확충되어 땅값, 집값 등이 오르기 마련이다. 쓸모 없던 땅도 주변에 길이 뚫리면 수요가 늘고 가격이 치솟는다.

개발 정보가 공개되면 가격이 오르기가 힘들다고 속단하고 투자를 포기하는 경우가 많지만 도로 개통은 땅값을 꾸준히 올려주는 호재이다. 도로나 철도 개통 계획 발표 직후 한 차례 오르고 공사가 시작되면 또 한 번 가격이 오른다. 또 완공된 후에는 유동인구가 늘고 땅의 활용도가 높아지면서 다시 가격이 오른다.

실제로 서해안고속도로 인근 땅은 개통 발표 당시 가격이 급등했지만 시간이 지나면서 땅의 가치는 계속 상승하고 있다. 경부고속철도 역사가 들어서는 천안, 오송, 대전 등의 땅값도 줄곧 상승세를 유지하고 있다.

토지 전문가들에게 유망 투자지역을 꼽으라고 하면 주저 없이 도로나 철도가 새로 개통되는 지역을 꼽는 것은 이 같은 이유에서다. 투자 고수들이 길을 따라 돈을 묻고 다니는 것도 같은 투자 맥락으로 이해할 수 있다.

철저한 사전 조사는 기본이다 

땅값에 영향을 주는 교통망으로는 고속도로, 지방도로, 국도, 순환도로, 고속철도, 전철, 경전철 등을 꼽을 수 있다. 그러나 교통여건 개선은 단시일에 이뤄지는 것이 아니다. 짧게는 2~3년에서 길게는 10년 이상 걸리기도 한다. 그런 만큼 장기적인 안목으로 접근해야 후회하지 않는다.

길이 뚫리는 곳보다 그 주변 지역이 가격 상승 가능성이 높다는 점을 염두에 둬야 한다. 도로 용지로 수용되는 땅을 사 수익을 내지 못하거나, 노선이 비껴가 구입한 땅이 맹지로 전락하는 경우도 허다하다. 도로 개설은 장기간 추진되는 사업인 만큼 지방자치단체의 예산 사정이나 다른 개발 사업에 의해 취소되기도 한다. 개발계획 발표만 믿고 무작정 투자하기보다 해당 지방자치단체나 국토

관리청 등을 찾아 사업 지역과 추진 일정 등을 자세히 확인하는 것이 좋다.

도로라고 다 같은 도로가 아니다. 도로의 크기와 차선에 따라 투자가치가 다르므로 다각적인 분석이 필요하다. 차선이 많은 곳과 역세권이 좋다. 서울의 영등포처럼 기차역, 전철역, 버스정류장이 한꺼번에 몰려 있는 곳이라면 금상첨화다. 고속도로의 경우 차량 통행이 많은 나들목 주변이 투자성이 높다. 이런 지역은 상업시설 등으로 개발하면 수익성을 높일 수 있다.

도로 개설이 예정되어 있는 땅에 투자하더라도 단지 시세차익을 노리기보다는 어떻게 활용할 수 있을지 구체적인 계획을 세워두면 안정성과 수익성을 높일 수 있다. 자신이 직접 개발할 준비를 해두면 매각이 여의치 않을 때도 투자위험을 줄일 수 있다.

개발 제한 여부를 따져본다 

교통여건이 좋아지면 땅값이 오르지만 투자에 유의할 점도 그만큼 많다. 개통 일정이나 노선 계획 조사도 중요하지만 개발 제한 여부나 주변 여건 등을 따져보는 것도 투자의 성패를 좌우한다.

일찍 투자하면 수익성이 높지만 그만큼 위험도 크다. 도로용 땅으로 수용되거나 건물 등을 지을 수 없도록 개발이 제한될 수도 있기 때문이다. 노선을 살핀 후 수용되는 땅이나 개발제한구역, 도로가 닿지 않는 맹지에 투자하는 일이 없도록 주의한다.

도로용으로 수용되면 시세보다 낮게 수용가가 책정되는 경우가

많고 추후 시세 상승도 기대하기 어렵다. 도로변이라도 개발제한
에 묶여 있는 땅을 매입하면 수요가 없어 처분하기도 힘들다.

❈ 주목할 만한 도로 · 전철 개설 구간 ❈

❶ 지하철 9호선 역세권

1구간은 김포공항 ～ 여의도 ～ 고속터미널 ～ 역삼동 ～ 교보타워 사거리 등으로 이어지며, 2007년 말 완공된다. 교보타워 앞 ～ 코엑스 ～ 종합운동장 ～ 방이역을 잇는 2구간은 사업 일정이 확정되지 않았다. 일부 역만 정차하는 급행열차가 국내 처음으로 도입되어 김포공항에서 역삼동까지 27분, 여의도역에서 고속터미널역까지 10분 정도 소요된다. 완행열차의 경우 전 노선 운행시간이 42분 정도이다.

❷ 경부선 전철화 구간

경부선 1단계 수원 ～ 병점 구간이 2003년 4월 개통되었고, 나머지 전철화 구간인 병점 ～ 오산 ～ 평택 ～ 천안은 2004년 말 개통된다. 이 공사가 마무리되면 수도권 남부와 충청북부에서 서울로의 접근이 쉬워진다.

❸ 용인 경전철 구간

기흥읍 구갈리 전철 분당선 연장구간(구갈역)에서 용인시내를 거쳐 포곡면 전대리까지 운행된다. 2005년 7월 착공해 2008년 12월 완공된다. 총길이는 18.4km이며, 동백 ～ 초당곡 ～ 삼가 ～ 행정타운 ～ 명지대 ～ 공설운동장 ～ 고진 ～ 보평 ～ 수포 ～ 둔전 ～ 전대 등 15개 역이 설치된다. 운행시간은 30분 정도이다.

❹ 외곽순환고속도로 공사 재개구간

서울외곽순환도로 북부 구간인 일산 ～ 퇴계원의 공사가 재개되었다. 외곽순환도로의 북부 구간은 고양 ～ 원당 ～ 송추 ～ 의정부 ～ 퇴계원을 잇는 36.3km 거리이다. 이 구간에 원당 IC, 벽제 IC, 송추 IC, 의정부 IC, 덕송 IC 등이 들어설 계획이다. 2006년 6월 일산 IC ～ 의정부 IC가 우선 개통되고 나머지 구간은 2008년 6월쯤 완공될 예정이다. 고양 원당 IC 주변 풍동지구가 수혜지구로 꼽힌다.

04 농지도 잘 고르면 황금알

　서울에서 가까운 수도권 농지가 유망 투자처로 급부상하고 있다. 정부가 농지 소유 상한선을 없애고 농지 임대차를 허용하는 내용의 농지법 개정안을 추진하고 있기 때문이다.

　현재 도시민이 구입할 수 있는 농지는 주말농장 또는 체험농장용으로 0.1ha(약 300평) 미만이지만 2005년 하반기부터 새 농지법이 시행되면 도시민들도 농지를 무제한 소유할 수 있다. 또 직접 농사를 짓지 않고도 농지은행 등에 5년 동안 영농을 맡기면 농지 매입이 가능해진다. 농지은행에 맡겨진 농지는 전업농에게 넘겨져 경작되며 도시민들은 계약기간이 끝난 뒤에도 재계약을 통해 농지를 장기간 소유할 수 있다.

　이 같은 규제 완화에 주5일 근무제가 본격화되면서 실수요와 투자조건을 갖춘 수도권 농지로 시중 여유자금이 몰릴 것이라는 전망이 지배적이다. 수요가 늘고, 가격이 오르는 등 농지시장이 확대될 가능성이 높지만 섣불리 투자에 나서는 것은 금물이다. 시장 분위기를 봐가며 투자대상, 투자금액 등을 신중히 결정해야 한다.

어떤 농지에 투자할까? 

농업진흥지역 내 농지는 농사를 짓기에 가장 좋지만 농사 외에는 사용이 거의 불가능한 땅이다. 하지만 장기적으로 볼 때 개발지역 인근 진흥지역 농지는 규제가 풀릴 가능성이 높다. 특히 구도시와 신도시 중간에 있는 경지 정리가 안 된 농지는 가격면에서 저평가 되어 있는 경우가 많아 멀리 보고 투자하면 높은 수익을 기대할 수 있다. 주변에 고속철도 역사나 전철 역세권, 개통 도로가 있는 농지라면 투자 1순위이다.

그린벨트 지역 내 농지는 해당 지역에서 20km 이내에 살고 있는 사람만 구입할 수 있다. 그린벨트 내 농지 가치는 그린벨트 해제 여부에 달려 있으므로 10가구 이상 취락마을로 지정된 지역을 골라야 한다. 해제면적이 너무 넓으면 임대아파트 용지로 수용될 수 있는 만큼 투자를 피하는 것이 좋다. 대도시 주변에 있고 지구단위계획을 수립중인 농지가 환금성은 물론 투자가치가 높다.

한계 농지는 경작하기 힘들어 과수원, 관광농원, 축산단지 등으로 활용되는 농업진흥지역 밖의 땅이다. 펜션, 레저시설 등으로 이용하기에 적합한 만큼 고속도로 개통지나 유명 관광지 주변 매물을 찾아보는 것이 좋다. 그러나 환금성이 떨어지므로 1억 원 이상 투자하는 것은 위험하다.

투자가 유망한 곳은 어디인가 

서울에서 멀지 않으면서 가격이 저렴한 농지를 찾아 투자하는 것이 가장 바람직하다. 너무 외진 지방 땅은 값이 싸더라도 수요가 적어 현금화시키는데 불편이 따르고 시세 차익을 기대하기도 어렵다.

일반 투자자가 접근하기 쉬운 상품으로는 주변경관이나 자연환경이 좋은 계곡, 강, 바닷가 주변 농지가 있다. 서울에서 차로 1~2시간 거리인 경기도 포천, 양평, 가평, 청평, 이천, 여주를 비롯해 경기도와 인접한 강원도, 충청도 일대 농지가 유망하다.

남한강과 북한강을 동시에 끼고 있는 양평 일대 농지의 경우 평당 가격이 10만~30만 원 안팎이다. 여주 등 경기도 외곽지역은 양평보다 서울에서 멀리 떨어져 있지만 가격이 훨씬 낮으므로 투자가치가 있다.

이 점은 유의하자 

농지는 지역별, 용도별로 투자가치가 제각각이므로 신중하고 세심한 접근이 필요하다. 매입 전 지적도와 토지이용계획확인원 등을 반드시 확인해야 한다. 지적도상 도로가 없는 맹지나 주인이 따로 있는 사도를 끼고 있는 농지는 피하는 것이 바람직하다.

농지는 토지 중에서도 환금성이 가장 낮은 상품인 만큼 장기 투자계획을 세워야 한다. 하지만 땅을 사두고 마냥 기다릴 수는 없다. 몇 십 년 간 그대로 묵혀 둘 것이 아니라면 적절한 매수, 매도 시점을 결정하는 결단력도 필요하다.

같은 농지라도 논보다는 밭을 사는 것이 유리하다. 논은 벼농사를 짓는 것 외에는 활용성이 떨어지고 집을 지을 때도 지대가 낮아 건축비가 더 든다.

그린벨트 투자
어떻게 할까?

서울 연희동에 사는 자영업자 J씨는 2002년 10월 서울 우면동 소재의 밭 1000평을 7억 원에 매입했다. 그린벨트로 묶여 있는 땅이지만 인근 지역이 그린벨트에서 해제되었기 때문에 자신이 산 땅도 그린벨트에서 곧 풀릴 것이라는 확신이 들었다. 당시 시세인 7억 5,000만 원보다 5,000만 원 정도 싸게 구입했으니 바로 처분하더라도 큰 손해는 보지 않을 것 같았다. J씨의 예상대로 우면동 땅이 그린벨트에서 해제된다는 계획이 발표되었고, 땅값은 수직상승했다.

정부가 잇따라 그린벨트를 풀면서 해당 지역 땅값이 오르고 있다. 오랜 기간 동안 각종 규제에 묶여 있던 그린벨트 내 토지가 개발이 가능한 땅으로 변신하게 되면서 해당 지역 실수요자는 물론 투자자들까지 큰 관심을 보이고 있기 때문이다. 특히 서울과 가까우면서도 자연환경이 우수한 수도권 그린벨트는 1급 주거지로 떠오르는 등 투자가치가 높아지고 있다.

그린벨트는 우선해제지역, 조정가능지역, 국책사업지역, 지역현안사업지역 등으로 나뉘며 지역에 따라 단계적으로 해제된다. 우선해제지역은 대규모 집단취락지나 관통취락지 등이 해당되며 그린벨트 가운데 가장 먼저 풀린다. 보전가치가 낮은 곳은 조정가능지역으로 선정되어 2020년까지 단계적으로 해제된다. 광명시 고속철도 역세권이나 국민임대주택 건립지역 등은 국책사업지역으로 분류된다.

그린벨트에서 해제되는 곳 

2004년 초 그린벨트가 풀린 서울시 종로구 부암동, 노원구 중계본동, 은평구 진관내외동·구파발동 등을 끝으로 우선해제지역으로 지정되었던 전국의 그린벨트 64곳이 모두 해제되었다. 이 가운데 300가구 이상 대규모 취락지가 34곳, 경계선 관통취락지가 30곳이었다.

2004년 8월에는 서울시 강남구 세곡동·율현동, 구로구 항동 등 100가구 이상이 살고 있는 집단취락지 3곳의 개발제한구역 지정이 풀렸다. 이들 지역은 각각 제1종 전용주거지역(용적률 100%, 높이 2층 이하), 제1종 일반주거지역(용적률 150%, 높이 4층 이하) 등으로 용도가 변경되었다. 서울시는 이들 지역 외에도 서초구 우면동, 송파구 마천동, 강동구 강일동, 중랑구 신내동, 마포구 상암동, 양천구 신정동 등 그린벨트지역 대부분을 추가 해제할 계획이다.

수도권에서도 그린벨트 해제가 줄을 이을 전망이다. 정부가 2012년까지 국민임대주택 100만 가구를 건설하기 위해 경기도 지역 그린벨트 15곳, 812만 평의 해제를 추진하고 있기 때문이다. 해

제되는 그린벨트는 수도권 광역도시계획 수립을 위한 환경영향 평
가 때 '조정 가능지'로 분류된 녹지이다. 규모가 30만 평이 넘는 8
개 지역은 택지개발지구로, 30만 평 미만인 7개 지역은 국민임대
주택특별법에 따른 국민임대주택지구로 지정된다.

  해당 지역은 고양 삼송(149만 평, 2만 1000가구), 남양주 별내(154
만 평, 2만 2000가구), 수원 호매실(94만 평, 1만 9000가구), 시흥 장
현(88만 평, 1만 5000가구), 시흥 목감(52만 평, 1만 1000가구), 의정
부 민락2(79만 평, 1만 5500가구), 양주 마전(42만 평, 8700가구), 성
남 여수(46만 평, 7500가구), 구리 갈매(16만 평, 3800가구), 군포 당
동2(10만 평, 2700가구), 부천 범박(15만 평, 3400가구), 안산 상록
(19만 평, 5100가구), 안양 관양(18만 평, 4400가구), 의왕 오전(16만
평, 3800가구), 의왕 포일2(14만 평, 3100가구) 등이다.

해제 여부, 개발 가능성 등 옥석을 가려 투자한다 

  그린벨트에 투자하려면 해제 여부를 제대로 판단해야 한다. 길
하나 차이로 해제되기도 하고 그대로 묶여 있는 경우도 있다. 지역,
보전가치, 취락밀집도 등에 따라 적용되는 용도도 천차만별이다.
  그린벨트가 해제되었다고 마음대로 개발할 수 있는 것이 아니다.
지목에 따라 건축물을 지을 수도 있고 못 지을 수도 있다. 그린벨
트구역 지정 전 지목이 '대'인 나대지와 주택조성을 목적으로 허가
를 받은 토지는 건축이 가능하다. 그러나 그린벨트구역 지정 후

'대'로 변경된 나대지와 기존 주택을 이전하고 남은 나대지에는 건축물을 지을 수 없다.

규모가 큰 그린벨트는 택지개발지구나 국민임대주택 건설부지로 수용될 확률이 높으므로 해당 지방자치단체에 수용 여부를 확인해야 한다. 수용 토지 보상금은 공시지가를 기준으로 책정되는데 일반적으로 그린벨트의 공시지가는 실거래가보다 훨씬 낮아 손해를 볼 수도 있다.

지역에 따라서는 거래도 자유롭지 못하다. 토지거래허가구역 내 그린벨트의 경우 해당 지역에서 6개월 이상 거주해야 소유권을 이전할 수 있다.

그린벨트는 투자금액이 너무 높은 만큼 소액투자자들은 경매를 이용하거나 공동투자 방식으로 접근하는 것이 바람직하다. 공동투자자 가운데 해당 지역에 전입신고가 되어 있는 사람이 포함되어 있다면 더욱 좋다.

그린벨트 내 토지는 일정한 시세를 판단할 근거가 충분하지 않기 때문에 직접 현장에 나가 자연경관, 도로망, 주변시설, 배후 주거인구 등을 꼼꼼히 체크해야 한다. 무허가 주택을 매입할 때는 해당 지방자치단체 무허가 건축물 관리대장에 등재되어 있는지 여부도 반드시 확인해야 한다.

❈ 그린벨트 ❈

그린벨트(Green belt)는 난개발을 막고 환경을 보존하기 위해 정부가 지정한 개발제한구역이다. 1971년 7월 서울을 시작으로 1977년 4월 전남 여천에 이르기까지 8차례에 걸쳐 14개 도시에 지정되었다.

개발제한구역은 국토이용관리법상 도시지역에만 적용되며 도시외곽의 녹지지역 일부를 대상으로 하고 있다. 따라서 도시지역이 아닌 관리지역이나 도시지역(도시계획구역)에서도 주거지역이나 공업지역에는 개발제한구역이 지정되지 않는다.

개발제한구역에서 해제되면 녹지지역으로 남게 되어 녹지지역에 대한 행위제한규정이 적용된다. 이 구역 내에서는 건축물의 신·증축, 용도변경, 토지의 형질변경 및 토지분할 등의 행위가 제한된다. 단, 건설교통부장관, 도지사, 시장, 군수 등의 승인 또는 허가를 받아 구역설정 목적에 위배되지 않는 범위 내에서는 개발할 수 있다.

구역변경 없이 관리되어 온 그린벨트는 2000년부터 해제가 시작되었으며 개발이 가능한 곳은 대부분 해제되었거나 앞으로 해제될 예정이다.

❈ 그린벨트 투자시 체크 포인트 ❈

❶ 현장답사는 필수다

부동산중개업자의 말만 믿기보다 사전에 정보를 충분히 숙지한 후 직접 현장을 찾아야 한다. 해제 여부, 주변 조건, 수용 여부 등을 꼼꼼히 따져본다.

❷ 임야투자는 피해야 한다

그린벨트 내 토지 중 60% 이상이 임야이다. 정책적으로 농지는 규제를 완화하는 반면 임야에 대한 규제는 강화하고 있다.

❸ 너무 비싼 곳은 수익률이 낮다

그린벨트 해제 예정지역은 대부분 높은 프리미엄이 붙어 있다. 그러므로 비싸게 매입하면 시세차익을 기대하기 어려울 뿐만 아니라 자칫 수용되면 큰 손해를 볼 수도 있다.

❹ 환경이 좋은 곳을 매입한다

그린벨트 해제지에서 가장 쉽게 접근할 수 있는 것은 전원주택이다. 주변환경이 좋은 곳을 골라야 환금성이나 시세차익면에서 유리하다.

❺ 지방자치단체의 개발계획·건축법규를 숙지한다

해당 지방자치단체를 방문해 개발 규모, 일정, 내용 등을 수시로 확인하는 것이 좋다. 거주기간이나 증·개축 가능면적 등 그린벨트 내 건축 관련 법규도 정확히 숙지한다.

보상지 주변 땅에 관심을 가져라

투자 고수로 알려진 B씨는 토지 보상 시점을 투자기준으로 삼는다. 신도시나 택지개발지구, 산업단지 등의 개발이 이뤄지면 원주민에게 보상금이 풀린다. 보상금을 받은 원주민들은 다시 주변 땅으로 몰리고 가격은 자연스레 올라간다. 그래서 B씨는 토지 보상 시점 몇 개월 전에 주변 땅을 매입하고 보상이 시작되면 팔고 나온다. 사겠다는 사람이 많으니 환금성 문제로 고생하는 일 없이 매번 짭짤한 차익을 올리고 있다.

2004년 부동산시장의 이슈는 땅이다. 판교, 화성, 파주 등 2기 신도시를 비롯해 신행정수도, 택지개발지구 등 개발계획이 잇따라 쏟아지면서 해당 지역에 땅을 가진 사람들을 비롯해 여윳돈을 가진 투자자들의 관심은 온통 땅으로 쏠렸다. 땅을 수용 당하는 사람들은 얼마나 보상받을 수 있을지, 보상금을 받으면 어디로 가야 할지 골몰하고, 발 빠른 투자자들은 보상금이 유입될 만한 주변 땅을 찾아다니느라 정신이 없다.

개발지역의 보상이 시작되면 보상금은 은행이나 주식시장 등으로 유입되기보다는 주변지역 토지 구입비로 사용되는 경우가 많다. 본능적으로 사람들은 자기가 살던 지역에서 멀리 벗어나는 것을 싫어하기 때문에 대부분의 원주민들이 주변지역에서 대체 농지나 집을 찾기 때문이다. 보상금이 풀리면 개발지역 주변 땅값이 올라가는 것도 이 때문이다.

실제로 2003년 초 평당 500만 원 하던 판교신도시 도로변 땅은 2004년 초 평당 1,200만 원까지 올랐다. 개발 기대감에 상승세를 지속하던 땅값이 2003년 말 보상(총 2조 4,000억 원)이 시작되면서 급등한 것이다. 이 정도면 '가격 폭등'이라는 말을 붙이기에 지나침이 없다. 하지만 토지시장 동향 취재차 필자가 판교신도시를 찾았을 때 이 일대 부동산중개업자들은 "보상금이 본격적으로 이동하기 시작하면 땅값은 평당 2,000만 원까지 치솟을 것"이라고 입을 모았다.

판교뿐만 아니라 파주·화성 신도시, 광명·시흥·안산 등지 택지지구 주변 토지시장도 보상금 효과에 들썩였다. 개발지역 바로 인근 땅이 가장 먼저 오르고 시간이 지나면서 보상금 수혜지역은 점점 확대된다. 판교신도시의 경우만 봐도 분당, 용인 일대 땅값이 오르더니 보상금이 풀리자 여주, 이천까지 땅값이 2배 이상 올랐다.

금맥은 개발지역이 아니라 주변에 있다 

보상금이 풀리는 지역은 부동산 수요가 늘기 마련이다. 수요가 증가하면 주변지역의 땅은 물론 아파트, 상가 등 모든 부동산 가격이 오른다. 이런 원리를 잘 알고 있는 전문 투자자들은 보상금이 풀리기 수개월 전에 덜 오른 주변 땅을 사둔다.

규제가 덜 한 것도 장점이다. 개발 중심지역은 토지거래허가 등 규제가 많아 거래하기가 힘들지만 주변지역은 비교적 거래가 자유롭다. 천안, 아산 등은 토지거래허가구역으로 묶여 거래가 감소한 데 반해 연접한 예산지역은 거래가 자유로워 토지 거래가 평소보다 4~5배 가량 증가했다.

서울에서는 2004년 상반기 보상작업이 거의 마무리 된 장지 · 발산지구에 이어 강동구 강일지구, 노원구 상계지구, 은평구 은평뉴타운 등에서 토지 보상금이 풀린다. 강서구 마곡지구, 송파구 문정지구, 서초구 우면동, 강남구 세곡동 등 개발 유망지역 주변도 관심을 가져볼 만하다.

수도권에서는 광명 소하지구, 파주 운정지구, 용인 풍덕지구 등의 토지 보상이 이뤄졌다. 해당 지구 주변 땅들은 어김없이 가격이 급등했다.

무엇보다 매수, 매도 시점이 중요하다. 택지개발지구 인접지역의 땅값은 프리미엄이 붙기 마련이므로 가격이 많이 오르기 전에 조건이 좋은 땅을 사두었다가 수요가 몰리면 팔고 나오는 것이 안전하다. 가격이 더 오를 것 같다고 무조건 보유했다가는 자칫 돈이 묶일 수도 있다.

기획부동산들이 싼값에 사 둔 땅을 잘게 쪼개서 2~3배 이상 비싸게 파는 사기에 걸려들지 않도록 조심해야 한다. 근거 없는 소문만 믿고 무리하게 땅을 사들였다가는 낭패를 볼 수 있다.

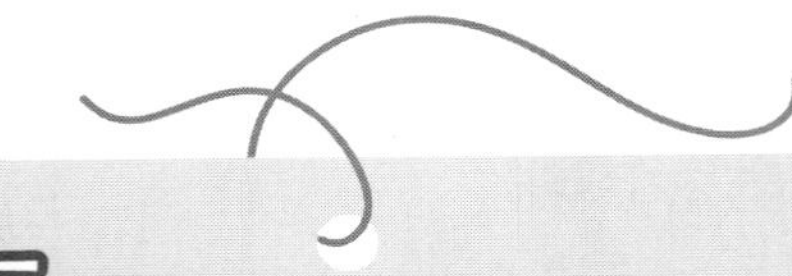

✖ 택지개발지구 보상금 지급 현황 ✖

지구명	개발면적	보상규모	보상개시
아산신도시1	107만 평	1조 원 안팎	2004년 6월말
파주신도시1	158만 평	1조 5,000억 원	2004년 5월초
오산 세교	98만 평	1조 원 안팎	2004년 4월말
용인 흥덕	64만 평	6,000억 원	2004년 6월초
양주 고읍	98만 평	3,000억 원	2004년 5월말

〈자료 : 한국토지공사, 대한주택공사〉

✖ 개발호재, 맹신은 금물 ✖

김포신도시는 당초 480만 평 규모에서 150만 평 규모로 대폭 축소되었다. 이 여파로 이 일대 땅값은 물론 아파트값이 큰 폭으로 떨어졌다. 일반 투자자는 물론 신도시 후광을 기대하고 이 일대에 사업부지를 마련한 중소기업들도 줄도산 위기를 맞았다.

동계올림픽 개최 후보지로 평창이 유력하다는 소문만 믿고 이 일대에 투자했던 사람들 중에도 손해를 본 사람들이 많다. 평창이 후보지에서 제외되면서 토지시장이 침체에 빠졌기 때문이다.

투자상품에 대한 충분한 검토와 투자환경 변화 등을 고려하지 않고 개발 호재만 맹신하는 것은 금물이다.

제 2 부

수익형 투자법

수익형 부동산,
수익 100배 올리기

제1장 임대사업

임대사업

01 주택임대사업, 목표가 뚜렷해야 성공한다

주택을 구입해 임대를 해볼까 생각하고 있다면 우선 투자목적이 임대수익인지, 양도차익인지를 분명히 해야 한다. 투자목적에 따라 주택의 입지와 평형, 전세가 비율 등을 정해야 하기 때문이다. 투자목표를 정했다면 입지 선택에 나선다. 무엇보다 수요가 풍부한 곳이 유리하다. 임대상품을 아무리 잘 꾸며놓았더라도 임대 수요를 찾기 힘든 곳에 위치해 있다면 투자에 실패할 확률이 높다. 서울에서는 역세권과 대학교 주변, 종합병원, 관공서, 사무실 밀집지역 등이 좋다. 수도권이라면 공업단지나 관공서, 대학교, 대규모 유통시설을 끼고 있는 곳이 무난하다.

매매가 대비 전세가 비율이 높은 곳도 관심을 가져볼 만하다. 투자금을 줄이거나 바로 회수할 수 있어 전세가 비율이 낮은 곳에 비해 수익률을 높일 수 있다. 서울에서는 노원구와 도봉구, 구로구 등의 전세가 비율이 비교적 높고 수도권의 경우에는 안산시와 수원시 등이 해당된다.

관심 지역을 몇 군데 정해놓고 매매가에 비해 임대료가 가장 높은 지역을 노려야 한다. 경매나 급매물로 나온 상품은 일반 시세에 비해 저렴한 만큼 평소 관심을 갖고 물건을 분석하는 습관을 기르는 것도 바람직하다. 매매가 대비 전세가 비중이 50% 미만이라면 다른 주택을 찾아보는 것이 낫다.

입지 못지않게 중요한 것이 교통여건이다. 교통여건은 임대수요가 있을지 없을지를 판단하는 기준이 되기도 한다.

교통여건의 편리함 여부를 가리는 가장 중요한 요소는 지하철이라고 할 수 있다. 지하철역에서 가까울수록 좋지만 걸어서 5~10분 정도 거리도 괜찮다. 지하철역에서 도보로 15분 이상 떨어져 있는 주택은 주변 시세보다 임대료를 높게 받기 어려우므로 피해야 한다.

자가용 운전자가 많아진 만큼 도로망이 어떤지도 따져봐야 한다. 사통팔달의 도로망을 갖추고 있거나, 집 앞에 버스 노선이 서울 도심 및 강남의 주요지역을 오간다면 금상첨화다.

전세와 월세 중에서 어느 것을 선택할지도 결정해야 한다. 보통 임대사업하면 월세를 떠올리기 마련이지만 무조건 월세가 좋은 것은 아니다. 종합소득이 많은 사람은 세제면에서 월세보다 전세가 유리할 수도 있다.

아파트를 비롯해 주상복합, 다세대주택 등 주택 임대상품의 종류는 다양하다. 이 가운데 투자금액과 사업기간에 맞는 상품을 골라야 한다.

위험요인도 따져봐야 한다. 특히 임대사업은 금리에 민감하므로 금리변동과 경제변수 등에 늘 관심을 기울여야 한다.

임대수익과 양도차익, 두 마리 토끼를 다 잡으면 좋겠지만 이런 조건을 갖춘 지역과 주택을 찾기란 쉽지 않을 것이다. 수익률에 지나치게 연연하다가는 제때 사업을 시작하지 못하거나 중요한 사항을 간과할 수도 있다. 어느 한쪽은 포기하고 사업계획을 세우는 과감함도 필요하다.

✠ 주택임대사업의 일곱 가지 원칙 ✠

❶ 투자목적을 명확히 한다.
❷ 임대 수요층이 풍부한 입지를 선택해야 한다.
❸ 편리한 교통여건을 갖추는 것은 필수 사항이다.
❹ 자신의 자금 상황과 투자계획에 따라 전세, 월세를 선택해야 한다.
❺ 경매나 급매물 상품에 관심을 가져라.
❻ 투자금액과 사업기간에 맞는 임대상품을 골라야 한다.
❼ 금리변동과 경제지수 등을 늘 살펴라.

✠ 임대수익을 얻으려면 vs. 시세차익을 노리려면 ✠

❶ 임대수입이 목적일 경우
매매가 대비 전세가 비율이 높은 곳, 임대수요가 많은 곳, 교통여건이 좋은 곳
❷ 양도차익이 목적일 경우
오래된 주택보다 신규 미분양 주택, 전용 25.7평 규모 주택, 최소 500가구 이상 대단지

02 주택임대사업 시작하기

대학강사인 L씨는 여유자금으로 임대사업을 하려고 한다. 하지만 아파트가 좋을지, 오피스텔이 좋을지 결정을 내리기가 쉽지 않다. 그리고 주택임대사업자로 등록하는 절차도 궁금하다.

부동산임대사업은 주택임대사업과 일반 부동산임대사업으로 나뉜다. 주택임대사업은 2가구 이상의 아파트·연립·다세대 등 공동주택 및 주택을 분양 또는 구입하는 사람, 건축하는 사람만 할 수 있다. 본인이 거주하고 있는 집은 2가구에 포함되지 않는다. 즉 살고 있는 집 외에 임대를 놓을 수 있는 집이 2채 이상이어야 한다는 얘기다. 다가구주택은 가구수가 많아도 등기상 1가구로 분류되므로 구입 전에 주택 종류를 정확히 알아봐야 한다.

임대수익용 상품의 대명사인 오피스텔은 법규상 주택이 아니므로 주택임대사업 대상에 포함되지 않는다는 점에 유의한다. 따라서 오피스텔을 이용해 임대사업을 하려면 주택임대사업자가 아니라 일반 부동산임대사업자 등록을 해야 한다.

임대사업자에 대한 자격 제한은 없다. 우리 나라 국민이면 누구나 임대사업을 할 수 있다.

소득이 없는 사람이 임대사업자로 등록하면 누군가로부터 돈이나 해당 부동산을 받은 것으로 인정되어 증여세를 내야 한다. 단, 소득이 없는 부인 명의로 임대사업을 할 경우에는 3억 원까지는 과세 대상에서 제외된다. 부부간 증여는 3억 원까지 공제되기 때문이다.

아파트로 임대사업을 할 계획이라면 신규 및 미분양 아파트를 분양 받을 것인지, 기존 아파트로 매입할 것인지 정해야 한다. 다가구주택의 경우 대지를 구입해 신축할 것인지, 기존 주택을 구입해 리모델링 할 것인지 등을 결정해야 한다.

임대사업을 하는 가장 큰 목적은 매달 나오는 고정수입에 있는 만큼 보증부 월세 방식으로 임대하는 것이 가장 좋다. 임대 보증금은 안전하면서도 수익률이 높은 금융상품에 투자하는 것이 바람직하다.

주택임대사업자 등록은 이렇게 한다 

2채 이상 주택을 구입해 세를 놓는다고 세제혜택을 받을 수 있는 주택임대사업자가 되는 것은 아니다. 임대주택법시행령에 따라 일정 요건을 갖춘 주택을 사서 임대사업자로 등록하고 주택임대 신고를 해야 한다.

우선 2가구 이상의 주택을 분양 받거나 구입해 소유권 이전 등기를 한다. 입주예정일로부터 10일 이전까지 임대사업자 주소지 시·군·구청 주택과에 임대사업자로 등록하고 임대사업자등록증을 받는다. 아파트 등의 경우 분양 받았다면 분양계약서 1통, 직접 구입했으면 등기부등본 1통을 준비해야 한다.

해당 지방자치단체에서 임대사업자로 등록했다면 20일 이내에 거주지 세무서 민원실을 방문해 일반사업자로 등록한다. 발급 받은 임대사업자등록증과 주민등록등본 또는 초본 1통을 가지고 가야 한다.

입주예정일 10일 전까지 주택 소재지 시·군·구청 주택과를 찾아 임대조건신고서를 제출해야 한다. 이 때 계약기간, 보증금, 임대료 등이 나와 있는 표준임대차계약서를 지참해야 한다. 임대조건이나 임차인이 변경될 때도 임대차 종료일 10일 전까지 변경된 임대조건을 알려야 한다.

임대주택 중 가장 나중에 임대를 시작한 주택을 기준으로 3개월 안에 표준임대차계약서를 가지고 주택이 있는 세무서 민원실에 주택임대를 신고한다.

Tip

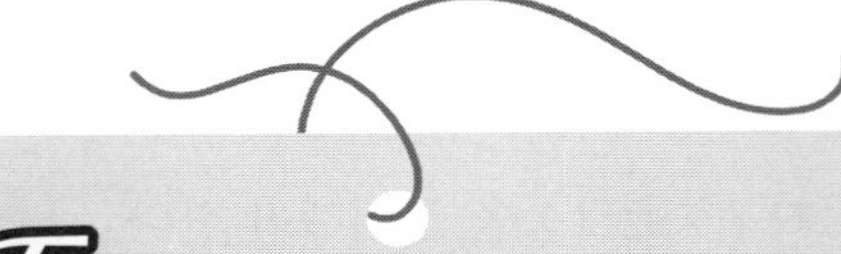

임대아파트

일반인들이 구입해 세를 놓는 임대용 주택과 임대아파트는 다른 개념이다. 우리가 흔히 말하는 임대아파트는 지어서 분양하는 아파트의 한 종류로 공공건설과 민간건설로 나뉜다. 공공건설 임대아파트는 대한주택공사나 지방자치단체에서 짓는 아파트이고, 민간건설 임대아파트는 건설업체나 개인이 지어 세를 놓는 아파트이다. 개인도 민간건설 임대사업을 할 수 있지만 보통 20가구 미만 규모다. 20가구 이상 주택의 경우 공동주택으로 분류되어 사업 기준 및 절차가 까다롭기 때문이다.

다세대주택과 다가구주택

다가구주택은 정부가 도시 주택난을 완화하기 위해 도입한 주택형태이다. 분양이 아닌 임대전용이며 주택 내 가구수가 2~19가구로 제한된다. 그러나 건축법상 단독주택에 포함되기 때문에 각 가구별로 구분등기가 불가능하고 각 가구를 분리해 사고 팔 수 없으며 건물전체 단위로만 매매가 가능하다. 다가구주택은 각 가구별로 별도의 방과 부엌, 화장실, 독립된 출입구를 갖춰야 하며 연면적 200평 이하, 3층 이하라는 건축요건을 충족시켜야 한다.

다세대주택은 다가구주택과 달리 공동주택 범주에 속한다. 이에 따라 가구별로 구분등기가 가능하고 건물 중 일부만을 떼어내 사고 팔 수 있다. 건립가구수 제한은 없지만 연면적 200평 이하, 4층 이하이다.

달라진 세제 따라잡기

일산신도시에서 주택임대사업자로 일하는 K씨는 앞으로 내야 할 세금만 생각하면 마음이 답답하다. 임대사업자로 등록하면 여러 채의 주택을 보유하더라도 양도소득세 중과를 면할 수 있다고 해서 2003년 11월 초 부랴부랴 임대사업자로 등록했지만 세제 혜택을 받기는 어려울 것 같다는 사정 때문에 그렇다. 정부가 신규 임대사업자에 대한 양도세 중과세 배제 기준을 크게 강화했기 때문이다.

주택임대사업을 준비하고 있다면 임대 관련 세제에 대해 정확히 파악하고 있어야 한다. 임대사업용 주택은 취득에서 보유, 양도할 때까지 다양한 세제 혜택이 있다. 하지만 그 기준이 복잡한데다 한시적으로 적용되었다 없어지는 경우가 많다. 주택 크기, 주택 수, 주택 종류, 구입 방법, 임대사업 기간 등에 따라 세금 혜택도 달라진다.

건설경기 부양을 위해 외환위기 직후 한동안 임대주택에 대한 각종 세금 혜택이 잇따랐다. 하지만 2003년 10월 29일 이후를 기점으로 이 같은 임대사업자가 누릴 수 있는 혜택은 대폭 줄었다. 그나마 2003년 10월 29일 이전부터 임대사업을 해왔던 사업자에게는 기존 혜택이 대부분 유지되고 있다.

사업 단계별 세제 기준에 대해 알아보자.

임대주택을 취득할 때 

기존대로 전용면적 18평 이하 주택을 2채 이상 분양 받거나 새로 지어 주택임대사업을 해야 취득세와 등록세를 면제받을 수 있다. 예를 들어 1억 원짜리 전용면적 18평 이하 아파트를 사서 임대사업자로 등록하면 구입가격의 5.6%인 560만 원의 세금을 감면 받는다.

단, 아파트·연립주택 등 20가구 이상 공동주택을 사야 하고 임대용 주택 구입 후 잔금 지급일 전까지 주택임대사업자로 등록해야 한다. 또 신규 분양 및 미분양 아파트, 신축 주택 등 구입하는 주택에 사는 사람이 없어야 취득세·등록세 면제 신청을 할 수 있다.

잔금 지급 후 30일 안에 주택이 위치한 지방자치단체 세정과에 주택임대사업자등록증, 분양계약서(매매계약서), 취득세 및 등록세 감면신청서를 제출해야 한다. 신청서는 각 지방자치단체에 비치되어 있다. 만약 잔금 납부 후 한 달이 지나서 신청을 할 경우 과태료가 부과된다.

누군가가 살고 있는 기존 주택을 매입하거나 전용면적이 0.1평이라도 넘을 경우 세금 면제 혜택을 받을 수 없다. 전용면적 18~25.7평 주택에 대한 취득세·등록세 50% 감면 혜택은 2003년 말

이후 없어졌다.

의무 임대기간 안에 주택을 팔면 취등세와 등록세를 다시 물어야 한다. 2003년 10월 29일 이전에 등록한 사업자는 의무 임대기간이 5년이지만, 2003년 10월 30일 이후 등록한 사업자의 경우는 10년이 적용된다.

임대주택을 보유할 때 

전용면적 18평 이하 임대주택에 대해서는 재산세를 50% 감면해 준다. 주택임대사업 대상 주택(25.7평 이하)은 부가세가 면제되고 종합토지세도 합산 과세되지 않는다.

임대보증금에 대해서는 소득세를 내지 않아도 되지만 월세에 대해서는 소득세를 납부해야 한다. 보유세가 강화되었지만 임대사업자들은 큰 영향을 받지 않는다. 당초 1가구 1주택을 제외한 비거주 주택에 대한 종합부동산세에 최고 세율을 적용하기로 했지만 정부가 영세한 주택임대사업자들이 이 규정 때문에 어려움을 겪을 수 있다는 점을 인식해 비거주 주택에 대한 최고 세율 적용을 제외했기 때문이다.

단, 국세청이 일반 주택임대업의 단순경비율을 55%에서 52.8%로 낮췄다. 임대소득이 1,000만 원이라고 가정할 때 종전에는 필요·소요 경비로 550만 원을 인정받았으나 2004년부터는 528만 원만 인정되는 것이다. 경비율이 줄어든 만큼 소득세는 최저 4%에서 최고 7% 정도 증가하게 된다.

임대주택을 팔 때

우선 1999년 8월 20일부터 2001년 12월 1일 사이에 신축주택(일반주택)을 2채 이상 매매계약, 5년 이상 임대했다면 매도할 때 양도세를 100% 면제받을 수 있다. 조세특례제한법에 따라 2000년 12월 31일 이전에 신축주택 5가구 이상을 매입 또는 건설해 임대를 시작한 사업자 역시 양도세가 면제된다.

하지만 2002년 1월부터 양도세 면제 및 감면 혜택은 없어졌다. 신규 임대사업자에 대한 양도세 면제 혜택은 없는 셈이다. 2003년 10월 30일 이후부터는 양도세 과세 기준도 강화되었다.

단, 전용면적 25.7평 이하 국민주택 규모이면서 기준시가 3억 원 이하의 주택은 양도세 중과세 대상에서 제외된다. 면제나 감면이 아니라 기본세율(9~36%)을 적용하되 3채 이상 주택 보유자에게 부과하는 중과세(최고 82.5%)만 피할 수 있다는 이야기다.

그나마도 임대사업자 등록 시기에 따라 의무 기간이 다르다. 2003년 10월 29일 이전에 임대사업자로 등록한 사람은 2채 이상을 5년 이상 임대하면 중과세를 피할 수 있지만 그 이후 등록한 사업자는 5채 이상을 10년 이상 임대해야 중과세 대상에서 빠질 수 있다.

취득세·등록세와 마찬가지로 의무 임대기간 이전에 처분하면 중과세 된다. 임대주택 수는 동일지역을 기준으로 하기 때문에 다른 시·도에 임대주택이 나눠져 있을 경우 중과세 감면 혜택을 받을 수 없다. 기준시가가 3억 원이 넘거나 국민주택 규모를 넘는 임대주택도 중과세 대상이다.

✠ 종합토지세 vs. 종합부동산세 ✠

종합토지세는 종전의 토지분 재산세와 토지과다보유세를 통합한 것으로 1990년 1월 1일부터 시행되고 있다. 토지의 과다보유를 억제함으로써 땅값 안정과 토지소유의 저변확대를 도모하기 위해 도입되었다.
종합부동산세는 지방자치단체가 걷는 종합토지세나 재산세 외에 개인별로 전국에 산재한 부동산을 합산하여 따로 세금을 매기는 것이다. 2005년부터 이 제도가 시행되면 지금처럼 종합토지세와 재산세를 낸 뒤 전국에 보유 토지와 건물을 별도로 합산해 누진 과세된 건물분 종합부동산세와 토지분 종합부동산세를 한 번 더 납부해야 한다..

✠ 오피스텔 임대사업자 ✠

오피스텔 임대사업자는 주택임대사업자가 아닌 일반 부동산임대사업자로 등록해야 한다. 따라서 주택임대사업자에게 주어지는 취득세·등록세 등 세금 면제 혜택이 없다. 하지만 부가세는 분양계약서를 작성한 시점을 기준으로 20일 이내에 임대사업자로 등록하면 분양가의 7%에 해당하는 부가세를 환급 받을 수 있다. 예를 들어 1억 원짜리 오피스텔을 분양 받았다면 700만 원을 돌려 받을 수 있는 것이다.
하지만 국세청으로부터 '간이과세자'로 전환된다는 통보를 받은 사람이 간이과세자 포기 신청을 별도로 하지 않으면 돌려 받은 세금의 상당 부분을 추징 당하므로 유의해야 한다. 따라서 점포나 오피스텔을 분양 받은 사업자는 이듬해 6월 30일 이전에 간이과세자를 포기하는 것이 좋다. 또 오피스텔을 주거목적으로 사용할 경우 부가세 환급 혜택을 받을 수 없으므로 사무용 오피스텔을 임차한 세입자가 주거용으로 사용하는지도 눈여겨봐야 한다.
부부 공동명의로 오피스텔을 살 경우 소득이 적은 사람의 지분을 더 크게 하면 세금을 아낄 수 있다. 세법상 부부나 가족이 공동으로 부동산을 임대할 경우 전체 임대소득을 지분이 많은 사람의 소득으로 간주하기 때문이다.

04 호텔식 임대사업 해볼까

거주자에게는 호텔식 서비스를 제공하고 투자자에게는 고정수익을 올려주는 '서비스드 레지던스(Serviced Residence)'가 신종 임대상품으로 자리잡고 있다.

서비스드 레지던스란 가구 및 전자제품 등이 비치된 주상복합·오피스텔 형태로 청소, 세탁 등 호텔식 부대서비스가 이뤄지는 상품이다. 호텔보다 저렴한 비용으로 내 집처럼 편안하게 장·단기 체류가 가능한 주거공간인 만큼 장기 출장자나 국내에 파견 나온 외국인들이 즐겨 찾는다. 전문직 종사자나 대학생들도 주수요층이다. 서울지역 서비스드 레지던스 대부분이 도심이나 강남, 여의도, 대학가 일대에 밀집되어 있는 것도 이러한 이유 때문이다.

보통 위탁관리 전문회사가 임대관리를 맡고 여기서 나온 수익의 일부를 투자자에게 되돌려주는 방식으로 운용된다. 일반아파트나 원룸주택처럼 집주인이 임차인을 구하거나 건물 관리에 신경을 쓰지 않으면서 안정적인 임대수입도 보장되는 만큼 노년층, 해외교포들의 투자상품으로도 적합하다.

운영방식에 따라 고급호텔 등이 운영하는 직영형과 부동산개발업체들이 객실을 분양해 건축비를 조달하는 분양형으로 나뉜다. 일반인들이 투자할 수 있는 토지와 건물에 대한 소유권이 이전되는 분양형이다.

분양형 서비스드 레지던스는 말 그대로 주상복합아파트나 오피스텔처럼 분양을 받으면 된다. 최근 분양하는 단지들을 살펴보면 분양업체가 수익을 보장하는 수익보장형과 수익을 낼 수 있도록 임차인을 알선해 주는 수익알선형 등이 있다. 분양업체들은 수익보장형 상품은 연 8~10%, 수익알선형 상품은 연 12~15%의 수익률을 기대할 수 있다고 주장하고 있다.

하지만 국내에서 분양형 서비스드 레지던스가 공급되어 준공, 운영에 들어간 기간은 매우 짧은 편이다. 그만큼 실제 수익률을 분석해 성패 여부를 판단하는 것은 시기상조일 수 있다.

분양 당시에는 임대수익 보장을 약속하지만 실제 수익이 달라질 수도 있다. 따라서 서비스드 레지던스 분양업체의 마케팅 등 운영관리 능력에 대해 자세히 알아봐야 한다. 아무리 시설을 잘 갖춰놓더라도 고객을 끌어들이지 못하면 임대수익을 올릴 수 없다. 운영경험이 있거나 외국의 전문업체 등과 협력 관계가 있는 회사를 선택하는 것이 바람직하다.

모든 사업이 그렇듯 입지가 중요하다. 주이용객이 비즈니스맨이라는 점을 감안할 때 여의도나 광화문, 삼성동 등 업무시설 밀집지역이 유리하다. 단지 내에 스포츠센터 등 부대시설이 갖춰지는지, 단지 주변에 편의시설은 어떤 것이 있는지도 파악해야 한다.

✠ 호텔 객실도 분양한다 ✠

최근 일반인에게 객실을 분양하는 호텔도 늘고 있다. 주로 부산이나 제주 등지에 위치한 호텔들이다. 서비스드 레지던스와 마찬가지로 모든 운영 및 관리를 회사측에서 위탁한다. 호텔에 따라 다르지만 계약자는 연간 30~60일 정도 사용할 수 있다. 이 기간을 제외한 나머지 기간에 발생한 수익은 객실 소유자에게 배분한다. 보통 연 8~10%의 수익률을 보장한다. 객실 크기는 10평형대에서 50~60평형대까지 다양하다.

05 기로에 선 외국인 대상 임대사업

외국인 대상 임대사업이 기로를 맞고 있다.

미군기지 이전이 추진되고 있는 데다 미군이 2004년 7월부터 월세 대신 전세계약을 하도록 방침을 정했기 때문이다. 전세 선호 추세는 미군뿐 아니라 외국기업 주재원 등으로까지 퍼질 전망이어서 외국인 대상 임대사업의 가장 큰 매력이었던 '깔세(2~3년치 임대료를 한꺼번에 받는 것)' 방식의 임대는 점차 사라질 가능성이 높다.

수요는 한정되어 있는데 반해 공급량이 대폭 늘고 있는 것도 외국인 임대시장에 큰 부담으로 작용하고 있다. 외국인들이 선호하는 단독주택이나 고급빌라 외에 요즘에는 오피스텔, 대형아파트 등이 임대상품으로 선을 보이고 있다.

외국인 전용주택을 임대하던 외국인들이 개인적으로 집을 알아보거나 한국인 동료를 통해 집을 구하는 사례도 늘고 있다. 이에 따라 그동안 서울의 성북동, 한남동, 연희동 등에 모여 살던 외국인들이 지역에 상관없이 주거환경이 뛰어나고 깨끗한 새 집을 찾아 옮기는 경우가 많다.

공급량 증가로 과거에 비해 수익률이 낮아지는 판에 전세까지 확산되면 수익은 더욱 낮아질 것이라는 분석이 나오고 있다. 하지만 아직까지는 은행 이자를 웃도는 수입이 보장되는 사업이라는 것이 임대업자들의 말이다. 단, 중개부터 임대 후 관리에 이르기까지 모든 과정이 내국인 대상 임대사업과 다른데다 투자리스크가 큰 만큼 철저한 조사와 준비가 필요하다.

수익률은 얼마나 될까? 

몇 년 전까지만 해도 외국인 대상 임대사업은 연 10~12%의 수익을 냈다. 그러나 2000년 이후 은퇴한 직장인들이 퇴직금으로 대거 외국인 임대사업에 진입하면서 경쟁이 치열해졌다. 반면 전반적인 경기침체로 외국 기업의 주재원들은 감소했다. 수요는 줄고 공급은 늘면서 급기야 외국인 임대사업 수익은 7~8%대로 떨어졌다. 입지가 좋지 않은 곳은 수익이 5%에 불과한 경우도 있다.

실제로 용산구 한남동 35평짜리 빌라를 3억 5,000만 원에 매입해 외국인에게 임대한 K씨는 월세로 250만 원을 받고 있다. 연간 8%대의 수익을 내는 셈이다. 몇 년 전만 해도 이 정도 주택이면 한 달에 300만~350만 원은 받았다.

한남동 유엔빌리지에서 2층짜리 100평 규모의 임대사업을 하는 B씨는 월 900만 원씩 3억 2,400만 원을 일시불로 받았다. 수익률은 연 6.7% 안팎에 불과하지만 성공한 사례로 꼽힌다. 수요자를 못 찾아 집을 비워두자니 싸게라도 내놓는 게 낫다는 것이다.

　서울지역 최고 임대료 수준을 자랑하던 성북동도 마찬가지다. 2004년 상반기까지만 해도 150~200평 주택의 월 임대료는 1,200만 원 선이었지만 하반기로 접어들면서 1,000만 원 선으로 떨어졌다.

이런 주택을 골라라 

　- 예전에 비해 외국인 주거지역이 광범위해지고 있기는 하지만 외국인 밀집지역에서 시작하는 것이 좋다. 한남동, 이촌동, 이태원동 등은 도심에서 가깝고 한강과 남산 조망이 가능해 외국인들이 주거지 1순위로 꼽는다. 성북동과 평창동 등은 고급 단독주택 단지로 공기가 맑아 수입이 많은 외국인들이 선호하는 지역이다. 프랑스학교 주변인 방배동과 서초동에는 프랑스어를 사용하는 유럽계 외국인들이 많다.

　- 외국인들이 선호하는 주택 유형을 파악해야 한다. 무엇보다 2층 규모의 정원이 딸린 주택을 가장 좋아한다. 안방보다는 거실이 커야 하고 주방과 식탁이 분리된 공간을 필요로 한다. 가구당 1~2대 정도의 주차공간을 갖추고 있어야 한다. 또 특징 없이 획일적이거나 지나치게 화려해 보이는 외관은 피한다. 에어컨, 가스오븐레인지, 세탁기 등 가전제품은 물론 방마다 붙박이장이 있어야 한다.

외국인과 임대계약 맺기 

　계약서는 영문으로 작성해야 하는 만큼 전문업체를 통해 빈틈없이 검토해야 한다. 계약 및 해지 조항을 명시하고 의무 거주기간을 계약서에 기록한다. 특히 임차인이 급하게 우리 나라를 떠나야 할 경우 적어도 2~3개월 전에 통보 받을 수 있도록 해지조항을 만들어야 새 세입자를 구할 시간을 확보할 수 있다. 임대료 환불 기준도 명확히 해야 분쟁이 없다.

　임대료 지급을 외화로 할 것인지, 원화로 할 것인지도 정해야 한다. 외화로 할 경우 환율 변동이 심하면 환차손의 위험이 따른다.

　화재 등으로 주택이나 가구가 손상되면 책임소재가 불분명해질 수 있으므로 보험에 드는 것이 좋다. 보험료는 소멸성 상품의 경우 1년에 2만~5만 원이면 충분하다.

　외국인 임대주택사업은 투자금액이 크고 일반주택에 비해 환금성이 떨어지므로 자금 운영 계획을 철저히 세워야 한다. 무리하게 대출을 받거나 여유자금이 없으면 임차인에게 끌려 다니게 된다. 다양한 시장 상황을 대입해 수익률을 따져보는 것도 중요하다.

✠ 외국인 임대사업에 성공하는 요령 ✠

❶ 외국인 밀집지역을 찾는다.
❷ 외국인이 선호하는 주택 유형을 파악해야 한다
❸ 계약서는 전문업체를 통해 작성하고 검토한다.
❹ 계약 및 해지 조항을 명시한다.
❺ 화재 등을 대비해 보험에 드는 것이 좋다.
❻ 자금 운영 계획을 철저히 세운다.

06 불황기 틈새 임대상품
– 코쿤 하우스, 코쿤피스

부동산시장 침체기에도 코쿤 하우스(Cocoon House), 코쿤피스 (Cocoon-ffice) 등 초소형 임대상품들은 여전히 인기를 끌고 있다. 비싼 보증금을 낼 필요 없이 이용료만 내면 원하는 기간 동안 필요한 시설이 갖춰진 공간을 이용할 수 있다는 장점 때문이다.

이들 상품은 아파트나 오피스텔처럼 분양하는 것이 아니라 개인이 직접 꾸며 창업하는 형태이다. 전용면적 100~120평 안팎의 공간과 2~3억 원의 투자비용(보증금, 리모델링 비용, 각종 집기 구입비용 등)만 있으면 사업을 시작할 수 있다. 입지가 좋은 곳은 연 20~30%의 수익을 올리기도 한다.

코쿤 하우스

코쿤 하우스란 초소형 부동산상품 가운데 하나로 독신자나 대학생, 원거리 출퇴근자 등 싱글족들에 적합한 주거공간이다. 코쿤은

누에코치를 뜻하는 말로 코쿤 하우스는 나 혼자 사용하는 작은 공간을 의미한다.

우리 나라에는 2~3년 전에 등장했으며 서울 및 경기권을 중심으로 빠르게 퍼져나가고 있다. 2004년 6월 현재 서울 17곳, 인천 2곳에 들어서 있다. 규모는 5~10평 수준의 일반 원룸보다는 작고 2평 이하인 고시원보다는 크다.

침대, 옷장, 책상, 냉장고, TV, 전화 등 생활에 필요한 가구나 가전제품 등이 설치되어 있다. 반면 세탁실, 부엌 등은 입주자들이 공동으로 사용하도록 꾸며진 곳이 많다.

임대보증금 없이 월세(보통 30만~35만 원 선)만 내면 전기세, 수도세, 관리비, 냉난방비 등이 모두 무료다. 남성전용과 여성전용으로 구분해 운영하는 것이 보통이며 24시간 관리체제를 갖추고 있어 입주자들은 안전한 생활을 할 수 있다.

코쿤 하우스 사업을 하려면 입지여건과 건물임대 여부, 사업기간, 비용운영 전략 등 구체적인 계획을 세워야 한다. 수요층 확보가 중요한 임대사업인 만큼 입지선정이 가장 중요하다. 대학가나 대형관공서 주변, 업무시설 밀집지역 등이 유망 입지로 꼽힌다. 또 코쿤 하우스 거주자 가운데는 출입횟수가 빈번한 사람들이 많기 때문에 교통이 편리해야 한다.

보통은 건물을 빌려서 사업을 할 경우가 많다. 코쿤 하우스의 경우 초기 시설비용이 많이 들어가므로 건물 임대계약기간을 가급적 길게 잡는 것이 좋다. 건물을 사거나 신축할 경우에는 인근 주택 등과 분쟁이 없는지 잘 선택해야 한다. 자칫 사업과 관련하여 민원이 제기될 경우 공사에 많은 지장을 줄 수도 있다.

내부 인테리어는 고급스럽게 단장하고 가구 및 가전제품 등도 세련된 것으로 구입한다. 일단 시설을 갖춘 다음에는 교체하는 것이 쉽지 않으므로 5년 이상은 무난하게 사용할 수 있어야 한다. 공실률은 임대수입과 직결되므로 철저히 관리해야 한다. 인터넷이나 전단지 등을 통해 임대조건을 널리 알리는 것이 좋다.

코쿤피스

주거시설뿐 아니라 업무공간에도 초소형 시설인 '코쿤피스'가 있다. 코쿤피스는 코쿤과 오피스가 결합한 단어로 개념상 초소형 오피스텔과 비슷하지만 주거비율이 전혀 없는 순수한 사무실이라는 점에서 차이가 난다.

각 사무실은 보통 5~15평형 규모로 도심 내 사무실 공실률이 늘면서 낭비되는 공간을 최소화하기 위해 마련되었다. 각 사무실에는 전화와 팩스, 책상, 의자 등 사무집기 일체와 초고속인터넷 회선 등을 갖추고 있으며 접견실과 회의실 등은 공동으로 이용할 수 있다. 입주자의 편의를 위해 우편 대행 등 행정지원도 이뤄진다.

임대보증금 없이 월세만 받기 때문에 자금력이 약한 신규창업자들에게 적합한 시설이다. 월 임대료는 조금씩 차이가 나지만 보통 50만 원 안팎이다. 관리비는 따로 낼 필요가 없다. 최소 사용기간이 1개월 이상이며 원하면 언제나 입실과 퇴실이 가능하다. 수요자는 보증금을 떼일 염려가 없고 투자자는 매달 들어오는 고정 임대료를 확보할 수 있는 것이다.

코쿤피스 사업에 적합한 상권은 역세권이다. 지하철역에서 도보로 5분 이내여야 좋은 입지로 꼽힌다. 주수요층인 개인사업가들은 늦은 시간까지 일하는 경우가 많기 때문에 심야버스 노선이 많은 지역이 사업을 하기에 좋다.

또 대형 오피스보다는 중소형 오피스가 밀집되어 있는 지역이 유리하다. 네트워크나 디자인, 무역업, 편집업무 등 소규모 개인사업가들이 이러한 사무실을 선호하기 때문이다. 땅값이나 건물 임대료가 너무 비싸면 수익률이 떨어지므로 가급적 피하는 것이 좋다.

대부분 기존 건물을 빌려 사업을 시작할 때는 전용률을 따져봐야 한다. 전용률이 낮으면 개조할 때 사무실을 많이 설치할 수 없다. 건물을 매입할 때는 지은 지 10년이 넘지 않은 건물을 골라야 한다. 오래된 건물을 사면 수리비용 부담이 크기 때문에 수익성이 떨어질 수 있다.

제2장 재개발 · 재건축

CHAPTER 2

재개발 · 재건축

재개발,
사업흐름을 이해하라

재개발 사업은 그 절차가 복잡해 일반 아파트보다 투자하기 어려운 것이 사실이다. 하지만 지레 겁을 먹고 재개발 투자에서 눈을 돌릴 필요는 없다. 재개발 사업의 구체적인 절차와 흐름을 이해하고 몇 가지 성공 사례와 실패 사례 등을 분석하면 나름의 성공 투자지침을 만들 수 있다.

재개발 사업은 이렇게 진행된다 

우선 도시 및 주거환경 정비 기본계획이 수립되어야 재개발 사업을 추진할 수 있다. 기본계획은 재개발의 기본방향과 기간, 대상과 범위, 단계별 추진계획 등을 결정하는 것이다. 서울지역에서 재개발이 진행되고 있는 곳은 모두 서울시 기본계획에 포함되어 있는 지역이다.

기본계획을 세웠다면 정비계획을 수립하고 정비구역으로 지정받아야 한다. 구역 지정이란 ○○동 ○○번지 일대를 재개발한다는 공식 발표로 해당 시·도지사의 허가가 필요하다.

이후에는 재개발추진위원회를 구성한다. 재개발추진위원회를 구성하려면 재개발 해당 지역 내 토지 등 부동산 소유자 50% 이상의 동의가 필요하며 시장, 군수 등 해당 지방자치단체 장의 승인을 받아야 한다.

재개발구역으로 지정된 후에는 재개발 사업의 구체적인 업무를 담당할 조합을 설립해야 한다. 조합설립 인가를 받으려면 토지 등 부동산 소유자 4/5 이상의 동의를 받아야 한다. 사업시행 인가도 마찬가지이다. 재개발구역을 어떤 식으로 개발하겠다는 사업계획을 세워 구청의 인가를 받아야 한다.

사업시행 인가가 난 후에는 시공사를 선정한다. 공개경쟁입찰 방식을 통해 시공사가 결정되면 조합원들에게 이주비가 지급되고 조합은 아파트 분양신청에 들어간다. 조합원 분양신청이 끝나면 재개발에서 가장 중요한 단계라고 할 수 있는 관리처분계획을 수립한다.

관리처분계획은 재개발지역 내 조합원이 가지고 있던 종전 토지 및 건물의 재산 가치를 평가해 추가로 부담할 돈과 돌려줄 돈을 계산하는 절차이다. 조합원의 입주 평형과 동·호수 등도 이 때 최종 결정된다.

관리처분계획 인가 후에는 보상 및 이주, 기존 노후 주택 철거, 새 아파트 시공이 진행된다. 건립가구 중 조합원분을 제외한 나머지 물량이 일반에 분양된다. 보통 착공 후 2년 6개월에서 3년 정도

면 입주할 수 있다. 준공, 입주 후에는 이전고시 및 조합 청산 절차
를 밟는다.

수익성, 불량지분 여부를 따져보자 

2003년 7월부터 '도시및주거환경정비법'이 시행되고 서울시가
일반주거지역의 종을 세분화함에 따라 층수 제한, 용적률 규정이
강화되었다. 구역지정이 안 된 지역은 대부분 2종이나 1종으로 분
류되었다. 용적률은 150~200%로 종 세분화 전보다 50~100%
정도 줄어들었고 건립이 가능한 층 높이도 7~12층 이하로 낮아졌
다. 건립 가구 수가 감소하면 수익성은 떨어지게 마련인 것이다.
따라서 재개발에 투자할 때는 해당 구역이 종 세분화에 따라 어떤
구역에 속하는지 구청에 알아봐야 한다.

일부 재개발구역은 특정 부동산중개업소가 같은 물건을 돌리며
가격을 올려놓는 경우가 많으므로 각별히 조심해야 한다. 만약 구
체적인 수익률 분석 없이 구입했다가는 손해를 볼 수도 있다.

재개발구역에서 일정한 자격을 갖춘 토지나 건물의 소유자는 아
파트를 분양 받을 수 있는 자격이 주어진다. 이 분양권을 노린 투
자자들이 몰리면서 한 사람이 소유한 주택을 여러 개로 나누는 지
분쪼개기가 성행하고 있다. 지분쪼개기가 많이 이뤄진 곳은 조합
원 수가 크게 늘어나 일반분양 가구가 줄 수밖에 없으므로 사업성
이 떨어진다. 심지어 새로 짓는 가구 수보다 조합원 수가 더 많은
곳도 있다.

아파트를 분양 받을 수 없거나 조합원 자격이 주어지지 않는 불량지분도 있다. 국·공유지 내 무허가 건물 지분이나 토지 규모가 너무 작은 지분 등이 그것이다. 이런 지분을 구입했다가는 아파트를 분양 받기는커녕 투자비만 고스란히 날릴 수도 있다.

재개발 사업시행 절차도

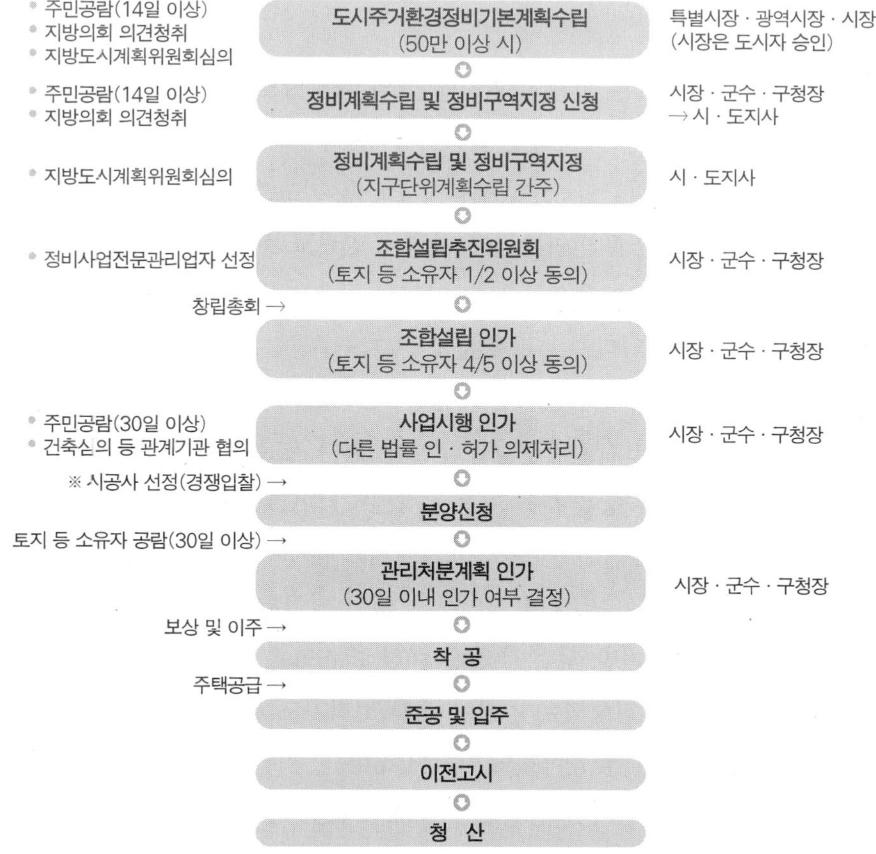

재개발 아파트를 마련하는 방법

재개발 아파트는 기존 주거지역에 위치해 있으며, 서울 도심과 가까운 경우가 많다. 따라서 편의시설 등 각종 기반시설을 갖추고 있으면서 도심 접근이 쉽다. 구릉지나 산을 끼고 있는 구역의 경우 재건축 아파트나 일반아파트에 비해 조망권도 뛰어나다. 기존 재개발구역 외에 뉴타운으로 복수 지정된 곳은 개발에 따른 가격 상승도 기대할 수 있다.

이처럼 다양한 매력을 지닌 재개발 아파트를 마련하려면 조합원 지분을 매입하거나 일반분양을 받으면 된다. 조합원 지분은 재개발구역의 집이나 땅을 사면 얻을 수 있고, 일반분양 물량은 조합원들에게 배정하고 남은 물량을 청약통장을 사용해 구입할 수 있다.

조합원 지분을 구입하면 청약통장 없이 로열층을 배정 받을 수 있는 장점이 있지만 사업 추진에 대한 리스크를 떠 안아야 한다. 각 사업 단계가 진행되는 기간이 오래 걸리기도 하지만 대출을 받아 투자했을 경우 금융비용도 만만치 않다.

일반분양 물량은 청약통장을 사용해야 하고 당첨되기도 어렵다.

조합원에게 우선 배정되므로 로열층을 배정 받기도 힘들다. 조합원 지분 매입과 달리 자금이 묶이는 등의 투자위험은 적지만 비용은 더 비싸다.

조합원 지분 구입하기 

마음에 드는 재개발구역을 골랐다면 해당 지역의 부동산중개업소를 찾아 구역 내 단독주택이나 다세대주택 등 이른바 재개발 지분을 구입한다. 가격은 추진 단계나 지역별로 차이가 있지만 보통 15~20평형대 물건이면 30평형 이상 아파트를 분양 받을 수 있는 권리가 주어진다. 물론 전세를 끼고 구입하면 초기 투자비용을 줄일 수 있다.

물론 재개발 지분만 가지고 있다고 새 아파트 분양권이 무조건 주어지는 것은 아니다. 조합원이라도 별도의 조합원 분양가를 내고 아파트에 입주해야 한다. 하지만 조합원은 이미 해당 지역에 주택이나 땅을 보유했던 사람이기 때문에 일반분양을 받는 사람보다는 훨씬 싼값에 아파트를 마련할 수 있다.

지분을 가지고 있는 조합원들은 일반분양 전에 좋은 동, 좋은 층을 먼저 배정 받을 수 있다. 따라서 준공 후 시세도 일반분양 물량보다 높게 형성된다.

재개발 조합원 지분은 특별한 제약 없이 거래할 수 있다. 단, 파는 사람이 조합원 자격이 있는가, 사려는 물건에 하자가 없는지도 알아봐야 한다. 이 때 확인해야 할 서류로는 등기부등본, 조합원명부, 토지이용계획확인원, 무허가건물 확인증 등이 있다.

등기부등본을 꼼꼼히 살펴 분양대상이 되는 조합원인지, 현금청산 조합원인지를 구분해야 한다. 무허가건물이라도 무허가건물대장에 올라가 있다면 문제가 없지만 그렇지 않다면 아파트 분양권을 받을 수 없다.

모든 서류를 확인하고 잔금을 치뤘다면 분양계약서를 인수받은 뒤 소유권 이전 등기를 한다. 매도자는 계약서를 작성하면 구청 지적과에 가서 계약서 검인을 받아야 한다. 또 잔금 지급 이전에 양도신고를 하고 양도신고확인서도 받아두어야 한다.

지분을 매입한 사람은 토지에 대한 취득세와 등록세를 납부해야 한다. 이 때 내는 세금은 공시지가를 기준으로 한다. 새 아파트 건물에 대한 취득세와 등록세는 입주할 때 낸다. 소유권 이전 등기를 마쳤다면 등기필증과 등기부등본을 가지고 조합사무실에 가서 분양계약서와 조합원 명부의 명의를 바꾼다.

일반분양 받기 

조합원 배정 후 남은 물량이 분양되는 만큼 좋은 동이나 좋은 층에 당첨되기란 매우 어렵다. 하지만 재개발 아파트는 1000가구 안팎의 대단지가 많아 환금성이나 가격형성면에서 유리하다. 또 사업 규모가 큰 만큼 대형 건설업체들이 짓는 경우가 많으므로 해당 지역의 대표 단지로 자리잡을 가능성도 높다.

우선 청약통장 가입자에게 청약자격이 돌아간다. 대부분 서울지역 동시분양을 통해 공급되므로 매달 신문에 게재되는 입주자 모집공고 등을 잘 살펴본다.

일반 아파트와 마찬가지로 청약 순위별로 정해진 일정에 따라 접수한다. 여기서 당첨되어야만 아파트를 구입할 수 있다. 미분양 또는 미계약 가구는 청약통장 없이도 살 수 있지만 저층 가구 등 조건이 좋지 않은 물량인 경우가 많다.

계약을 했다면 정해진 일정에 따라 계약금과 중도금, 잔금 등을 치른 후 입주한다. 이 때 구입자금은 시중은행의 중도금 대출이나 주택금융공사의 모기지론 등을 이용할 수 있다.

✠ 조합원 지분 vs. 일반분양의 장·단점 ✠

	장 점	단 점
조합원 지분	● 청약통장 없이 구입할 수 있다. ● 로열층을 배정 받을 가능성이 높다 ● 일반분양보다 시세차익이 크다.	● 사업에 대한 리스크가 크다. ● 사업기간이 오래 걸리면 금융비용이 많이 든다.
일반분양	● 투자 위험이 적다. ● 일반 단지에 비해 규모, 환금성에서 유리하다.	● 청약통장이 필요하다. ● 조합원 지분보다 분양가가 비싸다. ● 로열층에 당첨될 확률이 낮다.

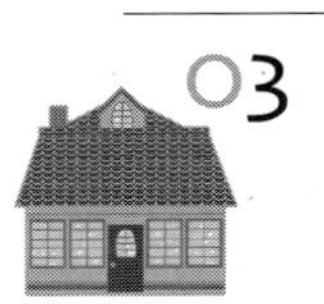

재개발 매매 타이밍을 잡아라

K씨는 2002년 1억 4,000만 원에 구입한 재개발 지분을 1년 뒤인 2003년 되팔았다. 매도가격은 1억 4,500만 원. 필요경비와 금융비용, 기회비용을 따져본다면 오히려 손해를 본 셈이다. 수익을 올리지 못하고 손해를 본 이유를 분석해보자면 K씨가 매입한 시점에서 매도한 시점까지 재개발 사업은 한 단계도 진행되지 못했다. 가격이 움직일 만한 재료가 전혀 없었다는 이야기이다. 매도 당시 부동산 경기마저 침체되어 제 값을 받기는 더더욱 어려웠다.

싸게 사서 비싸게 파는 것은 모든 투자의 정석이다. 특히 사업기간이 5년 이상 걸리는 재개발의 경우는 투자 타이밍만 잘 맞추면 수익률을 극대화할 수 있다.

투자 타이밍을 결정하는 원리는 비교적 간단하다. 수익성과 리스크가 반비례한다는 점만 이해하면 된다. 일반적으로 수익성이 높으면 리스크도 크고 수익성이 낮으면 리스크도 작다.

투자 리스크는 재개발 사업단계와 밀접한 연관이 있다. 사업 초기 단계라면 당연히 투자위험성이 크고 가격 상승폭도 크다. 반대로 재개발 추진 마무리 단계라면 투자 리스크가 작고 수익률도 그만큼 떨어진다.

어떤 시기를 선택하는 것이 맞다는 정답은 없다. 이것은 수요자의 자금사정과 구입목적에 따라 적정 투자시점이 달라진다.

하지만 많은 부동산 전문가들과 선배 투자자들이 입을 모으는 투자 타이밍에 대한 공식은 있다. 지분 값은 크게 3번 오르는데 구역 지정과 사업시행 인가, 관리처분계획 인가 시점이 그것이다. 이 공식을 이용해 투자목적과 자금 규모에 맞는 타이밍을 결정한다면 실패 확률을 낮출 수 있을 것이다.

시세차익을 목적으로 하는 투자자 

내 집 마련보다는 시세차익이 목적이라면 구역 지정이 되기 전에 지분을 구입하는 것이 좋다. 단, 장기투자를 할 수 있는 사람이어야 한다. 구역 지정이 되기 전에는 적은 금액으로 주택이나 토지를 구입할 수 있지만 넘어야 할 산이 너무 많다. 그야말로 언제 사업이 추진될지 아무도 확신할 수 없다.

실제로 구역 지정이 이루어지기 전까지 지분 시세가 평당 400만 원 안팎이던 서울지역의 한 재개발구역은 구역 지정 후 600만 원까지 뛰었다. 구역 지정 전 사유지 20평형을 8,000만 원에 구입했던 B씨는 구역 지정 후 지분을 매도해 50%대 수익률을 올릴 수 있었다.

인기있는 재개발구역은 조합설립 인가를 받는 시점에도 투자자가 몰리며 가격이 뛴다. 구역지정 전 매입 타이밍을 놓쳤거나 투자 리스크에 대한 부담이 큰 사람이라면 적어도 조합설립 인가 후나 사업시행 인가 직전을 노려야 한다. 사업시행 인가는 재개발이 본 궤도에 오르는 시점으로 구역 지정에 버금가는 가격 상승 재료로 작용한다.

내 집 마련이 목적인 실수요자 

　입주를 원하는 실수요자라면 아파트 입주가 빠르면서 적지 않은 투자수익을 얻을 수 있는 시점에 구입해야 한다. 이 시점은 대개 사업시행 인가 후부터 관리처분계획 인가 전까지다. 사업시행 인가가 나면 재산 평가가 이뤄지고 철거가 시작된다. 이 때 이주비가 지급되기 때문에 이주비를 안고 사면 투자비용이 적게 들어간다. 조합원 평가액 순위가 드러나므로 배정 받을 수 있는 평형과 추가부담금, 분양가액 등을 가늠할 수 있다.

　하지만 이 때는 모든 재료가 드러나 값이 오를 대로 올라 있는 상태여서 수익은 줄어들 수밖에 없다. 하지만 관리처분계획 인가 전까지 조합원의 명의 변경이 가능해 이 시점에 거래가 활발히 이뤄진다. 관리처분계획 인가가 나면 재개발 지분은 분양권으로 간주되어 아파트값과 비슷한 폭으로 가격 상승이 이뤄진다.

✠ 최적의 타이밍이란? ✠

시세 차익이 목적이다 – 구역 지정 전, 늦어도 조합설립 인가 후나 사업시행 인가 전

내 집 마련이 목적이다 – 사업시행 인가 후부터 관리처분계획 인가 전

유망 재개발구역은 따로 있다

서울지역 곳곳에서 재개발이 진행되고 있지만 모두 투자가 유망한 사업장은 아니다. 입지나 규모 등 원래 조건이 좋은 곳이 있는가 하면 주변환경이 낙후되어 투자가치가 떨어지는 곳도 있다. 또 현재 조건은 그리 좋지 않지만 미래 가치가 높아 투자해 둘 만한 곳도 있다.

상황이 이런 만큼 수많은 재개발구역 중 돈 되는 재개발구역을 골라내는 것이 중요하다. 높은 수익률이 보장되는 재개발구역을 선별하는 기준을 세워 놓고 한 가지씩 꼼꼼히 따져보는 것이 바람직하다.

우선 입지여건을 충분히 따져봐야 한다. 지하철역에서 가까운 곳, 뉴타운으로 개발되고 있는 곳, 한강이나 산·공원 등을 끼고 있는 곳이 무난하다. 성동구 옥수동·금호동, 용산구 한남동 등이 대표적인 재개발구역으로 꼽히는 것도 한강 조망이 가능하다는 입지여건 때문이다. 이 밖에 교육 및 생활편의시설 등도 살펴봐야 할 대목이다.

입지여건 분석이 재개발구역의 외부 환경에 점수를 매기는 것이라면 재개발구역의 내부 상황도 주도 면밀히 분석해야 한다.

가장 먼저 체크해야 할 사항은 사업추진 속도이다. 사업기간이 긴 재개발 사업 역시 추진 속도가 얼마나 빠르냐에 따라 수익률이 결정된다. 재개발 전문가들은 구역 지정과 사업시행 인가까지는 2년, 사업시행 인가에서 관리처분계획 인가까지는 1년 6개월을 넘지 않는 사업장이 유리하다고 말한다. 결국 재개발구역 지정에서 관리처분계획 인가까지 4~5년 넘게 걸린다면 사업성이 떨어진다고 볼 수 있다. 특히 조합 내부에 분쟁이 있거나 조합장이 자주 바뀌는 구역도 투자를 삼갈 필요가 있다.

신축될 아파트의 건립가구 수와 조합원 수도 따져봐야 한다. 건립가구 수는 많은데 조합원 수가 적은 구역은 일반분양을 통해 많은 수익을 기대할 수 있지만 반대로 건립가구 수는 적은데 조합원 수가 많은 구역은 추가부담금 등이 올라가기 마련이다.

대지면적도 확인해야 한다. 대지면적이 넓어야 대단지 건립이 가능해 환금성이나 가격 상승면에서 유리하다. 더불어 구역 내에 도로나 공원, 학교 등 신규 공공시설 지정이 없는 곳을 고르는 것이 좋다.

같은 재개발구역이라도 지분의 면적, 건물 구조와 연수, 이용상태에 따라 수익률은 크게 차이가 난다. 도로변 주택가의 감정가액 차이는 2배 이상 벌어지기도 한다. 지분보상가의 기준이 되는 감정평가액이 다르기 때문이다. 따라서 지분을 구입할 때는 되도록 도로변이나 코너지 등을 택해야 한다.

투자수익을 예측하기는 어렵지만 일반적인 산출방식으로 비례율이라는 개념이 있다. 비례율이란 재개발로 토지와 건물의 소유자가 얻게 되는 이익의 비율로 관리처분 총회에서 결정한다. 예를 들어 비례율이 100%라면 재개발 후 종전 자산가치와 맞먹는 사업이익이 생긴다는 것이다.

따라서 비례율은 높으면 높을수록 좋다. 비례율이 높을수록 권리가액이 커지고 부담금은 줄게 된다. 보통 비례율이 100% 이상이면 사업성이 좋은 것으로 통한다.

Tip

유망 재개발 사업지를 고르는 방법

❶ 단지 규모가 큰 곳이 좋다.
❷ 인지도가 높은 대형 건설자가 유리하다.
❸ 사업진행이 원활한 곳을 선택해야 한다.
❹ 대지면적은 넓고 조합원 수는 적은 곳을 택한다.
❺ 감정평가액이 높게 나올 만한 지분을 매입한다.

05

재건축,
대박시대는 갔다

2001년 37.3%, 2002년 37.5%, 2003년 20.7%. 무엇을 나타내는 수치일까? 바로 서울지역 재건축 아파트의 상승률이다. 이처럼 20~30%대의 높은 수익률을 내다보니 그 동안은 '재건축을 한다'는 꼬리표만 달아도 실제 재건축 성사 여부와는 관계없이 값이 올랐었다. 그야말로 끝없이 오르기만 할 것 같던 재건축 아파트시장이 정부 규제 등 잇따른 악재로 급속히 위축되고 있다. 서울시 강남구·송파구·서초구·강동구 등 재건축 단지가 밀집되어 있는 지역은 거래가 끊겼고 가격도 하락세를 지속하고 있다. 재건축 아파트의 가격 하락을 부추기는 각종 악재들은 다음과 같다.

소형 평형 의무 배정 

2003년 9월 5일 이후 사업계획승인을 신청하는 단지는 소형 평형 의무비율에 맞춰 평형을 구성해야 한다. 300가구 이상 규모의 재건축 단지는 전용면적 18평 이하 20%, 18~25.7평 이하 40%를 건설해야 한다. 20~300가구 미만 단지의 경우는 전용면적 25.7평 이하를 가구 수 기준으로 60% 이상 지어야 한다.

조합원들이 평수를 늘리지 않고 기존 평형으로 재건축할 경우에는 두 가지 중 선택할 수 있다. 전체 가구 수 비율을 전용면적 18평 이하 20%, 18~25.7평 이하 40%, 25.7평 초과 40%로 맞추거나 늘어나는 가구 수 모두를 25.7평 이하로 지어야 한다.

조합원 지위 전매 금지 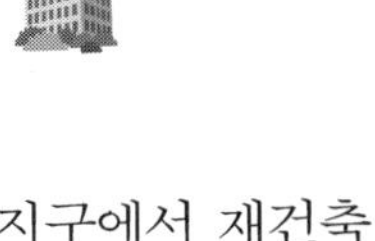

2003년 12월 31일부터 투기과열지구에서 재건축 조합원의 명의 변경이 제한되고 있다. 제한 기간은 조합설립 인가일부터 소유권 보존등기일까지이다. 조합설립 인가 전 초기 재건축 단지들은 조합원 지위를 거래할 수 있다.

명의변경 제한 시행일인 2003년 12월 31일 이전 조합원 자격을 취득한 경우도 1회에 한해 명의를 바꿀 수 있다. 하지만 이 조합원 명의를 산 사람은 소유권 보존등기일까지 팔 수 없다. 만약 명의변경이 제한된 주택 또는 토지를 구입한 사람은 현금청산 조합원으로 분류되어 아파트를 분양 받을 수 없다.

해당 지역의 투기과열지구 지정이 해제되면 조합원 자격 명의변경 제한 조치도 당연히 해제된다. 하지만 투기과열지구 해제 이전에 조합원 자격 명의변경이 제한된 주택 또는 토지를 구입해 현금청산 대상으로 분류된 경우에는 투기과열지구에서 해제되더라도 조합원 자격이 주어지지 않는다.

상속이나 이혼으로 인한 양도·양수는 법 적용에서 예외로 인정된다. 상속은 사망인에게서, 피상속·이혼은 배우자에게서 배우자 간 양도 또는 양수하는 경우 조합원 자격 이전을 허용한다는 의미이다. 예를 들어 재건축 조합원인 아버지가 사망해 아들이 상속받을 경우 아들은 조합원 자격을 가질 수 있지만 아들이 상속받은 아파트를 팔 경우 이를 산 사람은 조합원이 될 수 없고 현금청산자로 분류된다.

근무나 결혼, 질병치료 등 불가피한 사유로 가구원 전원이 다른 시·군 등으로 이전하는 경우는 법 적용에서 제외된다. 단, 수도권 안의 재건축 단지는 수도권 밖으로 이전하는 경우로 한정한다.

개발이익환수제 도입 

2005년 초부터 임대아파트 의무 건립을 통한 재건축 개발이익환수제가 시행된다. 따라서 초기 재건축 단지는 물론 사업시행인가를 받았더라도 분양승인을 받지 못한 단지까지 임대아파트를 의무적으로 건설해야 한다. 1 대 1 재건축 단지도 면적이 증가하면 임대주택 건축 의무 대상이 된다.

임대아파트 건립 비율은 사업승인 전 단지의 경우 증가된 용적률의 25%가, 사업승인 후 분양승인 전 단지는 10%가 적용된다. 의무 건립되는 임대아파트의 평형이나 입주자 자격, 임대료, 임대보증금 등 지분은 지역에 따라 다르다.

재건축 사업시행 절차도 구성:

좌측 설명	중앙 절차	우측 주체
• 주민공람(14일 이상) • 지방의회 의견청취 • 지방도시계획위원회심의	**도시주거환경정비기본계획수립** (50만 이상 시)	특별시장 · 광역시장 · 시장 (시장은 도시자 승인)
• 주민공람(14일 이상) • 지방의회 의견청취	**정비계획수립 및 정비구역지정 신청**	시장 · 군수 · 구청장 → 시 · 도지사
• 지방도시계획위원회심의	**정비계획수립 및 정비구역지정** (지구단위계획수립 간주)	시 · 도지사
• 정비사업전문관리업자 선정	**조합설립추진위원회** (토지 등 소유자 1/2 이상 동의)	시장 · 군수 · 구청장
	안전진단(공동주택)	시장 · 군수 · 구청장 (시 · 도지사가 시기조정)
창립총회 →	**조합설립 인가** (동별 2/3 및 전체 4/5 이상 동의)	시장 · 군수 · 구청장
• 주민공람(30일 이상) • 건축심의 등 관계기관 협의 ※ 조합 단독시행시 시공사 선정(경쟁입찰) →	**사업시행 인가**(다른 법률 인 · 허가 의제처리)	시장 · 군수 · 구청장
	분양신청	
토지 등 소유자 공람(30일 이상) →	**관리처분계획 인가** (30일 이내 인가 여부 결정)	시장 · 군수 · 구청장
이주 →	**착 공**	
주택공급 →	**준공 및 입주**	
	이전고시	
재건축 사업시행 절차도 ▶	**청 산**	

✠ 재건축 허용연한 ✠

지은 지 20년 안팎이면 재건축을 할 수 있다는 말은 이제 옛말이 되었다. 서울 · 경기 지역은 재건축 허용연한이 준공연도에 따라 20~40년으로 단지마다 다르게 적용된다. 무분별한 재건축을 막겠다는 취지에서 비롯된 조치이다.

서울에서는 1980~1982년 준공된 건축물, 경기도에서는 1980년 이전에 준공된 건축물은 20년이 지난 뒤에야 재건축을 할 수 있다. 1981~1999년 사이에 준공된 건축물의 재건축 연한은 21년부터 시작해 1년씩 늘어난다. 또 2000년 이후 준공된 건축물부터는 40년이 지나야 재건축을 할 수 있다.

재건축 투자에 성공하려면

　재건축 투자환경이 악화된 만큼 당장 시세차익을 얻기 위해 재건축 아파트를 구입하는 것은 곤란하다. 조합원 분양권 전매 제한 등으로 재건축 아파트의 환금성이 악화된 데다 자칫 아파트 분양권은커녕 현금 청산되는 불상사를 당할 수도 있다.

　이런 때일수록 긴 안목을 갖고 자신의 투자목적과 자금사정, 투자기간에 맞는 단지를 찾아야 한다. 구입비용과 자금운용 기간 등을 대입한 투자계획표를 만드는 것도 좋다. 막연한 환상을 버리고 냉정하게 시장을 둘러보면 주거기능은 물론 투자가치가 높아질 수 있는 단지를 가려낼 수 있을 것이다.

사업승인은 기본조건 

　투자목적이 시세차익이든 입주 목적이든 이제 막 재건축 추진을 시작한 단지는 피하는 것이 좋다. 예전에는 소문이나 각 사업 단계에 따라 가격이 민감하게 움직였지만 앞으로는 이런 투자환경이 갖춰질 확률은 0%에 가깝다. 값이 싸고 거래 제한이 덜 하다고 이런 단지에 투자했다가는 오랫동안 돈이 묶일 수 있다.

적어도 사업승인이 떨어진 단지가 무난하다. 사업승인이 난 단지는 가격이 상당 폭 올라 있는 경우가 많지만 사업추진이 확실하므로 투자위험이 덜 하다. 입주해서 살 계획이라면 관리처분 직후나 일반분양 직전에 구입하는 것도 괜찮다. 이 때는 해당 아파트의 투자가치와 비용 등이 드러난다.

입주까지 고려한 장기투자 

조합이 설립된 후에는 입주 때까지 지분전매가 제한되기 때문에 단기투자가 어려워졌다. 따라서 조합설립을 마친 단지에 투자할 경우 입주 때까지 조합원 지위를 되팔 수 없다는 점에 유의해야 한다. 조합설립을 앞두고 지분 역시 매수자가 나타나지 않을 경우에 대비해 충분한 자금계획을 세워야 한다. 조합설립 직전에 재건축 지분을 현금화하기 위해 서둘러 내놓는 급매물에 관심을 갖는 것도 좋은 방법이다.

대지지분이 넓고 용적률이 낮은 곳 

재건축 아파트의 재산 평가는 보통 토지지분을 기준으로 한다. 따라서 대지지분이 조금이라도 넓은 아파트가 유리하다. 용적률이 낮은 단지도 관심을 가져볼 만하다. 기존 용적률이 낮은 단지는 일반 분양 물량이 많아지므로 추가부담금 등 투자비용을 줄일 수 있다.

300가구 이상 단지, 가급적 넓은 평형 

단지 규모가 300가구 이상 되어야 대형 건설업체가 시공권을 놓고 경쟁한다. 대형 건설업체들이 시공하면 이주비 조건이 좋고 공사지연 등의 위험 부담이 적다. 그리고 입주 후 아파트 가격 상승에도 긍정적으로 작용한다. 새로 건립되는 단지의 선호 평형 가구 수가 적을 경우 같은 평형끼리 경합이 붙는다. 이 때 큰 평형 지분을 가지고 있으면 큰 평형 아파트를 배정 받는데 유리하다. 단지마다 기준이 다르지만 일반적으로 재산가액이 큰 조합원에게 결정권을 먼저 준다고 보면 된다.

❋ 서울시 5개 저밀도지구 ❋

서울에는 1970년대 말부터 1980년대 초까지 건립된 5층 이하의 대규모 아파트촌이 있다. 강남구 청담·도곡지구, 서초구 반포지구, 송파구 잠실지구, 강동구 암사·명일지구, 강서구 화곡지구 등 5곳이 여기에 해당한다. 저밀도지구라 불리는 이들 지역은 모두 한강 이남에 있으며 주공 및 시영아파트가 주를 이룬다. 이 5개 저밀도지구는 '저밀도지구 기본계획'이라는 별도의 규정에 따라 사업이 진행된다. 이에 따라 일반아파트보다 용적률, 사업추진 속도 등 여러 가지 면에서 유리하다.

제3장 리모델링

리모델링

부동산 가치 100배 높이는 리모델링

리모델링이란 집이나 건물 등을 개·보수해 건축물의 가치를 높이는 행위를 말한다. 리모델링의 범위는 내장재부터 설비, 외장재에 이르기까지 다양하다. 리모델링은 내부 마감재 등만 바꾸는 수준의 인테리어와는 다른 것으로 비용은 상품 종류와 범위에 따라 다르지만 신축의 30~70% 선이면 가능하다.

지은 지 오래되고 용도 가치가 떨어진 건물에 돈을 들여 리모델링을 하는 이유는 무엇보다 수익을 올릴 수 있는 부동산으로 가치를 높이기 위해서이다. 그러나 제대로 알고 고쳐야 수익을 높일 수 있다.

수익을 올리는 리모델링법으로는 용도변경과 개발투자가 있다.

용도변경 리모델링은 보유하고 있는 부동산의 용도를 변경해 수익을 올리는 방법이고, 개발투자 리모델링은 전문업체에 투자해 수익을 회수하는 방법이다.

용도변경 리모델링의 대표적인 예로는 주거시설을 업무시설로 바꾸거나 근린생활시설을 원룸이나 다가구주택 등 주거용으로 바꾸는 경우가 있다.

　리모델링의 경우 서울 강남지역의 단독주택은 대지 150평, 연면적 70평, 지하 1층에서 지상 2층 규모가 가장 보편적이다. 이런 주택은 보증금 2억 5,000만~3억 원에 세를 놓을 수 있다. 하지만 기존 주택의 구조는 살리고 내부와 외형을 사무실로 바꾸면 보증금 3억 원에 월 200~300만 원의 임대수익을 기대할 수 있다. 리모델링 비용 1억~1억 5,000만 원을 들여 짭짤한 임대수익을 얻을 수 있는 것이다.

　지하철역과 가까운 역세권이면서 사무실 수요가 높은 곳 역시 용도변경 리모델링을 하기에 적당하다. 실제로 대규모 시장 상권이나 대학가 주변에 가면 상가건물을 다가구주택이나 원룸으로 개조한 경우를 쉽게 찾을 수 있다. 원룸으로 개조해 임대하면 기존 상가를 임대할 때보다 50% 이상의 수익을 올릴 수 있다는 것이 전문가들의 분석이다.

　4층 상가건물의 1층은 수익성이 비교적 높으므로 그대로 두고 2~4층을 원룸이나 다가구주택 등으로 리모델링 해 임대해 보자. 보통 원룸의 평당 임대료가 상가의 평당 임대료보다 2배 이상 높은 편이다. 단, 주차공간 확보 등 사전에 법규를 꼼꼼히 검토해야 한다. 입지여건도 원룸 수요가 많고 주변환경이 주택가로 손색이 없어야 한다.

　이 밖에 단독주택을 식당으로, 창고를 고시원으로 개조하는 사례도 늘고 있는 추세다. 여유자금은 있지만 투자처를 찾지 못한 투자자라면 투자개발 리모델링을 고려할 만하다. 시세차익을 노리고 단순히 부동산을 사들이기에는 위험부담이 크기 때문이다.

리모델링 전문 컨설팅업체를 찾아 돈을 맡기면 입지여건 검토 및 수익성 분석을 마친 뒤 적당한 물건을 찾아준다. 금액이 많이 들어갈 경우 융자를 받는 방안도 염두에 둬야 한다. 리모델링은 수익성이 높은 상가나 원룸 등으로 고치는 것이 일반적이다. 투자개발 리모델링은 안전하고 수익성이 높지만 초기 투자비용이 넉넉해야 한다는 것이 단점이다.

Tip

리모델링 체크 포인트

❶ 개조 목적 및 범위를 분명히 정해라 - 목적과 범위에 맞는 계획을 세워야만 자신이 원하는 대로 바꿀 수 있고 비용도 줄일 수 있다.

❷ 예산을 미리 짜라 - 개조 범위에 따라 필요 자금에 차이가 많이 나므로 여유자금 정도와 운용 방안 등에 대해 미리 계산해야 한다.

❸ 표준견적과 고급견적 두 가지를 뽑아본다 - 리모델링 업체를 선정할 때는 여러 곳에 문의하고 비용 등을 검토해 보는 것이 좋다. 리모델링 업체를 정했더라도 단순 견적을 내지 말고 다양한 조건을 대입해 견적을 받아둔다.

❹ 리모델링을 하는 시기로는 봄, 가을이 좋다 - 한겨울이나 장마철은 피하는 것이 바람직하다. 공사하기도 어렵고 이사하는 것도 번거롭다.

확대되는 아파트 리모델링시장

재건축에 대한 규제가 강화되면서 재건축을 추진하던 단지들이 리모델링으로 사업 방향을 전환하고 있다. 서울 강남구 도곡동에 위치한 D아파트가 2004년 8월 재건축을 포기하고 리모델링 시공사를 선정했고, 강남 일대 주요 재건축 단지들도 리모델링에 높은 관심을 보이고 있다. 리모델링시장이 급성장할 것이라는 전망도 나오고 있다. 한국건설산업연구원에 따르면 2005년부터 2009년까지 리모델링시장 규모가 5조 2,500억 원 규모로 성장할 것으로 내다보고 있다. 20년 이상 된 공동주택 66만 4000가구 중 11만 9000가구가 리모델링을 추진할 것이라는 예상이다.

절차는 줄고, 혜택은 늘고 

건설교통부는 2003년 11월 30일 주택법시행령을 통해 리모델링 요건을 완화했다. 리모델링을 위한 주민 동의율을 기존 100%

에서 80%로 낮췄고, 의결권 형평성을 고려해 리모델링 대상 주택의 소유자가 다수인 경우 1명만 조합원 자격을 인정하기로 했다.

리모델링에 대한 부가가치세도 면제된다. 재정경제부는 2003년 11월 조세특례제한법과 시행령 개정안을 통해 원칙적으로 전용면적 25.7평 이하 주택의 리모델링 용역에 대해서는 부가세를 물리지 않도록 한 것이다. 고쳐 지은 뒤 규모가 국민주택 규모를 초과하는 경우에도 기존 주택 규모의 120%를 넘지 않을 때에는 부가가치세가 면제된다. 이는 복도식 아파트를 계단식으로 바꿨을 경우 전용면적이 증가하는 것을 염두에 둔 규정이다.

이래서 리모델링이 좋다 

- 리모델링은 재건축에 비해 비용이 적게 든다. 기존 시설 등을 활용하기 때문에 재건축 추진비용의 80%만 있으면 공사를 할 수 있다. 또한 재건축보다 추진절차가 간소해 공사기간이 짧은 것도 장점으로 꼽힌다. 리모델링 사업기간은 평균 1년 6개월에서 2년으로 재건축기간의 1/3 정도에 불과하다.

- 기존 재건축 아파트에 적용되는 각종 규제 중 어떤 것에도 해당되지 않는다. 그러나 일반분양 물량이 없어 입주자가 모든 비용을 부담해야 하지만 공사 후 가격 상승을 기대할 수 있다.

- 신축하는 것보다 법규도 까다롭지 않다. 리모델링은 건축 당시 법규를 적용하므로 규제가 완화된 주차장법, 소방법으로부터 자유로운 편이다.

이런 점은 유의하라 

하지만 리모델링이 꼭 좋은 것만은 아니다.

- 재건축에 비해 자산 가치 상승 효과가 다소 떨어진다.

- 건물의 뼈대를 유지하면서 공사를 하는 만큼 실내 구조를 바꾸는데 제약이 있다.

- 평수가 늘어나도 인기를 끄는 신평면을 도입하기는 어렵다. 특히 단지 밖은 완벽하게 고치기 어렵다.

- 지하주차장 등 주민공동시설을 만들 때 제한된 범위에서만 가능하다. 층수를 높이거나 단지 배치를 새롭게 하기가 어렵기 때문에 새 아파트처럼 내부와 외부가 조화된 단지를 만드는 데는 한계가 있다.

- 증축면적도 기존 평형보다 최대 7.56평(25m²)까지만 늘릴 수 있다. 준공 20년 미만인 공동주택은 원칙적으로 리모델링을 통한 면적 확장이 금지된다.

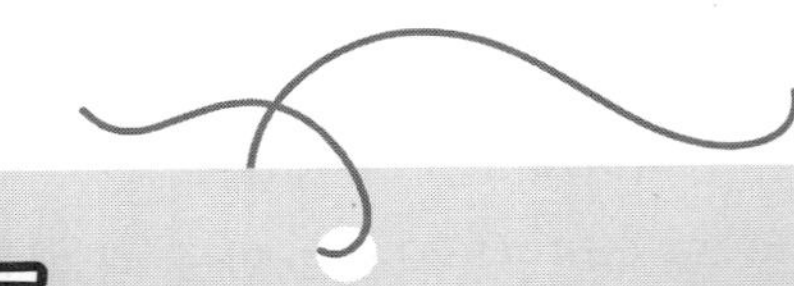

Q. 아파트 리모델링을 추진하려면 어떤 조건들을 갖춰야 하며 절차는 어떻게 되는가?

A. 우선 해당 아파트가 준공된 지 10년 이상 지났으면 리모델링을 추진할 수 있다. 하지만 준공 20년 미만 단지는 면적 확장이 금지된다.

리모델링을 위해서는 주택 소유자의 80% 이상의 동의를 받아 리모델링 조합을 설립해야 한다. 입주자대표회의도 리모델링을 추진할 수 있지만 주민 전원의 동의를 받아야 하므로 쉽지 않다.

단지 전체가 아니라 동(棟)별로도 리모델링을 추진할 수 있다. 이 때도 조합을 구성할 때는 1개 동의 소유자 가운데 80%만 동의하면 된다.

리모델링을 하면서 별도의 동을 증축해 가구 수를 늘리거나 내력벽을 철거해 2채를 1채로 통합하는 행위 등은 금지된다. 리모델링을 하기 위해서는 기본적으로 구조안전에 이상이 없어야 한다. 따라서 리모델링 착수(행위허가) 전에 안전진단을 받아 리모델링시 붕괴 위험 등 안전에 이상이 없다는 것을 확인 받아야 한다.

리모델링 공사가 끝나면 신축 아파트처럼 나중에 시·군·구청의 사용검사를 받아야 한다. 리모델링 이후 주민간 분쟁소지를 없애기 위해 일부 공용 면적이 전용면적으로 바뀌더라도 소유권(지분)에는 변화가 없다.

단독주택, 리모델링으로 업그레이드하기

M씨는 부모님과 함께 살던 단독주택을 어떤 방식으로든 처리해야 했다. 부모님이 고향에 내려가 살기를 원하셨기 때문이다. 서울에서 회사에 다니는 M씨로서는 이 집을 팔거나 전세를 주고 그 돈으로 신혼살림집을 마련해야 했지만 뜻대로 되지 않았다. 지은 지 22년이나 지난 낡은 집에 들어오겠다는 사람이 없었던 것이다.

M씨는 고민 끝에 리모델링 컨설팅업체를 찾았고, 2층짜리 단독주택을 원룸 임대주택으로 리모델링 했다. 21평이던 1층은 25평형으로 증축해 9평짜리 원룸 2개와 7평짜리 원룸 1개를 만들었다. 10평짜리 2층은 24평으로 넓혀 신혼살림집으로 꾸몄다.

리모델링 후 원룸은 곧바로 임대되어 보증금 4,000만 원에 월 100만 원의 임대수익을 올리고 있다. 건물 가치도 올라가 리모델링 전에 3억 2,000만 원 하던 감정평가액이 4억 8,000만 원으로 뛰었다. 리모델링 비 1억 5,000만 원을 들여 고정적인 임대수익과 자산 가치 상승, 신혼집 마련 등 세 마리 토끼를 한꺼번에 잡은 성공 사례이다.

단독주택을 개조하는 것은 리모델링의 가장 기본적인 사례이다. 예전에 지은 집들 중에는 길이 좁거나 필지가 작은 경우가 많다. 이런 집들은 허물고 새로 짓고 싶어도 건축허가를 받기가 쉽지 않기 때문에 리모델링 하는 것이 훨씬 유리하다.

하지만 단독주택을 단순히 단독주택으로 고칠 경우는 큰 이익을 볼 수가 없다. 하지만 용도를 바꾸면 땅값과 리모델링 비용 이상의 가치를 얻을 수 있다. 단독주택, 점포, 사무실 등 각 용도에 따라 시장 가격이 다르기 때문이다. 같은 이면도로변에 단독주택과 점 포주택, 소규모 빌딩이 있을 때 어떤 건축물이 가장 비싼 값을 받을 수 있을지를 생각해보면 쉽게 이해가 될 것이다.

사례의 M씨처럼 원룸 등 임대주택으로 바꾸는 것도 좋지만 상권이 발달한 역세권 이면도로라면 카페나 레스토랑 등으로 용도를 변경하는 것도 좋다.

서울 마포구 홍익대 인근의 단독주택을 카페로 리모델링 해 운영하고 있는 Y씨는 월 800만 원 정도의 수입을 올리고 있다. Y씨가 투자한 돈은 주택구입비 5억 5,000만 원과 개조비용 5,000만 원 등 모두 6억 원이다.
Y씨가 단독주택을 구입한 것은 지난 1999년 외환위기 직후였다. Y씨가 개발 방향을 요리조리 따져본 결과 당장은 카페로 활용하는 것이 가장 낫겠다 싶었다. 원룸으로 개발할 경우 건축비가 너무 많이 들어 수지를 맞출 수가 없었다. 이에 Y씨는 분석대로 기존 집의 골격은 그대로 두고 거실과 2층 일부만 증축해 카페로 꾸몄다. 자재비는 최대한 줄였고 구옥에 남아 있던 정원수는 그대로 살렸다.

사례의 Y씨처럼 단독주택을 고쳐 수익성 있는 상업용 시설로 바꿀 만한 곳은 사무실이 많은 다운타운의 이면도로변이나 대학가 등이다. 카페로 바꿀 경우에는 집의 모양과 정원 등이 잘 갖춰진 곳을 찾는 것이 가장 중요하다.

리모델링시 이런 것은 조심하자! 

아무 주택이나 용도를 바꿀 수 있는 것은 아니다. 도시의 땅은 도시계획에 의해 그 용도가 정해져 있기 때문에 물건에 따라 제약이 있다. 전용주거지역에서는 건물을 높이 올릴 수 없는 것은 물론이고 자기 마음대로 장사도 할 수 없다. 주택을 자기가 원하는 대로 바꿀 수 있는 곳은 일반주거지역 일부, 준주거지역, 일반상업지역 등이다. 경제적인 효용 방안에 대해서도 다각도로 생각해야 한다. 법적으로는 하자가 없더라도 사람이 모이지 않는 곳이라면 점포나 사무실을 지어봤자 아무 소용이 없다. 어떤 용도로 변경하여 활용할 것인지 아이템을 선정하는 것이 중요하다.

✠ 단독주택 리모델링시 체크포인트 ✠

❶ 알맞은 용도를 정해야 한다 - 주택이 입지한 지역이 주거 수요가 많은 곳인지, 상업시설 이용 인구가 많은 곳인지 분석해 그에 맞는 상품으로 개조해야 한다.
❷ 수요를 끌어들일 수 있는 차별화 전략이 필요하다 - 임대주택이든, 사업시설이든 아무리 갚은 돈을 들여 개조해도 사람이 모이지 않는다면 아무 소용이 없다.
❸ 용도를 바꿀 수 있는지 여부를 따져봐야 한다 - 아무 주택이나 용도를 바꿀 수 있는 것은 아니다. 도시계획에 의해 용도가 정해져 있는 만큼 매입 전 제약이 있는지 없는지를 알아봐야 한다.

우중충한 집이
산뜻한 카페로

서울 강동구 명일동에 사는 J씨는 단독주택을 구입한 후 이를 점포주택으로 개조하여 2층은 자신의 살림집으로 사용하고 전셋집으로 세를 놨던 1층은 2개 점포로 꾸며 테이크아웃(take-out) 커피점과 제과점으로 각각 임대했다. 도로변에 위치한데다 집 바로 앞에 버스정류장이 있어 주변 점포보다 높은 수준의 임대료를 받고 있다.

단독주택을 리모델링 해 특색 있는 상업공간으로 만든 사례가 많다. 부분 개조로 단독주택의 분위기를 그대로 살린 경우도 있고, 아예 골조만 남기고 내·외부를 전면 개조한 경우도 있다. 이처럼 단독주택을 상업공간으로 바꾸는 것은 상업시설에 가해지는 까다로운 건축법규를 피할 수 있는 데다 신축에 비해 비용을 크게 절감할 수 있기 때문이다.

단독주택을 상업시설로 개조할 때는 수요를 끌어들일 수 있는 곳인지를 파악하는 것이 가장 중요하다. 큰길가나 큰길가에서 한 블록 정도 들어간 이면도로의 코너라면 상가주택이든 카페든 괜찮은 입지라고 할 수 있다. 하지만 주택가로 너무 깊숙이 들어간 곳은 상업시설로 바꾸기에 적합하지 않다.

업종에 걸맞는 인테리어를 하는 것도 신경 써야 할 부분이다. 부엌은 모양과 시설을 바꿔 카페의 주방 용도로 쓸 수 있지만 방이나 거실은 전면 개조가 필요하다. 이 때 아예 천장을 없애고 노출시키는 것도 한 방법이다.

단독주택을 상업시설로 바꿀 때는 담장을 없애는 것이 좋다. 담장을 없애야 상업시설에 맞는 분위기를 연출할 수 있고 주차공간 확보에도 도움이 된다. 지하층은 비품창고나 별실 용도로 활용할 수 있다.

용도지역이 무엇인지 반드시 확인해야 한다. 전용주거지역의 경우 건폐율, 용적률 제한 때문에 증축이 쉽지 않지만 준주거지역인 경우 기존 건물보다 50% 정도 늘려서 지을 수 있다. 하지만 증축을 할 때는 확보해야 할 주차공간 면적이 달라지므로 주차공간이 충분하지 않은 집은 증축이 어렵다.

낡은 상업용 건물이라도 입주 수요가 많고 장사가 잘되는 곳이라면 굳이 용도를 바꾸지 않아도 된다. 하지만 수익이 나오지 않는 건물이라면 무작정 붙잡아 둘 이유가 없다. 입지에 맞는 용도로 리모델링 해 가치를 높여야 한다.

상가 및 사무용 건물을 주거용으로 바꿀 때는 신경 써야 할 부분이 많다. 평면 계획을 다시 짜야 하고 창문 위치나 크기도 바꿔야 한다. 사무실의 경우 베란다가 없기 때문에 베란다도 따로 만들어야 한다.

100평 이상의 상업용 건물을 주거용으로 만들 때는 다세대주택으로 꾸며야 효용성을 높일 수 있다. 단독주택으로 리모델링 할 경우 수익성이 떨어지고 개조 범위가 늘어나 신축하는 것과 비슷한 비용이 든다.

주변 임대상황을 고려해 원룸형으로 할 지, 투룸형으로 할 지도 정해야 한다. 독신 수요층이 많은 곳이라면 원룸형, 신혼부부 수요가 많다면 투룸형으로 꾸미는 것이 바람직하다.

상업용 건물은 대개 기둥과 보로 이뤄져 있어 주거용으로 공간을 구획하는 데는 큰 어려움이 없지만 여러 세대가 사는 집으로 만들려면 난방시설과 배관시설 등을 상당부분 고쳐야 한다. 각 가구에 부엌과 욕실, 화장실 등을 따로 설치해야 하기 때문이다. 리모델링 비용은 주택을 점포나 사무용 건물로 개조할 때보다 많이 들어가므로 평당 150~250만 원 정도는 생각해야 한다.

05 낡은 건물, 리모델링으로 수익률을 높여라

　낡아서 가치가 떨어진 건물을 구조만 남기고 내·외부를 개조하는 사례가 늘고 있다.

　수명이 다한 배관, 느림보 통신시설을 갖춘 건물로는 더 이상 첨단 업무를 수용할 수 없다는 필요에 따른 것으로 분석된다. 인텔리전트 빌딩에 밀린 임대 경쟁력을 되찾기 위한 건물주들의 자구책이라고 풀이할 수도 있다.

　리모델링 수요가 가장 많은 곳은 뭐니뭐니해도 서울 도심이다. 서소문과 종로, 태평로 일대에 있는 1960～1970년대에 지어진 빌딩들이 리모델링을 필요로 하기 때문이다. 특히 2005년 9월 청계천 복원공사가 끝나면 이 일대 중대형 빌딩의 리모델링 수요는 크게 늘어날 것으로 보인다.

내부까지 확실하게 고친다 

그 동안 건물 리모델링이라고 하면 외부 타일을 갈아붙이는 정도 였던 것이 사실이다. 내부 리모델링을 한다해도 간단한 조명공사 나 칸막이공사 등 단순 인테리어 개념에서 크게 벗어나지 못했다.

하지만 최근 이뤄지고 있는 건물 리모델링을 살펴보면 보여지 는 부분만이 아니라 구석구석 손을 대지 않는 것이 없다. 초고속 정보통신망은 기본이고 건물의 쾌적성을 위해 새로운 공조시스템 도 갖춘다. 엘리베이터를 바꾸거나 용량을 추가하는 공사도 많다.

자연 채광을 늘리기 위해 전면 창을 유리로 바꾸거나 내부를 웰 빙 자재로 시공하는 사례도 늘고 있다. 싱가포르 투자청 부동산 투 자회사(GIC)가 매입한 서울 퇴계로 프라임타워가 대표적인 사례이 다. 이 건물의 경우 골조만 남기고 어두웠던 내 · 외장재를 모두 교 체했다. 그 결과 리모델링 후 외국기업들이 속속 입주하는 등 A급 건물로 재탄생했다.

남대문 앞 상의빌딩은 단순 리모델링이 아니라 증축 공사도 함께 이루어져 용적률이 2배로 늘어나고 건물기능도 크게 향상된다.

서울 명동의 옛 서울은행 본점 건물은 용도를 변경해 복합건물로 새로 태어난다. 리모델링이 끝나면 쇼핑공간과 이벤트 홀, 호텔 등 이 들어설 예정이다.

명동의 롯데백화점도 리모델링을 통해 본점과 명품관, 영플라자 를 연계한 '롯데타운' 으로 조성된다. 앞서 롯데는 미도파백화점을 인수하여 2003년 11월 젊은층을 겨냥한 패션매장 중심으로 특화한 영플라자를 개관했다. 또 2005년 2월에는 본관 왼편에 위치한 옛

한일은행 본점 건물을 리모델링 하여 명품관으로 탈바꿈한다.

명동 옛 국립극장도 리모델링을 추진하고 있다. 국내 극장의 첫 리모델링 사례로 꼽히는 이번 복원사업은 정부가 지난 2003년 대한종금으로부터 400여 억 원을 들여 매입하여 2005년 상반기 중 리모델링에 착수할 예정이다. 문화사적 가치가 높은 바로크식 외관은 유지하되 내부 사무공간을 헐어 2007년까지 600~700여 석 규모의 첨단 공연장으로 꾸밀 예정이다.

남대문 인근 신세계백화점도 기존 본관 및 신관과 주차장 부지에 지하 7층~지상 19층 규모의 본점 건물을 새로 짓고 있다. 완공은 2005년 8월로 새로 짓는 본점과 인근 지하철 4호선 회현역 간에 무빙 워크를 설치하기로 하고 서울시와 협상을 진행하고 있다.

제 3 부

소액 투자법

적은 돈으로 하는 부동산 투자

제1장 경매 · 공매

경매 · 공매

01

경매 관련 법규를 마스터하자

경매에 관심이 있는 사람이라면 투자에 나서기 전에 경매와 관련된 법규에 대해 먼저 공부해야 한다.

2002년 7월 1일부터 민사집행법이 새로 시행되면서 경매와 관련된 제도가 많이 바뀌었다. 입찰절차를 비롯해 권리분석·물건분석 등 아직까지는 초보 투자자들이 접근하기에 복잡하고 어려운 점이 많지만, 항고 남발 행위를 제한하고 배당을 요구할 수 있는 시점이 명확해지는 등 투자환경이 한결 좋아졌다.

보다 간략하게

우선 입찰보증금이 적어졌다. 예전에는 자신이 써낸 입찰가의 10%를 입찰보증금으로 준비해야 했지만 지금은 법원이 정한 최저 입찰가의 10%만 내면 된다. 입찰보증금을 현금이나 수표가 아닌 은행이 보증한 지급보증 위탁계약서로 내도 상관없다.

이 경우 낙찰 됐을 때만 현금을 준비하면 되므로 자금 부담이 줄어든다.

낙찰한 물건에 저당권, 압류 등에 대항할 수 있는 전세권이 있는 경우 전세권을 가진 사람이 배당을 요구하면 매각으로 없어진다. 반면에 전세권자가 배당 요구를 하지 않으면 매수인이 인수한다.

경매 물건이 낙찰되면 매각허가 결정이 나고 법원은 그 날부터 한 달 이내 날짜로 대금지급 기한을 정한다. 매수인은 이 기간 중 언제든지 대금을 치르고 소유권을 취득할 수 있다. 낙찰 후 소유권을 넘겨받는 명도 절차 때문에 낙찰자가 애를 먹는 경우가 없어진 것이다.

미등기 건물도 집행이 가능해졌다. 건축 신고나 허가를 받았지만 사용승인을 받지 않아 보존등기가 나지 못한 건물도 그 실체를 인정받아 강제 경매 집행을 할 수 있다.

보다 명확하게

채권자나 세입자의 배당 요구 및 철회 신청 시한을 첫 경매일 이전까지로 제한했기 때문에 낙찰 후 비용부담액 산정이 한결 쉬워졌다. 일반인들이 매각 조건을 명확하게 확인한 상태에서 안전하게 경매에 참여할 수 있게 된 것이다. 예전에는 배당 요구 신청 기간이 낙찰기일, 철회일이 법원 경락허가일 이전까지였다. 세입자가 경매 당시 배당을 신청했다가 낙찰 후 법원이 아닌 낙찰자에게 돈을 요구하는 사례가 많았던 것도 이 때문이었다.

또 항고 남발로 낙찰자의 권리행사가 지연되지 않도록 했다. 낙찰 후 매각 허가 결정이 난 뒤 항고할 경우 보증 공탁을 해야 하는 항고인을 모든 항고인으로 확대하고 낙찰대금의 10%를 공탁금으로 내도록 했다. 항고가 기각되면 상황에 따라 공탁금 전액 또는 일부가 몰수된다. 채무자나 부동산 점유자가 경매물건 가격을 일부러 떨어뜨리는 '가격감소행위'도 금지했다. 낙찰자나 채권자가 신청하면 법원이 매각허가 결정 전이라도 가격감소행위를 금지하고 단속할 수 있다.

보다 편리하게

법원이 정한 일정 기간 이내에 우편 등으로 부동산 등의 경매에 참여할 수 있는 '기간입찰제'가 시행되고 있다. 기간입찰제는 단 하루 만에 특정장소에서 입찰을 실시하는 '기일입찰제'와 달리 한 달 이내에 입찰을 접수, 입찰기간이 끝난 뒤 일주일 이내로 정해지는 매각기일에 개찰하여 낙찰자(최저가 매수신고인)를 정하는 방식이다.

경매 참여방식도 편해졌다. 법원이 정한 기간 이내에 우편으로 입찰할 수 있어 지방 거주자가 수도권 경매에 손쉽게 응찰할 수 있다. 예전에는 낙찰허가일로부터 3주일을 전후해 잔금납부일을 지정, 그 이후에 잔금을 내야 했지만 지금은 잔금납부 기한일 중에 언제든지 낼 수 있다. 잔금을 치를 때까지 생기는 상황 변화에 신경을 쓸 필요가 없어진 것이다.

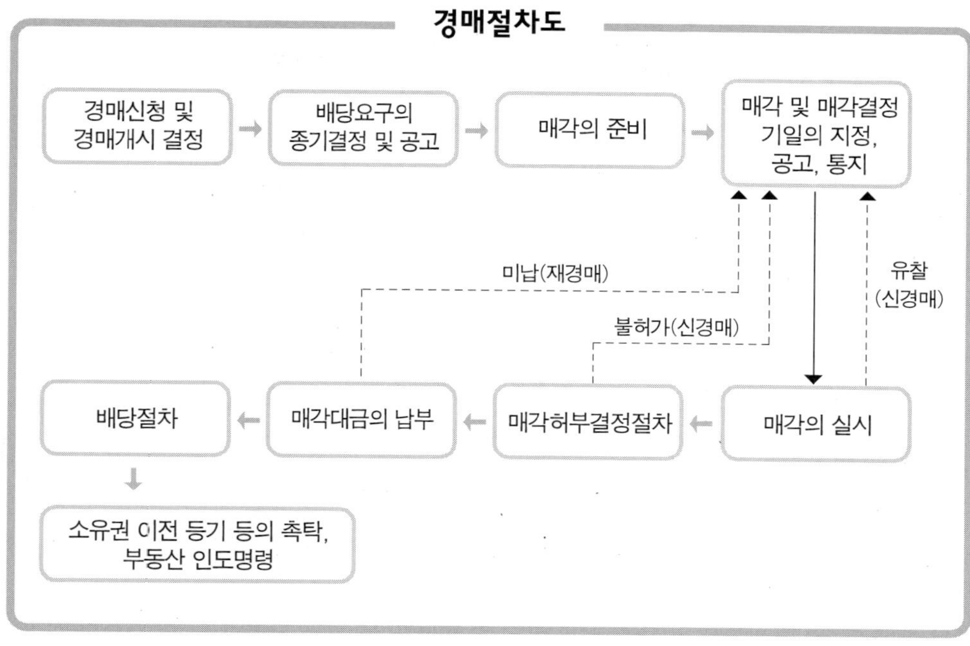

경매절차도
경매신청 및 경매개시 결정
배당요구의 종기결정 및 공고
매각의 준비
매각 및 매각결정 기일의 지정, 공고, 통지
미납(재경매)
불허가(신경매)
유찰 (신경매)
배당절차
매각대금의 납부
매각허부결정절차
매각의 실시
소유권 이전 등기 등의 촉탁, 부동산 인도명령

✠ 일반인들이 기간입찰에 참여하려면 ✠

일반인들이 기간입찰에 참여할 수 있는 방법은 두 가지이다.

첫째는 입찰서류를 경매 집행절차 대행자인 집행관에게 미리 제출하는 방식이고, 둘째는 등기우편으로 입찰서류를 보내는 것이다.

기일입찰에 응찰하려면 경매물건 최저 입찰가의 1/10을 입찰 보증금으로 내야 하지만 기간입찰에서는 이 방식과 함께 보증회사의 지급보증 증명서만 받으면 응찰을 할 수 있다. 당장 목돈이 없어도 입찰에 참여할 수 있는 것이다.

그러나 우편으로 입찰할 경우 우편접수에 따른 분쟁의 소지를 없애기 위해 등기우편으로만 접수를 받고 입찰기간을 넘겨 법원에 도착한 것은 무효로 처리하는 만큼 주의해야 한다.

법원은 7~30일의 입찰기간을 공고한 후 이 기간 동안 일반인에게서 입찰을 받고 입찰기간이 종료되면 7일 이내에 입찰서류를 개봉, 최고 매수가격을 써낸 사람에게 낙찰시킨다.

권리분석과 임대차 관계는 꼭 검증하자

분당에 사는 B씨는 2003년 송파구 잠실동 A아파트를 2억 6,000만 원에 낙찰 받았다. 아파트 인근 부동산중개업소에 문의해 본 결과 3억 원은 족히 받을 수 있어 보였다. B씨는 앉은자리에서 4,000만 원을 번 것 같아 만족스러웠다.

그러나 낙찰 받은 아파트를 수리하기 위해 직접 갔다가 뜻밖의 사실을 알게 되었다. 이 아파트의 임차인은 근저당권 설정일 이후 전입신고를 했지만 임차인의 부인은 근저당권 설정일 훨씬 이전에 전입신고를 마치고 실제로 거주하고 있었던 것이다. 경매전문업체에 알아보니 낙찰 잔금을 법원에 납부할 경우 임차인이 배당요구를 하지 않고 대항력을 가지고 있었기 때문에 전세금 1억 8,000만 원을 고스란히 물어줘야 하는 상황이었다. 그 결과 B씨는 임차인 관계를 꼼꼼히 분석하지 않은 대가로 2,000만 원에 달하는 입찰보증금을 포기할 수밖에 없었다.

권리분석은 경매투자의 기본이다 

권리분석이란 해당 경매부동산의 권리관계를 파악하는 것이다. 이 때 따져봐야 할 권리관계는 물권과 채권으로 나뉘는데, 물권은 특정물건(해당 부동산)을 직접 사용하거나 수익을 내거나 처분할 수 있는 권리를 말한다. 물권에는 소유권과 점유권, 지상권, 전세권, 저당권, 유치권 등이 있다. 채권은 특정인에게 일정한 행위를 청구할 수 있는 권리로 돈을 빌렸다거나 임대차계약을 맺었을 경우 해당 당사자간에만 발생하는 특정권리를 의미한다.

부동산의 등기부등본을 보면 갑구와 을구에 물권과 채권의 현황이 일목요연하게 나온다. 경매정보지나 경매정보 사이트를 보면 해당 경매부동산의 권리관계란에도 물권과 채권을 일시별로 정리해 놓고 있다.

권리분석의 포인트는 낙찰자가 낙찰대금을 완납하고 소유권 이전 등기를 했을 때 해당 등기부등본상의 권리 중 어떤 권리가 없어지며 어떤 권리가 남는지를 파악하는 것이다. 낙찰자가 인수하지 않아도 되는 말소권리와 반드시 인수해야 하는 인수권리가 있다는 점도 알아둬야 한다. 말소와 인수의 기준이 되는 권리를 말소기준권리라고 한다. 즉 말소기준권리 이후에 전입신고한 임차인이나 전세권, 지상권, 지역권, 가압류, 가처분 등의 권리는 낙찰자가 책임질 필요가 없다. 하지만 말소기준권리보다 우선 취득한 권리는 낙찰자가 인수해야 한다. 유치권과 예고등기, 말소기준권리보다 앞선 전세권, 지상권, 지역권, 임차인 등이 대표적이다.

따라서 법원경매에 입찰하려면 이러한 권리관계를 따져 말소기준권리가 무엇인지 파악한 뒤 나머지 권리관계가 소멸되는지 여부를 알아봐야 한다. 자신이 경매부동산을 낙찰 받았을 때 소멸되지 않고 인수되는 권리가 무엇인지 판별하는 것이라고 이해하면 된다.

임대차관계, 꼼꼼히 따져봐야 한다 

　임대차관계 분석은 경매물건의 권리분석 중 가장 빈번히 등장하는 사항이다. 임차조건은 물론 전입신고 여부 등 입찰에 앞서 반드시 꼼꼼히 따져봐야 할 것들이 많다. 말소기준권리일 이전에 전입신고와 확정일자를 받았다면 낙찰자가 그 임차인의 전세보증금을 물어줘야 하기 때문이다. 앞에 예를 든 B씨의 경우처럼 낙찰자가 인수해야 할 임차인이 있을 경우 낙찰가 외에 추가비용이 들어 경매투자는 곧바로 손실로 이어진다.

　아파트, 단독주택 등 주거용 건물에 입찰할 때는 현장을 직접 방문해 임차인이 존재하는지 여부를 확인하는 것은 물론 임차인이 주민등록상 전입신고를 했는지도 꼭 알아봐야 한다. 법원에서는 주민등록 전입신고 여부로 임차인 유무를 판단한다.

　임대차관계 분석에서 잊지 말아야 할 것이 한 가지 더 있다. 동거가족만 전입신고를 한 경우다. 현행 주택임대차보호법은 임차인의 처나 자녀 등 가족만 전입신고를 해도 대항요건을 갖춘 것으로 인정, 법의 보호대상이 된다고 규정하고 있다.

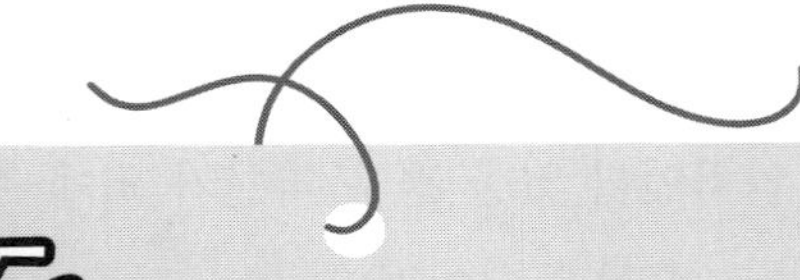

✠ 경매 임차인 분석, 이것만은 알고 하자 ✠

❶ 임차인의 우선배당은 전입일과 확정일자일이 모두 최초 권리관계 설정일보다 빨라야 가능하다. 임차인이 배당을 요구했다면 선순위 임차인으로 낙찰자가 임차보증금 인수를 신경 쓰지 않아도 된다. 단, 낙찰가가 보증금보다 많아 모두 배당될 경우에만 해당된다. 배당요구를 안 했다면 낙찰자가 임차보증금을 인수해야 한다.

❷ 전입일은 최초·권리관계 설정일보다 빠르고 확정일자일은 최초 권리관계 설정일보다 늦을 경우 임차인이 배당 받지 못한 금액은 낙찰자가 인수해야 하므로 주의해야 한다.

❸ 전입일과 확정일자일이 최초 권리관계 설정일과 같을 경우 임차인의 대항력은 전입일 다음달 0시부터 갖게 되므로 후순위 임차인으로 입찰자가 임차보증금 인수를 신경 쓰지 않아도 된다. 이 때 확정일자를 먼저 받은 상태에서 전입일과 최초 권리관계 설정일이 같아도 마찬가지이다.

❹ 전입일은 최초 권리관계 설정일보다 빠르지만 임차보증금을 증액한 날이 최초 권리관계 설정일보다 늦을 경우 증액분은 배당은 받을 수 없고 낙찰자가 인수하지 않아도 된다.

❺ 임차인의 대항력을 살필 때는 임차인 본인의 전입신고일은 물론 그 세대원의 전입신고일을 모두 따져서 인수해야 할 임차보증금에 해당되는지 살펴봐야 한다.

03 청개구리 경매시장

경매시장은 부동산 일반 매매시장과 반대로 움직인다. 경기 침체나 규제 강화 등으로 일반 매매시장이 얼어붙어도 경매시장은 끄떡없다. 오히려 물건이 급증하여 수요자들에게는 싼값에 다양한 알짜 매물을 건질 수 있는 투자 호기로 꼽힌다. 반대로 경기가 좋아지면 물건이 감소하고 낙찰가율이 올라가는 등 투자환경이 나빠진다.

불경기에 오히려 활기를 띤다 

경매시장은 불경기에 활기를 띤다. 불황을 견디지 못하고 법원경매에 부쳐지는 물건이 급증하기 때문이다. 특히 서민들과 농민들이 가계 빚을 감당하지 못하는 사례가 늘면서 1억 원 미만의 소형 아파트, 다가구주택, 논, 밭 등 서민형 부동산이 경매시장에 나오는 사례가 많다.

경매정보제공업체 디지털태인에 따르면 2004년 1월부터 8월까지 전국의 법원경매 매물은 총 29만 1901건에 달한다. 8월말 현재 이미 2003년 총경매물건(33만 2197건)의 87%에 이르는 물량이 쌓인 것이다.

첫 입찰에 붙여지는 신규 경매물건도 크게 늘고 있다. 2004년 1~8월 사이의 신규 경매매물은 모두 9만 606건으로 2003년 같은 기간(6만 5521건)보다 38%나 증가했다.

반면 투자자들의 투자에 대한 확신이 줄어들면서 경매물건을 외면하여 낙찰가율은 갈수록 떨어지고 있다. 낙찰가율은 2003년 7월 79.54%를 기록한 이후 하락세를 지속하여 2004년 들어 줄곧 70%를 밑돌았다. 급기야 2004년 8월 현재 낙찰가율은 65.11%로 지난 2002년 12월(64.60%) 이후 최저 수준을 보였다.

투자자 입장에서는 선택의 폭이 넓어지고 있는 셈이다. 시중 가격보다 싸게 부동산을 사려는 사람에게는 더없이 좋은 기회이기 때문이다. 실제로 지난 1998년 외환위기 당시 경매물건이 쏟아지면서 법원경매는 유례 없는 호황을 누렸고 싼값에 알짜 부동산을 선점할 수 있는 틈새시장으로 주목받기도 했다.

하지만 경제 상황이 호전되고 경매물건이 줄어들면 경매시장은 침체기로 접어든다. 경매물건이 줄어들면 우량 물건이 감소하고 선택 폭도 줄어들 수밖에 없기 때문이다. 한마디로 일반 부동산 투자시장과는 흐름 자체가 다르다는 것이다.

정부 규제로 부동산시장이 침체되어도 틈새상품으로 각광 받는다 

정부 규제로 아파트 등 다른 부동산시장이 옴짝달싹 못 할 때도 유용한 틈새 재테크 수단으로 꼽힌다. 각종 규제로 인해 서울 및 수도권에서는 투자목적으로 부동산을 구입하는 것이 어려워졌지만 경매를 통해 구입하면 손쉽게 부동산을 구입할 수 있다.

수도권 곳곳이 토지거래허가구역으로 묶여 녹지는 200m²(약 60평), 주거지역은 180m²를 초과하는 거래 등에 대해서 지방자치단체의 허가를 얻어야 하는 까다로운 절차가 있다. 그러나 경매를 통해 토지를 구입할 때는 낙찰과 함께 농지취득자격원(농지증)만 제출하면 복잡한 절차를 밟지 않아도 된다.

주택을 낙찰 받을 때도 청약통장 가입이나 1순위 자격 제한 여부와 관계없이 내 집을 마련할 수 있다.

일반매매와의 세금 격차가 줄었다 

각종 과세지표가 인상으로 세금이 늘면서 일반매매와의 세금 격차가 줄어든 것도 경매시장에서 호재로 작용한다. 낙찰가가 공개되어 취득세를 비롯한 세금 부담이 일반매매에 비해 크다는 부담을 덜게 되기 때문이다.

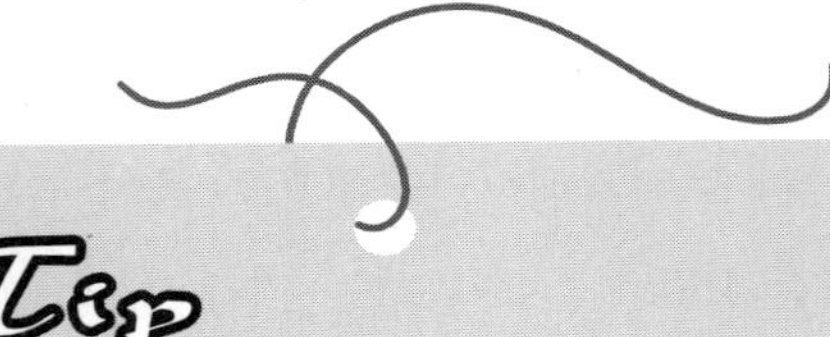

✠ 유찰 횟수 많은 매물에 투자자 몰린다 ✠

경매시장에서 2~3회 정도 유찰 되어 저가 매력이 있는 매물로 투자자들이 몰리고 있다. 2~3회 유찰 된 매물들은 감정가보다 30~40% 정도 싼 만큼 낙찰을 받아도 추가로 하락할 가능성이 낮기 때문이다.

2004년 9월 6일 서울 동부지방법원에 나온 서울 송파구 잠실동 S아파트 32평형에 22명이 입찰하여 5억 3,725만 원에 낙찰되었다. 최초 감정가가 6억 5,000만 원이었으나 2번 유찰 되어 감정가가 4억 1,600만 원까지 떨어진 물건이었다.

2004년 8월 30일 서울 송파구 신천동 J아파트 65평형은 23 대 1의 경쟁률을 보이며 8억 1,880만 원에 주인을 찾았다. 최초 감정가(9억 8,000만 원)에서 2번 유찰 되어 감정가가 6억 2,720만 원으로 내리자 투자자가 몰린 것이다. 낙찰가는 1차 유찰가(7억 8,400만 원)보다 3,480만 원이나 높았다.

값이 싸고 역세권인 다세대주택도 입찰자들의 눈길을 끌고 있다. 2004년 9월 2일 경매에 나온 서울 은평구 응암동 다세대주택 22평형은 18명이 입찰에 나섰다. 최초 감정가 1억 1,000만 원에서 세 차례나 유찰 되어 최저가가 5,632만 원까지 떨어지자 응찰자가 몰린 것이다. 낙찰가는 최저가보다 2,200만 원이 많은 7,837만 원이었다.

주인을 찾지 못해 유찰 된 물건은 수익성이 높은 만큼 투자자들이 몰리기 마련이다. 하지만 분위기에 휩쓸려 비싼 값에 입찰하지 않도록 주의해야 한다. 앞의 사례에서도 볼 수 있듯이 오히려 유찰가보다 높은 가격에 낙찰 받는 불상사를 당할 수도 있다.

꼭 알아둬야 할
경매투자전략

2003년 10월 서울 동부지방법원 경매에 부쳐진 서울 강동구 상일동 G 아파트 18평형이 3억 4,380만 원에 낙찰되었다. 재건축 추진이라는 호재가 있었지만 감정가가 2억 5,000만 원이고 입찰참여자가 2명이었던 점을 감안하면 이해하기 어려울 정도로 높은 낙찰가였다. 낙찰을 받지 못한 참가자가 써낸 가격과의 차이도 7,000만 원이나 되었다.

경매에 참여하려면 우선 목적을 분명히 해야 한다. 투자 목적인지, 실수요 목적인지에 따라 물건의 종류와 입지 등이 달라지기 때문이다. 자금계획도 확실히 세워야 한다. 특히 무리한 차입은 금물이다. 권리분석과 주변시세 조사는 물론 현장답사도 투자의 필수 과정이다.

본 입찰 전에 틈틈이 경매현장을 찾아 분위기를 익히는 것도 중요하다. 그래야 현장 분위기에 휩쓸려 무리하게 낙찰 받는 실수를 막을 수 있다. 낙찰 후 어떻게 활용할 지에 대해서도 미리 계획을 세워두는 것이 좋다.

취득 목적과 관심 물건 선정하기 

투자가 목적이라면 역세권의 오피스텔, 강남의 아파트, 재건축단지 주변의 연립주택, 상업지역 상가, 공장 수요가 많은 지역의 공장, 도로 여건이 양호한 개발용 토지 등이 알맞다.

반면 실수요가 목적이라면 입지여건을 보다 꼼꼼하게 살펴야 한다. 주거시설의 경우 학교시설, 교통여건, 쇼핑환경, 단지환경 등 가족 구성원 전체에 골고루 혜택이 갈 수 있는 지역이어야 한다. 단독주택은 도로 폭이 최소한 4m 이상인 곳이 좋고 다세대 · 다가구 주택은 주차공간이 넉넉한지 따져봐야 한다.

공장 역시 제품 판매시장이나 원재료 구입시장과의 거리 등을 살펴봐야 한다. 지역을 선정하기 어렵다면 자신이 거주하고 있는 지역을 중심으로 투자범위를 좁히는 것이 좋다.

투자금액 선정하기 

경매물건을 취득하려면 낙찰가 외에 제세공과금(낙찰가의 5.8%), 소유주 또는 임차인의 이주비용, 수리비용 등의 비용이 소요된다.

자신의 여유자금과 금융권을 통해 받을 수 있는 경락잔금 대출금 등을 계산해 그에 맞는 물건을 찾는 것이 좋다. 또 대출 상환 여력 등을 감안해 대출을 받아야 한다. 대출 비율이 너무 높은 것은 바람직하지 않다.

유찰 된 물건을 살피는 것도 투자금을 낮추는 방법이다. 아파트는 1회, 다세대주택은 2회, 공장·토지 등은 3회 이상 유찰 된 물건에 관심을 가져볼 만하다.

권리·임대차관계 분석하기 

일반 투자자들이 가장 어렵게 생각하는 과정이지만 원칙을 정해놓고 접근하면 간단하다. 말소기준권리보다 앞선 전세권, 임차권, 소유권이전청구권 가등기, 지상권 및 대항력 있는 주택임차인이 있으면 낙찰인이 인수하게 된다.

최선순위 채권액이 소액일 경우 후순위 임차인이 이를 대위변제하는 경우가 많다. 대위변제한 임차인은 낙찰자에게 대항력이 생긴다. 경매정보에 '유치권 주장'이라는 내용이 표기되어 있으면 물건 선정에 신중해야 한다. 유치권이 인정되는 경우 낙찰자는 낙찰가 외에 유치권자가 주장하는 채권액을 그대로 떠 안게 되는 경우가 있다.

'법정지상권성립여지가 있음' 또는 '제시 외 건물 소재'라고 표기된 물건 역시 피하는 것이 좋다. 법정지상권은 경매로 토지와 건물의 소유주가 달라지는 경우인 만큼 토지 낙찰자는 원하는 대로 토지를 이용할 수 없게 된다. 신축주택 역시 토지와 건물의 근저당 설정일자가 다를 수 있으므로 조심해야 한다.

권리사항에 '예고등기'가 되어 있으면 등기 말소, 회복에 관한 재판이 진행중이라는 뜻이다. 예고등기는 후순위라 하더라도 재판이 끝날 때까지 효력을 갖기 때문에 낭패보기 십상이다.

　믿을 만한 경매컨설팅업체를 찾아 권리분석에 대한 자문을 구하는 것도 좋다. 경매컨설팅업체에 의뢰했을 때 수수료는 보통 감정가의 1.0~1.5% 정도이다.

주변 시세 조사하기 

　주변 시세를 확인하는 것도 잊어서는 안 될 부분이다. 시세분석을 잘못해 경매로 구입한 총비용이 일반매매보다 더 들어가는 사례가 빈번하다.

　또 다가구주택의 경우 기존에 살고 있는 세입자나 소유자를 이주시키기 위해 들어가는 명도비용 등이 추가로 들어갈 수 있고 시간도 소요될 수 있다는 것을 감안해야 한다.

　낙찰을 받아 임대사업을 할 계획이라면 주변의 임대 상황이나 가격 등도 알아봐야 한다.

　아파트나 연립, 다세대주택, 상가 등의 경우 관리비가 얼마나 연체되었는지도 확인해야 한다.

경매현장 분위기 익히기 

경매현장의 뜨거운 분위기에 휩쓸렸다가 어이없는 입찰가를 써내는 경우가 종종 있다. 너무 비싼 값에 낙찰을 받으면 수익성이 떨어져 오히려 손해를 보게 된다. 따라서 초보자들은 본 입찰에 나서기 전에 수시로 현장을 찾아 경매 절차와 분위기를 익혀야 한다.

예전에는 경매법정 열람대에 채권자권리신고서, 배당요구서, 송달보고서, 채권계산서 등 경매에 나온 물건에 대한 자세한 정보가 비치되어 있었다. 따라서 경매에 참여하는 사람들은 열람대에 비치된 수치를 살펴보면 경매 참여자수, 입찰가격 등을 대략적으로 알 수 있었다.

그러나 2002년 7월부터 민사집행법이 달라지면서 열람대에는 매각물건명세서, 현황보고서 등 기본적인 자료만 비치되고 있다. 당연히 경쟁률이나 예상 낙찰가 파악도 어려워졌다.

따라서 현장 분위기 등을 살펴 눈치작전을 벌이기보다는 소신껏 입찰하는 것이 바람직하다. 이를 위해서는 경매에 입찰할 물건을 확인한 다음 미리 입찰가를 생각해 둬야 한다. 혼자 분석하기 어려울 때에는 경매컨설팅업체와 협의를 통해 수익성을 낼 수 있는 적정한 가격을 미리 정해두는 것도 좋다.

경매현장에서 초보 투자자들을 유혹하는 일부 브로커에게 속지 않도록 조심한다.

낙찰 후 활용 방안 정하기

　낙찰 받은 후 활용 방안에 대해 미리 계획을 세워두는 것도 필요하다. 낙찰 후 다가구 · 다세대주택을 신축할 경우 대지면적과 도로여건이 중요하다. 대지조건은 50평 이상이고 진입도로는 폭이 4m가 넘어야 한다. 지적도 확인을 통해 대지 일부가 도로로 사용되는지도 점검해야 한다.

　법률상 제한사항은 없는지도 확인해야 한다. 토지이용계획확인원, 토지대장, 지적도, 임야대장, 임야도 등을 열람해 개발제한구역, 군사시설보호구역, 상수원보호구역 등 규제 사항이 없는지 체크해야 한다.

✠ 경매 우량 물건이란? ✠

경매 대상 물건을 고를 때는 소유자가 직접 거주하는 곳, 낙찰자가 인수해야
할 임차인이 없는 물건, 임차인들이 보증금을 거의 회수해 갈 수 있는 물건 등
을 투자대상으로 삼는 것이 바람직하다.

❶ 임차인 없이 집주인만 혼자 거주하는 주택

아파트, 빌라 물건 중에 많고 낙찰 후 주택을 명도 받는데 15~30일 정도
소요된다. 만약 집주인이 집을 비워주지 않을 때는 해당 법원에 인도명령
을 신청하면 2~3주일 후 명도집행을 할 수 있다.

❷ 선순위 임차인의 전세금을 안고 싸게 구입할 수 있는 물건

낙찰자가 안고 사야 할 전세금이 얼마인지 정확히 파악한 후 전세금액과
시세차액 만큼 떨어질 때까지 기다린 후 구입하면 명도 받기가 수월하다.
총구입대금 가운데 일부는 법원에 내면 되고, 임차인을 내보낼 때 전세금
으로 주면 되므로 분납 효과도 노릴 수 있다.

❸ 소액임차인만 거주하는 주택

소액임차인이란 주택임대차보호법상 전세금액이 서울 등 6대 도시 2,000
만 원, 기타 도시 1,500만 원 미만의 세입자이다. 경매개시결정 일자보다
먼저 전입신고 되어 있다면 최선순위로 각각 700만 원, 500만 원씩 낙찰
대금에서 배당해야 한다. 소액임차인이 배당을 받으려면 전세계약서, 주민
등록등본, 낙찰자의 인감이 첨부된 명도확인서를 법원에 제출해야 하기 때
문에 먼저 집을 비워야 한다.

❹ 세입자의 확정일자가 빨라 법원에서 전액 배당 받는 주택

경락대금에서 전세보증금 전액을 배당 받는 주택도 좋은 물건이다. 명도가
자동적으로 해결되기 때문이다.

05 투자 선택의 폭이 넓다, 공매시장

　법원경매와 함께 입찰을 통해 부동산을 구입할 수 있는 대표적인 방법이 공매이다.

　공매란 정부기관이나 공기업이 보유하고 있는 부동산을 공개입찰을 통해 일반인에게 처분하는 것을 말한다.

　공매는 유입자산, 수탁재산, 압류재산, 국유재산 등 네 가지 종류가 있다. 공매에 나오는 개별 물건도 주택부터 토지, 공장 등 모든 부동산이 총망라되어 있다. 압류재산의 공매만 해도 매주 두 차례 진행되고, 매회 수백 건의 물건이 쏟아진다.

　공매는 주로 한국자산관리공사(KAMCO)를 통해서 진행되는 경우가 많아 대상 물건을 검색하기가 쉽다. 경매에 비해 소유권 이전 등의 절차가 간소하고 할부구매 등 다양한 혜택도 주어진다. 잘만 고르면 시세보다 싼값에 물건을 살 수 있는 것은 두말할 나위도 없다.

　이 같은 장점을 잘 살리면 일반인들도 공매를 통해 수익성 높은 부동산을 간편하게 구입할 수 있다.

물건별 다양한 혜택, 제대로 챙기자 

유입자산은 한국자산관리공사가 금융기관에서 담보부 부실채권을 인수한 후 법원경매를 거쳐 취득한 부동산으로 일반인들을 상대로 재매각된다. 한국자산관리공사로 소유권이 이전되어 있는 만큼 권리관계가 깨끗한 것이 장점이다.

또 공매를 통해 유입부동산을 구매하면 최장 5년까지 할부로 구입할 수 있어 초기 투자 부담을 대폭 줄일 수 있다. 매매대금의 1/3 이상 납부하면 해당 부동산을 사용할 수 있고, 절반 이상 납부하면 소유권 이전을 할 수 있다. 유입자산을 공매해 받은 자금은 금융기관의 부실채권을 매입하는 자금으로 사용되기 때문에 취득세, 등록세 등 세금을 감면해 주는 혜택도 주어진다.

수탁재산은 금융기관과 기업 등이 담보로 가지고 있는 것을 한국자산관리공사가 대신 매각해주는 물건이다. 이 경우 소유권이 한국자산관리공사에 이전되어 있지 않아 한국자산관리공사가 임의로 가격을 낮추거나 매각조건을 결정하는 등의 다양한 혜택을 기대할 수는 없다.

압류재산은 세금을 내지 않아 지방자치단체 등에 압류된 부동산이다. 따라서 한국자산관리공사에 매각을 의뢰해 조세채권을 회수하는 강제집행 절차를 밟게 된다. 압류재산은 물건의 종류가 다양하므로 일반인들이 접근하기가 가장 좋다. 매매대금이 1,000만 원 미만일 경우 매각결정기일로부터 7일 이내, 1,000만 원 이상일 경우 60일 이내에 납부하면 된다.

국유재산은 국가소유의 잡종재산을 일반인에게 임대하는 것으로 부동산 중에서는 택지와 농지가 많다. 권리금 없이 사용료만 내고 2년간 임대할 수 있다. 연간사용료가 50만 원 이상이면 4회 분할 납부도 할 수 있다.

명도책임, 경매보다 가볍다 

공매는 물건 선택의 폭이 넓은데다 일부 물건의 경우 명도책임이 한국자산관리공사에 있다. 그러므로 이런 물건을 낙찰 받으면 집이나 아파트, 토지를 점유하고 있는 사람을 내보내는 문제로 고민하지 않아도 되는 것이다.

법원경매는 명도책임이 전적으로 낙찰자에게 돌아간다. 따라서 경매에서는 권리관계를 잘못 파악하고 물건을 낙찰 받으면 명도비용이 많이 들어 수익성이 크게 악화되는 경우가 종종 있다.

반면 공매에 나오는 유입자산이나 수탁재산은 원칙적으로 한국자산관리공사나 금융기관에 명도책임이 있다. 낙찰 전까지 공공기관·금융기관에서 소유권을 갖고 있기 때문이다. 기초 지식이 부족하거나 추진 절차 등에 서툰 일반인들에게는 큰 이점으로 작용한다. 그러나 압류재산의 경우 해당 물건의 잔금이 완납되기 전까지는 체납자 소유이므로 낙찰자가 명도책임을 져야 한다는 점에 유의해야 한다. 유입자산·수탁재산 중에서도 매수자가 명도책임을 져야 하는 물건이 있으므로 낙찰 전에 반드시 확인해야 한다.

이 밖에 압류재산을 제외한 물건들은 유찰 되면 수의계약으로 매입할 수 있다.

06 공매, 부대조건을 꼼꼼히 살펴야 성공한다

공매를 통해 부동산을 매입하려면 어떻게 해야 할까? 공매 절차와 입찰 방법 등에 대해 자세히 알아보자.

한국자산관리공사에서 진행하는 공매는 신문게시공고, 입찰실시, 개찰, 낙찰, 대금납부 등의 절차로 진행된다. 따라서 공매 물건에 관심이 있는 사람이라면 한국자산관리공사가 일간신문에 게시하는 공고를 살펴보면 된다. 전자공매시스템인 온비드(www.onbid.co.kr)를 참고해도 된다. 온비드에는 물건에 대한 정보 외에 공매에 대한 전반적인 내용도 함께 소개되어 있어 일반인들도 쉽게 공매에 참여할 수 있다.

입찰하고 싶은 물건을 찾았다면 감정평가서를 열람하고, 현장을 방문하는 등 사전조사를 충분히 해야 한다. 온비드에 들어가면 감정서와 사진을 볼 수 있으므로 이를 참고하면 편리하다.

한국자산관리공사측 상담원이나 관할 관청 등에 인·허가상 문제는 없는지도 문의해봐야 한다. 특히 소유권을 이전하는데 문제가 없는지 반드시 따져봐야 한다.

입찰에 나서기로 마음먹었다면 적당한 금액을 미리 정해 놓는 것이 좋다. 모든 투자가 그렇듯이 투자비율이 지나치게 높지 않도록 해야 한다. 입찰보증금은 희망하는 응찰가의 10%이다. 입찰자 중 가장 높은 가격을 쓴 사람에게 물건이 낙찰된다. 낙찰 받지 못했을 경우 보증금은 즉시 반환된다. 유찰 된 물건 중 일부는 가장 먼저 구입하겠다고 나선 사람에게 수의계약 방식으로 매각된다. 공매현장에서 유찰 된 물건을 바로 구입해야 한다는 의사를 표시해야 하는 경우도 있을 수 있으므로 다양한 물건에 대해 사전조사를 충분히 해두는 것이 바람직하다.

물건을 낙찰 받았다면 5일 이내에 계약을 체결하는 것이 원칙이다. 다양한 대금납부 방법이 있으므로 적절히 활용하면 이자감면 등의 혜택도 따른다.

서류 분석 · 현장답사는 필수! 

공매를 통해 물건을 낙찰 받으면 여러 가지 혜택이 주어지는 만큼 유의할 점도 많다.

유입자산, 압류재산 등 공매에 나오는 종류가 다양한 데다 개별 물건에 따라 매수조건이 다른 경우가 빈번하므로 입찰 전 반드시 확인해야 한다. 물건에 따라 한국자산관리공사에서 명도책임을 지기도 하지만 낙찰자 본인에게 책임이 넘어가는 경우도 있기 때문이다. 심지어 관할 관청의 허가를 얻어야 하는 물건도 있다. 이런 요소들을 확인하지 않고 낙찰 받았다가 예상치 못한 추가 비용이 발생할 수도 있다. 이렇게 되면 일반거래를 통해 매수하는 것보다 수익률이 못 하거나 자칫 손해를 보기도 한다.

서류 분석은 물론 현장답사도 꼭 해야 한다. 서류와 실제 상황이 달라 낭패를 볼 수도 있기 때문이다. 낙찰자가 직접 철거해야 하는 무허가 건물은 없는지, 있다면 어떻게 처리해야 하는지 등도 미리 알아둬야 한다. 낙찰을 받고 이를 되팔아 명의변경을 해야 한다면 한국자산관리공사에 문의해야 한다. 물건의 종류에 따라 가능한 경우도 있고 그렇지 않은 상황도 있기 때문이다.

다른 사람이 낙찰 받은 물건을 매수하는 사람은 반드시 한국자산 관리공사의 주재하에 소정의 절차를 밟는 것이 좋다. 만약 이를 지키지 않으면 명의변경이 인정되지 않을 수도 있다.

✠ 공매 입찰시 따져봐야 할 조건 ✠

❶ 입찰할 물건이 인·허가상 문제는 없는가
❷ 입찰가가 여유자금·대출금에 적합한가
❸ 명도책임은 누구에게 있는가
❹ 서류 내용과 실제 상황이 부합하는가
❺ 추가비용을 부담해야 할 경우는 없는가
❻ 명의변경이 가능한 물건인가

07 인터넷으로 경매·공매 정보 잡기

직장인 4년차인 J씨는 요즘 한국자산관리공사가 운영하는 인터넷 공매 시스템인 '온비드' 사이트에 자주 들어간다. 공매를 통하면 시세의 70% 안팎의 싼값에 아파트를 구입할 수 있기 때문이다.
또 경매보다 절차가 간단하고 혜택이 다양한 점도 J씨가 공매에 관심을 갖는 이유이다.

지금까지는 부동산 투자를 하려면 무조건 발품을 많이 팔라는 것이 전문가들의 한결같은 견해였다. 발품을 많이 팔수록 물건을 보는 시야도 넓어지고, 기회도 생긴다는 이유 때문이다. 그도 그럴 것이 법원경매는 일일이 물건 소재지를 현장답사해 정보를 수집하는 것이 관례였다. 특히 인터넷을 통해 경매물건 정보를 얻는다는 것은 사실상 불가능했다.

물론 직접 가서 눈으로 확인하는 것처럼 좋은 것은 없다. 하지만 요즘에는 경매정보를 제공하는 인터넷 사이트가 잘 갖춰져 있는 만큼 인터넷을 이용해 부가적인 정보를 얻는다면 재테크 기회를 배가시킬 수 있을 것이다.

다양한 경매정보사이트 활용하기 

인터넷을 뒤져보면 경매 관련 정보를 제공하는 사이트들이 많다. 그 중에서도 대법원에서 제공하는 경매정보사이트(http://www. courtauction.go.kr)가 가장 공신력 있는 정보를 제공하고 있다. 이 사이트는 모든 정보 열람이 무료인데다 회원가입 같은 불필요한 절차도 없다.

대법원의 법원경매정보 사이트에서는 매각공고와 배당요구 종기공고 등에 대한 정보 검색을 할 수 있다. 매각공고는 전국 법원별로, 배당요구 종기공고는 각 경매물건의 배당 신청일을 공고일 기준으로 물건을 찾아볼 수 있다. 경매물건과 매각결과도 법원별, 물건별로 정리되어 있다.

이밖에 경매정보광장에는 민사집행법 내용과 주요 경매 관련 소송판례 등이 소개되어 있다. 그리고 일반인이 법원경매에 쉽게 참여할 수 있도록 절차와 용어, 입찰참여 요령 등도 안내하고 있다.

대법원은 경매정보 외에 등기부등본 인터넷 발급사이트(http:// www.egistry.scourt.go.kr)도 운영하고 있다. 이 사이트에서는 등기소에 가지 않고도 저렴한 비용으로 등기부등본 열람을 할 수 있다.

이 밖에 디지털태인이나 지지옥션 등 민간 업체들도 엄선된 경매정보를 제공하고 있다.

인터넷으로만 공매에 참여할 수 있다 

2004년 10월부터 현장 공매가 사라지고 인터넷으로만 공매가 진행되고 있다. 따라서 한국자산관리공사가 운용하는 인터넷 입찰시스템 '온비드'에 가입한 후 본인임을 증명하는 공인인증서를 발급받아야만 공매에 참여할 수 있다.

인터넷 공매는 오프라인 공매보다 시간이 덜 드는 데다 업무담당자와 입찰자간 사전 담합을 원천 봉쇄할 수 있다는 장점이 있다. 최저입찰가의 10%에 해당하는 입찰보증금을 인터넷 뱅킹을 통해 송금할 수 있기 때문에 거액을 들고 이동해야 하는 불편도 줄일 수 있다.

하지만 공매 입찰 전에 반드시 현장을 찾아 입지를 살펴봐야 한다. 도시계획확인원이나 권리관계, 임대차관계 등도 꼼꼼히 분석해야 실패하지 않는다.

Tip

✠ 주요 경매 관련 사이트 ✠

대법원 경매정보 - www.courtauction.go.kr
부동산태인 - www.taein.co.kr
지지옥션 - www.ggi.co.kr
부동산네트 - www.boodongsan.net
경매코리아21 - www.kor21.com
하우스딜 - www.housedeal.co.kr

제2장 부동산 간접투자상품

부동산 간접투자 상품

부동산 간접투자시대가 활짝 열렸다

부동산 투자를 하고 싶지만 정작 어떻게 해야 할지 모르는 사람들이 많다. 얼마 안 되는 여유자금으로 투자할 만한 상품이 있는지, 투자했다가 자칫 돈만 떼이는 것은 아닌지 걱정거리도 한두 가지가 아니다.

하지만 이제 이런 걱정은 접어도 될 듯 하다. 적은 돈으로도 부동산에 간접투자 할 수 있는 부동산 간접투자시장이 활기를 띠고 있기 때문이다.

간접투자는 부동산에 직접 투자하는 것만큼 투자수익이 크지는 않지만 정기예금 금리보다 높은 수익률을 기대할 수 있다. 부동산·금융 전문가들이 분산투자 등 위험관리를 하기 때문에 손해를 볼 염려도 별로 없다.

간접투자상품에는 어떤 것이 있는가 

부동산 간접투자는 개인이나 기관이 전문 부동산 투자회사(자산운용사)에 돈을 맡겨 부동산에 투자하여 그 수익금을 돌려 받는 투자방식을 말한다. 그러므로 수억 원에 달하는 아파트 매입이나 개발사업에 직접 참여하기 어려운 소액 개인 투자자들이 관심을 가져볼 만하다. 국내에 선을 보인 부동산 간접투자상품으로는 리츠와 부동산투자신탁, 부동산펀드가 있다.

리츠(REITs. 부동산투자회사)는 부동산 투자를 목적으로 하는 뮤추얼펀드형 투자상품이다. 공모를 받거나 상장된 리츠 주식을 일반 주식처럼 증권사를 통해 거래하면 된다.

부동산투자신탁은 은행이 투자자들의 돈을 모아 부동산업체의 프로젝트금융(개별 부동산 사업에 대한 벤처식 대출)을 하고 수익금을 돌려주는 상품이다. 상품이 발매되면 몇 초 만에 매진될 정도로 인기가 높다. 하지만 워낙 간헐적으로 발매되는 데다 저금리와 부동산 경기 침체 등으로 앞으로는 상품 출시가 어려울 전망이다. 2004년 10월 현재도 판매되고 있는 상품이 없다.

부동산펀드는 2004년 4월 간접투자자산운용법이 시행되면서 본격적으로 선을 보였다. 리츠보다 투자 대상이나 방식이 다양한 데다 투자조건도 간단해 인기를 끌고 있다. 일반 투자자들은 초기 펀드 설정 때 투자허가나 펀드 모집 후 거래소에 상장된 펀드를 매매하는 방식으로 투자할 수 있다.

부동자금이 몰릴 조건이 갖춰졌다 

아파트, 토지 등 직접투자에 대한 규제가 강화되고 있는 반면 간접투자 환경은 개선되고 있다. 정부가 자산운용법에 따른 부동산 펀드 판매를 허용한데 이어 리츠에 대한 규제도 대폭 완화하는 방안도 추진하고 있기 때문이다.

리츠 투자 규제가 완화되면 2004년 연말부터는 리츠회사의 자본금이 500억 원에서 250억 원으로 낮아지고 수익성 높은 개발사업도 허용된다. 부동산펀드의 경우 증권사 등 금융기관들이 상품개발에 한창인 만큼 시장이 빠른 속도로 확대되고 있다.

전문가들은 부동자금이 부동산 간접투자시장으로 몰릴 수 있는 조건이 갖춰지고 있는 만큼 부동산 투자 패턴이 바뀔 것으로 예상하고 있다. 또한 2007~2008년쯤에는 간접투자상품 규모가 20조~30조 원으로 늘어날 것이라는 전망도 나온다.

여웃돈으로 접근해야 한다 

부동산 간접투자상품은 직접투자보다 안정성이 높은 대신 수익은 다소 낮은 것이 특징이다. 원칙상 원금이 보장되지 않는 만큼 투자의 초점이 가능한 안전하면서도 수익을 많이 낼 수 있는 방향으로 맞춰져 있다.

하지만 개발사업에 대출 투자했다가 후분양시 경기 악화로 미분양이 발생하면 투자자는 손실을 보게 된다. 오피스빌딩에 투자한 리츠도 빌딩 임대료가 하락하면 배당액이 줄고 빌딩 매각 가격이 더 떨어질 수 있다.

따라서 이를 대비해 어떤 보완책이 있는지 확인하는 것이 중요하다. 자산운영사나 투자자산구성 등이 꼼꼼한 지 살피는 것은 기본 사항이다. 리츠와 부동산펀드 두 가지 모두 환금성이 떨어지는 만큼 대출이 아닌 여윳돈으로 투자하는 것이 좋다.

부동산 간접투자상품의 차이점

구 분	부동산펀드	리츠	부동산투자신탁
자산운용사	자산운용사, 은행, 보험 등 금융기관	자산관리회사	은행
운영 방식	자금을 모아 부동산에 투자한 뒤 들어온 수익을 투자자에게 돌려줌		
투자방법	아파트 · 빌라 · 펜션 개발 사업자에게 투자, 빌딩매입 임대, 개발 사업 직접 시행 (펀드의 30% 이내)	개발사업을 직접 시행 (자본금의 30% 이내) 할 수 있으나 주로 부동산 매입 임대	주로 아파트 건설 사업자에게 대출
중도 환매 여부	공모형의 경우 증권 처분으로 환매 가능		환매 불가(단, 급전 필요시 은행대출 가능)
투자자 보호장치	주주총회 및 공시의무 등으로 투자자 보호		없음
최소 규모	없음	500억 원	없음

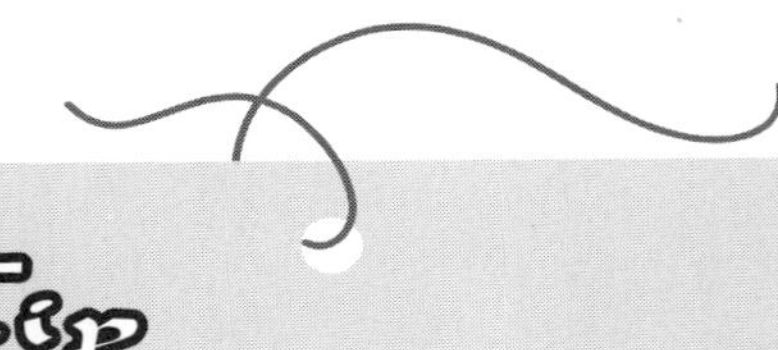

✠ 부동산투자신탁, 사라지나 ✠

부동산투자신탁 관련법인 신탁법이 간접투자자산운용법으로 통합되면서 은행이 부동산신탁을 하기 위한 조건이 까다로워졌다.

이에 따라 발매 몇 분 만에 판매가 완료되는 인기를 지속했던 은행권 부동산투자신탁도 사라질 것으로 보인다. 200억~1,000억 원대에 이르는 대규모 아파트 및 주상복합아파트 개발자금 조달을 위해 은행권이 지난 2000년부터 취급해 온 인기상품이 만 4년 만에 자취를 감추게 되는 셈이다.

은행 신탁팀 관계자에 따르면 새 간접투자자산운용법에 맞춰 은행에서 부동산투자신탁을 취급하려면 주주총회 승인이 필요한 등기임원을 선임해야 하는 등 자산운용사와 비슷한 별도 조직을 갖춰야 한다. 따라서 기존 조직도 규모를 줄이는 은행권으로서는 신탁사업 운영이 부담스러울 수밖에 없는 것이다.

간접투자자산운용법이 시행된 이후 발매된 부동산투자신탁 상품이 없는 것도 이런 이유 때문이다.

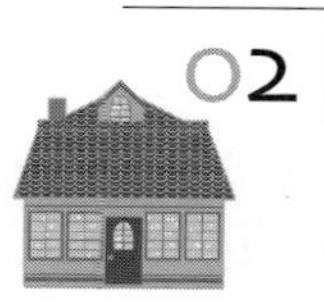

부동산펀드,
어떻게 이루어지는가

리츠와 부동산투자신탁은 부동산펀드가 선보이기 전부터 운용된 부동산 간접투자상품이다. 하지만 리츠와 부동산투자신탁은 각종 제한으로 상품 출시가 쉽지 않았고 간접투자시장에 활기를 불어넣지 못했다. 실제로 리츠는 500억 원 이상 자본금을 채워야 하고, 은행권 부동산투자신탁은 투자대상이 국한되었었다.

이런 틈을 비집고 부동산펀드가 부동산 간접투자시장에 새로운 돌파구를 마련할 것으로 보인다. 투자규모는 물론 투자대상, 투자방식 등이 다양해 상품 출시가 잇따르고 있다. 특히 정부의 각종 규제로 부동산시장이 침체를 맞고 있는 상황이어서 부동산펀드는 투자자들과 시중 부동자금을 끌어들이는 대체투자상품으로 자리매김 할 수 있을 것으로 보인다.

부동산펀드, 이렇게 이루어진다 

　부동산펀드는 투자자들이 자산운용사 펀드에 투자금을 맡기면 그 펀드가 부동산에 투자하고 운용수익을 배분하는 상품이다.

　부동산펀드는 주식형 및 채권형 펀드나 수익증권과 상품 구조가 똑같다. 주식형 펀드가 주식에 투자하고 채권형 펀드가 채권을 주요 투자대상으로 하는 것처럼 부동산펀드는 투자자들의 돈을 대부분 부동산에 투자하는 것이다.

　기존 리츠나 부동산투자신탁보다 투자대상이 넓고 투자자 모집이나 운용에 대한 규제가 적다는 것도 특징이다. 리츠는 오피스빌딩 등 기업구조조정용 부동산에 투자해 임대수익을 내는 것이 보통이지만 부동산펀드는 오피스빌딩은 물론 아파트, 상가, 오피스텔, 펜션, 빌라 등 다양한 상품에 투자할 수 있다.

　투자방식도 부동산 개발에서 매입, 임대사업, 프로젝트 파이낸싱, 자산유동화증권(ABS) 등 여러 가지가 있다. 주식 편입비중 등에 따라 위험과 수익이 반비례하듯이 부동산펀드도 마찬가지이다. 빌딩 임대수익은 안정적이지만 수익이 많지 않은 반면 개발사업은 사업위험이 크지만 수익이 클 수도 있다.

　주식 관련 뮤추얼펀드처럼 원금보존형, 고수익추구형 등 다양한 내용의 상품 출시가 가능하다. 투자금액이 큰 '큰 손' 투자자들을 위한 사모펀드도 나올 예정이다.

　일반인들은 펀드가 구성될 때 일반공모를 통해 투자하거나 펀드가 설정된 뒤 증권거래소에 상장된 수익증권을 매입할 수도 있다. 수익증권 상품이 발매되면 지정 증권사나 은행에 들러 원하는 금액을 가입하면 된다.

투자금액에 제한이 없는 만큼 소액투자자들도 자금여력에 맞게 투자할 수 있다. 부동산펀드는 '간접투자자산운용업법'에 따라 부동산을 취득할 경우 취득세, 등록세를 절반으로 감면해 주는 혜택도 주어진다. 연간 수익률은 은행금리보다 높은 보통 7~8% 수준이다.

부동산펀드 투자시 유의 사항 

투자에 관심이 있는 사람이라면 은행 금리보다 수익률이 높고 소액 투자도 가능한 부동산펀드에 관심을 가져봤을 것이다. 하지만 수익이 큰 만큼 위험도 크다는 사실에 각별히 유의해야 한다.

자산운용사들은 부동산이 가지는 특성을 들어 고수익, 안정성을 강조해 상품을 판매한다. 하지만 원금보장형 혹은 수익보장형 상품이 아니면 투자 결과에 대해서 그 누구도 책임지지 않는다. 투자한 상품이 높은 수익을 기록하면 다행이지만 펀드의 수익성이 하락해 손실을 볼 수도 있는 것이다. 따라서 자산운용사가 제시하는 목표 수익률에 현혹되면 안 된다.

투자기간 중 중도해지가 되지 않는다는 점도 미리 알아둬야 할 사항이다. 주식시장에서 수익증권으로 거래할 수 있지만 주식이나 채권 같은 유가증권에 비해 환금성이 떨어지는 것이 사실이다. 따라서 장기적 관점에서 여윳돈으로 투자하는 것이 바람직하다.

투자 전 자산운용사의 사업 능력을 따져보는 것은 기본이다. 금융뿐만 아니라 부동산에 대한 전문가 수준의 식견과 이해력을 갖추고 있어야 한다. 투자대상 부동산의 사업성 여부도 분석해 봐야 한다. 경기 동향은 물론 정부의 부동산 정책 방향, 프로젝트를 진행할 시행사나 시공사의 경영상태 등도 꼼꼼히 분석해 본다. 투자 운용이 잘못되어 손실이 날 경우 자산운용사들이 어떤 보완책을 마련했는지도 확인해야 한다.

✠ 부동산펀드, 이것만은 따져보자 ✠

❶ **부동산펀드를 운용하고 관리할 전문 인력을 갖춘 자산운용사인가**
부동산펀드는 사업을 분석하고 상품구조를 짜는 펀드매니저의 성과에 따라 결과가 달라진다. 정확하고 객관적인 사업 분석은 물론 진행과정에서 발생하는 각종 위험요소에 대응할 수 있는 매니저의 역량이 중요하다.

❷ **추진할 프로젝트의 사업성은 충분한가**
각종 안전장치를 설계해 놓았다고 해도 사업자체가 부진하다면 높은 수익을 낼 수가 없다. 사업 시행사나 시공사는 믿을 만한 곳인지, 장기적으로 유망한 사업인지 따져봐야 한다.

❸ **펀드 유형이 자신의 조건과 맞는가**
만기, 수익률, 환매여부 등 기본적인 펀드 정보를 따져보는 것은 기본이다. 투자유형이 다양하므로 추진할 프로젝트가 자신의 투자성향에 맞는지도 확인해야 한다.

❹ **고수익에 대한 막연한 기대를 가지고 있는가**
부동산펀드는 고수익에 대한 기대보다는 자산배분 차원에서 접근하는 것이 바람직하다. 2~3년 이상 장기투자해야 하는 데다 원금보장이 되지 않는 상품이기 때문이다.

03 날개 돋친 듯 팔리는 부동산펀드

2004년 4월 간접투자자산운용법이 시행된 이후 부동산펀드 상품이 잇따라 출시되어 날개 돋친 듯이 판매되고 있다. 2004년 5월 말 첫 상품이 발매된 이후 9월초까지 부동산펀드 설정규모는 4,000억 원에 달한다. 이처럼 부동산펀드가 폭발적인 인기를 끄는 이유는 무엇보다 높은 수익률을 보장하기 때문이다. 각 금융기관들이 제시하고 있는 부동산펀드의 연 수익률은 7%+α이다. 3% 수준의 은행 정기예금 금리보다 배 이상 높다. 최근 몇 년간 아파트를 중심으로 부동산 가격이 급등한 전례가 있는 데다 주식보다 안전하다는 인식이 강하게 자리잡고 있기 때문이다.

2004년 5월말 맵스자산운용이 업계 처음으로 선보인 '맵스프런티어 부동산투자신탁1호'는 판매한 지 사흘 만에 450억 원의 모집금액을 거뜬히 채웠다.

맵스프런티어는 경기도 파주 교하 출판문화단지 내에 들어서는 고급 빌라단지(137가구)에 투자한다. 개인별 투자금액 제한은 없고 예상 수익률은 7%이다. 투자기간은 2년이며 중간에 펀드를 해지할 수 없다. 단, 투자자들은 상장된 수익증권을 사고 팔아 중간에 투자금을 회수할 수는 있다. 투자이익 배분은 6개월 단위로 하고 추가이익이 발생하면 또 배분된다.

비슷한 시기에 한국투신운용이 판매한 '부자아빠 하늘채 부동산 투자신탁 1호' 역시 공모액(500억 원)의 두 배를 웃도는 1,000억 원이 모였다.

경기도 용인시 신행정타운에 들어서는 상가지구에 코오롱건설이 시공하는 2200여 가구 규모의 아파트 신축사업이 투자대상이다. 투자기간은 2년~2년 6개월로 수익 안정성에 운용 초점이 맞춰져 있다. 최소 가입액은 1,000만 원, 수익은 연 7.1% 수준이다. 운용 수익은 6개월 단위로 지급된다.

한국투신운용과 같은 프로젝트에 투자할 목적으로 국민은행이 대우증권, 굿모닝신한증권 등과 공동으로 출시한 부동산펀드는 하루 만에 모집금액인 300억 원어치가 모두 팔렸다.

자산운용협회에 따르면 2004년 10월 현재 부동산펀드 상품을 출시한 자산운용사 가운데 한국투신운용이 1,090억 원 규모의 부동산펀드를 조성하여 규모가 가장 크다. 다음으로 KTB자산운용(750억 원), 맵스자산운용(750억 원), 마이에셋자산운용(350억 원), 골든브릿지(250억 원) 등의 순이다.

이 밖에 맵스자산운용은 주차장을 매입해 리모델링 한 후 상가와 주차장으로 운용하여 수익을 내는 임대형 부동산상품을 출시한다. 이 상품은 기관과 법인 등 기관투자자들을 대상으로 한 사모펀드로 운영할 방침이다.

한화투자신탁운용도 임대수요가 많은 여의도 소재 신송빌딩과

중림동 소재 디오빌딩 등 오피스빌딩을 매입해 임대수익을 내는 사모펀드를 내놓는다.

해외부동산펀드도 나온다. 한국투자증권은 미국 LA지역 주택단지 개발에 참여해 분양 이익을 투자자에 돌려주는 상품 출시를 추진하고 있다. 시행사나 건설업체에 자금을 대출하는 방식이 아니라 분양사업에 직접 투자하는 것이 특징이다.

✠ 고급빌라 건설사업에 투자하는 국내 첫 부동산펀드 ✠

국내 첫 부동산펀드 상품은 맵스자산운용이 2004년 5월말 출시한 '맵스프런티어 부동산투자신탁 1호' 이다.

경기도 파주 교하 출판문화단지 내에 들어서는 대규모 고급빌라 단지 건설사업에 투자하는 상품으로 펀드 규모는 450억 원이다. 투자기간은 2년이며, 중간에 펀드를 해지하고 돈을 돌려 받을 수 없다. 단, 상장된 수익증권은 팔 수 있다.

투자자들에게 돌아가는 목표 수익률은 약 7%이다. 펀드에 5,000만 원 이상 가입하는 사람에게는 빌라가 미분양될 경우 5% 할인된 가격으로 분양 받을 수 있는 권리도 주어진다.

일산 MBC빌리지를 개발했던 JBS가 사업 시행을 하고 삼성중공업이 공사를 맡는다. 분양은 2005년 8월쯤이다.

사업 위험을 줄이기 위해 분양 수입금 계좌를 시행사와 공동관리하고 사업부지 처분신탁 및 수익증권증서에 1순위 질권을 설정했다. 만약 시행사 부도 등의 문제가 생길 경우 시공사인 삼성중공업이 채무를 인수하고 공사를 마치도록 계약했다.

04 부동산펀드 유형, 갈수록 다양화

부동산펀드의 인기가 높아지면서 펀드의 유형도 다양해지고 있다. 이들 펀드는 모두 부동산펀드로 불리지만 운용방식이 달라 수익률은 큰 차이가 날 수 있다.

부동산펀드는 여섯 가지 유형으로 나뉜다. 프로젝트파이낸싱(PF)형 펀드, 임대형 펀드, 실물투자형 펀드, 해외 부동산펀드, 펀드 오브 펀드, 개발사업 펀드 등이 그것이다.

우선 부동산 개발사업 자금을 대출해 주고 이자를 받아 가는 '프로젝트파이낸싱(PF)형 펀드'가 가장 많은 비율을 차지하고 있다. 맵스자산운용과 한국투신운용이 운용을 맡은 펀드도 각각 경기도 파주 교하지구, 용인 삼가지구 아파트 건설자금으로 대출되었다. 하지만 프로젝트파이낸싱형 펀드는 사실 대출 중심으로 운용된다는 점에서 과거 은행권에서 판매하던 부동산투자신탁과 크게 다르지 않다. 또 신규 아파트 분양시장이 차갑게 얼어붙는 등 수익이 악화될 수 있다는 우려의 목소리가 높아지고 있다. 따라서 수익구조를 다른 방향으로 전환하는 펀드들이 늘고 있는 추세이다.

그래서 오피스빌딩, 상가, 주차장 등 전형적인 임대용 상품을 매입해 임대한 뒤 수익을 배분하는 '임대형 펀드' 출시도 잇따르고 있다. 한국투신운용과 한국투자증권은 서울 강남구 압구정역 근린상가를 매입해 임대하는 '부자아빠 배너하임 펀드'를 출시하여 판매를 마쳤다. 2년 만기에 목표수익률은 7.7%. 맵스자산운용도 명동 밀리오레 주차타워를 사들여 리모델링 한 후 일부를 상가로 임대하는 새 상품을 내놓는다.

빌딩 등 실물자산에 투자하여 임대수익은 물론 일정기간 보유한 뒤 다시 매각했을 때 생기는 시세차익을 노린 '실물투자형 펀드'도 있다. KTB자산운용이 내놓은 '아시아 넘버 원 코리아 퍼스트' 펀드가 대표적인 상품이다. 이 펀드는 옛 한나라당 당사를 매입해 연 10%의 수익을 올릴 것으로 예상하고 있다.

해외부동산에 투자하는 펀드의 경우 국내 부동산 대상의 부동산 펀드(7~8%)보다 투자수익이 높을 것으로 예상된다. 개발 초기부터 실물 부동산에 직접 투자해 분양 및 임대 수익을 얻기 때문이다. 한국투자증권이 출시할 미국 LA에 있는 주택단지에 부지조성 단계부터 참여, 분양을 통한 개발이득을 돌려주는 상품이 여기에 해당된다.

펀드 오브 펀드란 직접 투자하지 않고 이미 운용중인 펀드에 간접투자하는 형태이다. LG투자증권이 선보인 해외 부동산펀드는 부동산에 직접 투자한 것이 아니라 일본 리츠에 투자하는 방식이었다. 삼성투신운용도 아메리칸퍼시픽홈 펀드 등이 운용하는 해외 부동산펀드에 간접투자하는 형태인 펀드 오브 펀드 상품을 준비하고 있다.

개발사업 펀드는 토지 매입부터 개발, 분양을 직접 하는 방식이다. 요즘 같은 부동산시장 침체기에는 수익을 내기가 어려운 만큼 펀드 상품 개발이 주춤하지만 경기가 좋아지면 개발사업 펀드가 잇따라 선보일 전망이다.

자신에게 맞는 펀드 유형을 골라라 

일반적으로 개발사업 펀드, 실물구입 펀드, 프로젝트파이낸싱 펀드, 임대사업 펀드, 펀드 오브 펀드 등의 순으로 수익률이 높다. 투자위험 역시 수익률 순으로 높다고 보면 된다.

예를 들어 개발사업 펀드는 개발이익을 포함해 높은 수익을 올릴 수 있지만 부동산 경기가 나빠질 경우 투자원금을 날릴 수도 있다. 하지만 운용중인 펀두에 간접투자하는 방식의 펀드 오브 펀드는 투자할 펀드의 수익률을 충분히 검토한 뒤 목표 수익을 정하기 때문에 안정적인 수익을 기대할 수 있다.

따라서 부동산펀드의 유형별 특성을 살펴 자신의 성향에 맞는 상품을 골라야 한다.

05 리츠 투자,
어떻게 하는가

리츠는 투자자들의 자금을 모아 부동산에 투자하여 운용 수익을 투자자들에게 돌려주는 대표적인 간접투자상품이다.

어떤 물건에 투자하느냐에 따라 일반리츠와 CR리츠(기업구조조정리츠)로 나뉜다. CR리츠는 구조조정으로 시장에 나온 물건에 투자하는 리츠로 한시적으로만 존립하는 페이퍼컴퍼니다. 법인세가 면제되고 주주에 대한 배당 제한이 없어 투자자들에게 인기가 많다. 또 일반리츠와 달리 부동산을 산 뒤 2년 안에 팔 수 있고 대량환매 등으로 대금 지급이 일시적으로 곤란할 경우 차입도 할 수 있다.

일반리츠는 투자대상에 제한이 없지만 법인세 감면혜택이 없다.

리츠 상품 현황

지난 2001년 7월 리츠법이 시행된 후 2004년 9월 현재까지 리츠 시장은 CR리츠만으로 겨우 명맥을 유지하고 있다. 이 기간 일반리츠는 최저자본금과 법인세 등 진입장벽이 높아 단 한 곳도 설립되지 않았다. 코리아리츠와 에이팩 등이 리츠회사 예비인가를 받았지만 일 반공모에 실패하여 결국 본인가를 받지 못했다.

CR리츠는 오피스빌딩, 상가 등 금융권 및 대기업의 구조조정용 부 동산을 사들여 임대사업을 한 뒤 그 수익을 투자자에게 돌려주는 상 품으로 2004년 10월 현재 국내에 9개가 설립되어 있다. 총자산은 1조 3,900억 원으로 현재 9개 중 7개사의 주식이 증권거래소에 상장되어 거래되고 있다. 상장된 상품으로는 교보메리츠와 코크렙1, 2, 3호 및 리얼티코리아1호, 유레스메리츠1호, 멕쿼리센트럴오피스 등이 있다.

상장되지 않은 2개사는 'K1리츠'와 '코크렙4호'로 K1리츠는 몇몇 특정인들에게 투자금을 받는 사모형태여서 일반 투자자들이 참여하 기는 어렵다. 코크렙4호는 2004년 4월에 설립인가를 받았으며 서울 시 중구 남대문로 YTN타워와 서초구 서초동 한솔M.COM빌딩에 투 자할 계획이다. 2년 이내에 공모를 실시하고, 2년 뒤에는 주식을 상장 할 예정인 만큼 일반인들도 관심을 가져볼 만하다.

리츠 투자는 어떻게 하는가 

일반인들이 리츠 상품에 투자하려면 공모주 청약에 참가하거나 상 장된 리츠 주식을 증권사를 통해 구입하면 된다.

리츠는 일반적인 주식과 달리 시세차익보다는 배당수익률이 중요 하기 때문에 액면가로 배정되는 공모주를 구입하는 것이 수익률면에 서 유리하다. 공모주에 청약하면 시세차익은 물론 배당할 때 세금감면 혜택도 받을 수 있다.

공모주 청약은 최소 100주 단위로 신청을 받는다. 보통 액면가가 5,000원이므로 최소 50만 원은 있어야 청약할 수 있다.

청약경쟁률에 따라 주식을 배정 받는다. 1억 원어치를 청약했는데 경쟁률이 10 대 1이라면 1,000만 원어치만 배정 받게 되는 셈이다.

그러나 리츠 상품은 워낙 간헐적으로 출시되기 때문에 아무 때나 공모 받을 수는 없다.

공모 계획이 없는데 리츠 상품에 투자하고 싶다면 증권거래소에 상장된 주식을 구입하면 된다. 다만 상장된 주식은 액면가 이상 오른 금액으로 사더라도 액면가에 대해서만 배당을 받는다는 점에 유의해야 한다. 액면가 5,000원, 배당수익률 10%인 상품을 5,300원에 구입했다면 수익률이 0.6%만큼 줄어 9.4%를 배당 받는 셈이다.

출시된 리츠 상품

(단위 : 억 원)

리츠 상품	자본금	총자산	주요 투자자산
교보메리츠퍼스트	840	910	등촌동연수원, 사직동삼익아파트, 덕천동사원아파트, 내동사원아파트
코크렙1호	1,330	2,355	한화빌딩, 대아빌딩, 대한빌딩
K1	1,475	1,881	디오센터, 신송센터, 동진빌딩, 케이원빌딩, 대흥빌딩, 시그마타워
코크렙2호	560	1,129	명동빌딩
리얼티코리아1호	660	1,437	로즈데일빌딩, 엠바이엔빌딩, 세이백화점
유레스메리츠1호	500	1,233	세이브존성남점, 세이브존노원점, 세이브존대전점, 한신스포츠센터, 장유아쿠아웨이브
코크렙3호	680	1,589	한화증권빌딩, 아이빌힐타운
맥쿼리센트럴오피스	763	1,649	극동빌딩
코크렙4호	760	1,809	YTN타워, 한솔M.COM빌딩

❈ 리츠법, 어떻게 바뀌나 ❈

리츠 설립 기준을 완화한 리츠법 개정안이 2005년 시행될 것으로 알려지면서 리츠에 대한 투자자들의 관심이 높아지고 있다. 정부의 잇따른 규제로 집값 약세가 이어지는 등 부동산 직접투자에 대한 메리트가 사라진 것도 리츠를 통한 간접투자 투자 수요 증가에 한몫 하고 있다.

건설교통부는 일반리츠 활성화를 위해 우선 페이퍼컴퍼니 형식으로 설립할 경우 법인세를 면제할 방침이다. 최저 설립자본금을 500억 원에서 250억 원으로 낮추고, 자본금의 50% 한도 내에서 현물 출자를 허용하는 등 규제도 대폭 완화한다. 또한 금지되었던 차입 및 사채발행을 자기자본의 2배 이내까지 허용하는 한편 설립인가 절차도 간소화한다.

리츠가 투자할 수 있는 대상을 넓히고, 투자규모도 자기자본의 30% 이내에서 총자산의 30%로 확대한다. 따라서 리츠법이 개정되면 호텔리츠, 병원리츠, 임대형리츠, 콘도리츠, 개발사업리츠 등 다양한 상품이 속속 선보일 전망이다.

06 리츠 투자수익률은 연 8~10%

리츠는 직접 자산을 운용하거나 전문 자산운용회사에 맡겨 수익을 낸다. 투자자들에게 시중은행 금리 이상의 수익을 돌려줘야 하기 때문에 일시적인 수익보다는 장기적이고 안정적인 수익을 투자목표로 한다.

리츠가 자산을 운용하는 방법으로 부동산 매매, 임대, 개발 등이 있다. 매매수익은 부동산을 매입해 가격이 오르면 되팔아 차익을 얻는 것이다. 하지만 단순 매각을 통해 시세차익을 얻는 것은 투기를 부추긴다는 지적에 따라 법으로 제한되고 있다.

임대수익은 가장 대표적인 자산운용법이다. 현재 상장된 리츠 상품들도 대부분 이 방식으로 자산을 운용하고 있다. 부동산을 매매하거나 개발하는 것보다 가장 안정된 수익을 올릴 수 있기 때문이다. 건물을 매입해 단순히 세만 놓는 것이 아니라 시설 관리 서비스를 제공하고 그에 대한 대가로 임대료를 받는다.

직접 운용하지 않고 부동산 관련 유가증권에 투자하거나 금융기관에 예치하는 경우도 있다.

은행 금리보다 훨씬 높은 투자수익률 

리츠 수익은 배당이익과 주가상승이익으로 이뤄진다. 미국의 경우 지난 10년간 리츠 수익이 연 평균 14% 이상 되었다. 배당수익과 주가수익이 각각 7% 안팎을 기록했기 때문이다.

일본 리츠는 연 평균 수익률이 3%대로 미국보다 낮지만 은행 예금 금리보다는 높다.

우리 나라의 리츠 수익률은 연 8~10% 정도로 은행의 정기예금 금리(3년 만기 3.7~4.7%)는 물론 채권 금리(3년 만기 국고채 4.49%)보다 높다.

증권업계에 따르면 2004년 7월말 현재 주식시장에 상장된 주요 리츠의 연평균 배당수익률은 리얼티코리아1호 8.5%, 코크렙1호 10.34% 등으로 은행 예금의 2배가 넘는다. 5년 예상 배당률도 교보메리츠 8.04%, 코크렙2호 11.49%, 리얼티코리아1호 11.67%, 유레스메리츠1호 11.0% 등으로 시중금리에 비해 훨씬 높은 수준이다.

투자자들은 6개월마다 나오는 배당금으로 수익을 올린다. 회사가 설립된 후 5년이면 청산하므로 모두 10번의 배당을 받을 수 있다.

주식을 팔 경우 매입가보다 높은 가격에 팔아 수익을 낼 수도 있다. 하지만 주가 변동이 크지 않은 만큼 큰 시세차익을 기대하기는 어렵다.

사업 분석을 꼼꼼히 해야 성공한다 

　리츠의 배당수익률(배당금÷주가×100)은 사업 성과에 따라 다르다. 같은 회사가 운영하더라도 사업 대상과 방식에 따라 배당수익률이 크게 차이나기도 한다. 같은 코람코가 운영하지만 코크렙1호는 시가배당을 하고, 2호는 현금배당을 하지 않은 경우도 있다. 따라서 최근 결산기 수익률만 보고 투자할 리츠 상품을 골라서는 안 된다. 사업계획에 따라 결산기별 배당 목표가 달라지기 때문이다. 창업비용 회계 방법에 따라서도 수익규모와 배당률이 달라진다.

　상장된 리츠의 특징을 살펴보면 맥쿼리센트럴오피스와 코크렙2, 3호는 고수익-고위험형이다. 유레스메리츠1호와 교보메리츠는 저수익-저위험형, 리얼티코리아1호와 코크렙1호는 중도형 등으로 분류된다.

　리츠별 수익률과 사업대상, 사업방식을 꼼꼼히 따져보고 자신에게 맞는 상품을 선택해야 한다.

　금융감독원 전자공시시스템(http://dart.fss.or.kr)에 접속하면 자세한 사항을 확인할 수 있다.

07 리츠 투자시 체크해야 할 사항

리츠법이 개정되면 부동산펀드, CR리츠에 이어 일반리츠 상품이 봇물을 이룰 것으로 전망된다. 투자상품이 다양해지면 투자자들의 선택의 폭이 넓어지지만 그만큼 따져봐야 할 사항들도 많아진다. 투자 방법과 시기, 상품 등을 잘 선택했는지 여부에 따라 투자결과가 달라지기 때문이다.

공모에 참여할지, 주식을 구입할지를 결정한다

리츠는 발행 주식의 30% 이상을 일반인에게 공모해야 한다. 투자자라면 리츠회사 설립 때 공모주에 청약할지, 리츠가 증권거래소에 상장하면 주식을 살 지 결정해야 한다. 상장 주식을 구입하는 것은 안전하기는 하지만 공모가보다 오른 가격으로 거래할 경우 투자금액이 커져 공모주를 받는 것보다 수익률이 떨어진다.

믿을 만한 업체인가를 확인한다 

　리츠가 설립되려면 정부의 인가를 받아야 한다는 사실을 염두에 두고 인가 받지 않은 업체의 선전광고에 넘어가지 않도록 조심한다. 경영진이 부동산은 물론 금융시장의 흐름을 읽고 제대로 분석할 능력을 갖췄는지도 확인해야 한다. 발기인으로 참여한 개인이나 법인의 부동산 운용 경력, 인지도, 신용상태 등은 어떤지 따져보는 것은 기본이다. 초기 부채비율이 낮고 경영정보를 시장에 꾸준히 공개하는 리츠에 투자하는 것이 좋다. 주주와 이사회, 경영진간 마찰이 잦은 곳은 피해야 한다. 외부 전문가들도 리츠 투자수익률을 가르는 요인이다. 외부 전문가 그룹이 능력 있는 변호사와 회계사 컨설턴트 등으로 구성되어 있으면 투자자들의 신뢰를 높여 수익률에 긍정적으로 작용한다.

사업성은 있는지, 수익률은 적정한지 따져본다 

　사업 및 투자설명서를 통해 투자 위험성 및 사업성을 반드시 검토해야 한다. 전문가들은 사업 포트폴리오상 다양한 상품에 분산 투자하는 리츠도 있지만 한 가지 상품에 집중 투자하는 리츠가 낫다고 조언하고 있다.

　리츠 회사가 투자자를 모으려면 매년 7% 이상 배당을 하고 10% 이상의 투자수익률은 올려야 한다. 하지만 이런 수익을 낼 만한 물건은 많지 않은 상황이다. 리츠 시장이 활기를 띠지 못하는 이유도 우량 물건을 찾기가 어렵기 때문이다.

리츠 주식은 원금 손실이 생길 수 있는 상품이다. 또 일반 주식처럼 시세에 큰 변동이 없다. 따라서 상식 밖의 높은 수익을 내세우거나 확정수익률을 보장하는 광고에 현혹되면 안 된다.

환금성이 떨어지지는 않는지 따져본다 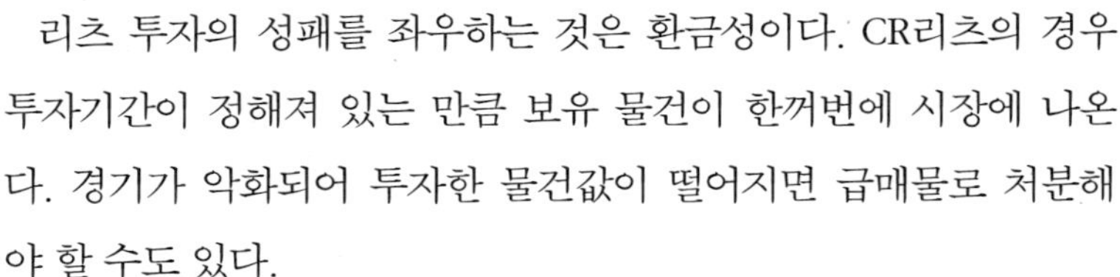

리츠 투자의 성패를 좌우하는 것은 환금성이다. CR리츠의 경우 투자기간이 정해져 있는 만큼 보유 물건이 한꺼번에 시장에 나온다. 경기가 악화되어 투자한 물건값이 떨어지면 급매물로 처분해야 할 수도 있다.

리츠시장이 아직 초기 단계인 만큼 팔고 싶어도 매수인이 없어 낭패를 볼 수도 있다. 목돈을 투자하기보다는 소액을 분산 투자해 돈이 묶이는 일이 없도록 한다.

배당시기가 언제인가 

리츠 투자의 최대 단점은 유통 물량이 적다는 것이다. 공모 주식의 절반 이상은 기관이 보유하는 데다 배당이익을 노린 장기 투자자가 많기 때문이다. 따라서 공모 때는 리츠 주식에 투자하기에 가장 좋은 시기이다. 이미 상장된 리츠라면 배당을 전후한 시점이 적당하다. 보통 때보다 배당시기 전후에 물량이 많이 나오는 만큼 이를 노려볼 만하다.

Tip

리츠 투자에 성공하려면

❶ 공모에 참여할지, 상장된 주식을 구입할지 결정해야 한다.
❷ 리츠 회사가 믿을 만한 업체인지 꼼꼼히 따져봐야 한다.
❸ 경영진과 외부 전문가그룹의 능력 여부도 알아봐야 한다.
❹ 사업성이 충분한지 분석해야 한다.
❺ 적정한 수익을 올릴 수 있는지도 확인해야 한다.
❻ 환금성이 떨어져 돈이 묶일 가능성은 없는지 검토해야 한다.
❼ 목돈보다는 소액을 분산 투자하는 것이 좋다.
❽ 상장된 주식을 사려면 배당시기 전후에 알아본다.

제 4 부

웰빙 투자법

웰빙과 부동산 투자를 한 번에

제1장 전원주택

전원주택

전원주택지 제대로 고르기

> 전문직에 종사하는 N씨는 스스로 전원주택을 지어볼 생각으로 주말마다 부인과 함께 땅을 찾아 다녔다. 인기있는 전원주택지를 비롯해 전국의 웬만한 곳들은 모두 답사했다. 답사 비용만도 수백만 원이 들었지만 마땅한 부지를 결정하지 못해 결국 전문업체에 맡기기로 했다.

답답한 도시를 벗어나 전원생활을 꿈꾸는 사람들이 늘고 있다. 주5일 근무제 시행으로 라이프 스타일이 급속도로 바뀌고 있는 데다 웰빙 주거문화가 확산되고 있기 때문이다. 고속철도의 개통, 고속도로망 확충 등 나날이 개선되고 있는 교통여건도 전원 수요가 증가하는데 한몫하고 있다.

어떤 땅이 좋을까? 

모든 부동산이 그렇겠지만 전원주택지는 집을 지을 땅인 만큼 터가 좋아야 한다. 집터 뒤편으로 산이 있고, 앞쪽으로 강이나 호수 등이 흐르는 곳으로 남향이나 동남향이 좋다. 또한 평지보다는 약간 언덕진 곳이 전원주택을 짓기에 적합하다. 지대가 약간 높아야 주변 경관을 조망할 수 있으면서 여름철 장마 때 피해를 덜 입기 때문이다. 하지만 지반이 약하거나 경사지를 깎아 조성한 땅은 토사 유출로 피해를 입을 수 있으므로 피해야 한다.

땅의 모양은 정사각형보다는 직사각형이 모양을 살리기 쉽다. 진입로 또한 전원주택지를 고르는 중요한 기준이다. 주변 경관과 땅 모양이 아무리 좋아도 길이 없으면 인허가나 건축상 어려움을 겪는다.

기존 취락지와 너무 멀리 떨어진 곳도 전원주택을 짓기에 적합하지 않다. 취락지에서 일정 거리를 넘어서면 전기나 전화, 상하수도 등을 따로 개설해야 하기 때문에 예상치 않았던 추가 비용이 들어갈 수 있다.

지목이 대지여야 집을 짓기가 쉽다. 임야나 전답 등도 지방자치단체의 허가를 받아 지목을 변경할 수 있지만 절차가 복잡하고 시간도 오래 걸린다. 또 지역에 따라 허용 건폐율(바닥면적 대비 건물 바닥면적)이 다르다는 점에도 유의한다.

땅을 볼 때는 겨울에서 이른봄에 보는 것이 좋다. 여름에는 숲이 무성하고 가을에는 단풍이 들기 때문에 부지에 대해 올바른 판단을 하기가 어렵다. 반면 겨울이나 이른봄에는 눈이 먼저 녹는 곳, 찬바람에 영향을 받지 않는 곳, 꽃이 가장 먼저 피는 양지 등을 찾아낼 수 있다.

전원주택지를 고를 때 체크 사항 

　우선 전원주택을 지을 것인지, 땅을 샀다가 차익을 남길 것인지 투자목적을 분명히 해야 한다. 집을 지을 계획이라면 상주할 것인지, 주말에만 이용할 별장용인지도 결정해야 한다.

　전원주택을 생활의 본거지로 삼을 경우 직장이나 학교까지 1시간 30분 안에 도착할 수 있어야 한다. 서울을 기준으로 경기도 용인, 양평, 광주, 고양, 김포 등이 적당한 전원주택지이다. 이들 지역은 수요층이 두터워 환금성도 좋다. 별장용이라면 다소 거리가 멀어도 투자비용이 적게 드는 충청권이나 강원도 등이 알맞다.

　소유권 이전이 가능한지, 건물을 지을 수 있는 땅인지도 알아봐야 한다. 지목상 전원주택을 건축할 수 없는 땅이라면 용도를 전환할 수 있는지 해당 지방자치단체에 확인해 본다. 진입로가 확보되어 있는지, 인근 취락지의 전기 · 전화 · 상하수도 시설을 끌어올 수 있는지도 체크한다.

　초보 투자자라면 택지조성이 끝난 단지형 전원주택지를 매입하는 것이 안전하다. 이 경우 인허가와 토목공사를 직접하지 않아도 된다. 시공업체는 경험이 많은 곳으로 선정해야 한다.

　현장답사는 필수이다. 분양업체의 홍보 내용과 현지 여건이 다를 수 있기 때문에 최소 2회 이상 현장을 방문해 주변 환경을 살펴보아야 한다.

　끝으로 전원주택 단지 분양 사업주가 부도를 낼 때를 대비해 계약할 때 분양계약서보다 토지매매계약서를 작성하는 것이 바람직하다.

면적, 기반시설 등이 실제와 다를 수 있으므로 권리보장 사항을 명문화하는 것도 중요하다.

✠ 전원주택지, 이런 곳이 좋다 ✠

❶ 뒤쪽에 산이 있고, 앞쪽에 강이 흐르는 배산임수형의 곳
❷ 평지보다 약간 언덕진 곳
❸ 땅 모양이 정사각형보다는 직사각형인 곳
❹ 기존 취락지의 전기, 전화, 상수도 시설 등을 끌어올 수 있는 곳
❺ 도로와 접해 있는 곳
❻ 주변에 오염 혹은 혐오 시설이 없는 곳

유망 전원주택지는
어디에 있는가

전원주택에 대한 정보가 많은 사람이라도 막상 지역을 선택하려면 어떤 곳이 좋을지 결정을 내리기가 쉽지 않다. 평소 관심이 있던 지역들을 다니며 적당한 부지를 찾는 것도 한 방법이지만 너무 막막할 수 있다.

이럴 때는 직장, 학교 등 가족 구성원들의 활동 영역을 따져 구역을 좁혀 나가는 것이 좋다. 같은 수도권이라도 동부와 서부, 북부와 남부 등으로 권역을 나눠서 따져보면 자신에게 맞는 전원주택지를 한결 쉽게 고를 수 있다.

전원주택지로 꾸준히 인기를 끄는 지역들을 권역별로 나눠 알아봤다.

수도권 동북부(양평 · 남양주 · 가평) 

수도권 동북부는 전원주택 개발이 가장 먼저 시작된 지역이다. 이 가운데 양평은 남한강과 북한강을 끼고 있다는 이점 때문에 과거 수도권에서 공급된 단지형 전원주택지의 45% 정도가 집중될 만큼 인기가 많았다.

특히 양서면, 강상면, 강하면, 서종면 등 강이 보이는 곳은 개발이 활발하다. 하지만 땅값이 너무 올라 투자가치가 크지 않다. 또 수질보전대책지역에 포함되어 있어 건축규제도 까다롭다. 꼭 양평 쪽에 전원주택을 짓고 싶다면 지제면, 개군면 등 땅값이 덜 오른 곳에 관심을 가져볼 만하다.

남양주에서는 평내지구에 조성중인 전원주택 단지를 비롯해 수동면 일대와 축령산 수동계곡이 전원주택지로 각광받고 있다. 가평은 산과 계곡이 빼어난 곳으로 가격대가 다양한 것이 특징이다. 가평군 금대리, 복장리 지역은 수상스키와 낚시를 즐길 수 있어 유망 전원주택지로 떠오르고 있다.

수도권 동남부(성남 · 용인 · 광주) 

수도권 동남부에서는 하남을 제외한 전 지역이 수요자들에게 인기를 끌고 있다. 특히 성남 판교신도시 주변에는 고급 전원주택들이 조성되어 있다.

용인은 양평보다 전원주택지 개발이 늦게 시작되었지만 서울의 강남과 분당신도시 등과 가까워 수도권 제1의 전원주택지로 꼽힌다. 한동안 고기리, 신봉리, 성복리, 양지면 일대가 인기를 끌었지만 주변에 아파트와 공장시설이 대거 들어서면서 매력이 반감되고 있다. 땅값이 너무 비싼 것도 단점이다. 이들 지역보다 상대적으로 개발이 덜 된 남사면, 원삼면, 이동면, 내사면, 포곡면, 양지면 등도 유망 전원주택지로 바뀌고 있다.

경기도 광주 오포읍과 실촌면 일대도 전원주택지로 개발되고 있다. 하지만 그린벨트나 수질보전대책지역 권역이 많아 인허가가 쉽지 않다. 자금이 부족하다면 이천이나 장호원, 안성 등지에서 부지를 찾아보는 것도 괜찮다.

수도권 서북부(고양 · 파주) 

수도권 서북부의 경우 고양과 파주 일대에 전원주택지가 조성되어 있다. 서울 도심이나 여의도 등과 가까운 만큼 이들 지역에 직장을 둔 사람들에게 인기가 많다.

고양에서는 가좌동, 성석동, 덕이동, 지영동 등이 주요 전원주택지로 꼽힌다. 일산신도시의 편의시설을 이용할 수 있는 데다 자유로 등을 통해 서울로 쉽게 접근할 수 있어 수요층이 탄탄한 편이다.

파주에서는 탄현면과 교하읍이 전원주택지로 뜨고 있다. 자유로 진입이 수월할 뿐 아니라 지역에 따라서는 한강 조망이 가능하다. 교하읍 삼학산을 중심으로 산남리, 송촌리, 신촌리와 통일동산의 성동리, 죽현리 일대에 전원주택 건축이 활발하다.

수도권 서남부(김포 · 강화 · 화성) 

　수도권 서남부는 서해안고속도로 개통으로 새롭게 부상하고 있는 지역이다. 이 가운데 김포는 택지개발지구와 신도시 주변 지역 땅값이 많이 올랐으므로 외곽지역이 낫다. 48번 국도 4차선 확장과 수도권 외곽순환도로 개통으로 양촌면, 대곶면, 하성면, 월곶면 등이 유망한 곳으로 꼽힌다. 김포는 군사보호구역이 많은 만큼 건축이 가능한 곳인지 미리 확인해야 한다.

　강화도 역시 전원주택 건축이 활발하다. 특히 화도면 동막리는 교통여건이 좋고, 남향 필지가 많아 수요가 많지만 땅값이 다소 비싸다.

강원(횡성 · 평창) 및 충청(충주 · 태안)권 

　수도권에 비해 청정지역이 많고 규제가 까다롭지 않아 비교적 건축이 쉽다. 단, 서울과의 접근성이 떨어지므로 현지 거주를 희망하거나 주말주택용으로 사용할 사람에게 적합하다.

　강원도 횡성은 섬강과 대관대천 등 계곡이 산재해 있다. 평창은 펜션단지로 유명한 만큼 전원주택지로 이용하려는 사람들이 많다. 방림면과 봉평면 일대가 자연환경이 좋고 가격도 싸다.

　충북 괴산군은 중부고속도로 개통으로 수혜를 보고 있다. 괴산군 사리면은 청주권으로 출퇴근하는 직장인들에게 인기가 있다. 충주 일대도 충주호가 가까운 데다 온천이 많아 전원주택지로 인기가 있다. 서해안고속도로 개통으로 태안 안면도와 변산반도 일대에도 전원주택 수요가 몰리고 있다.

✠ 판교신도시 인근에 고급 전원주택단지 ✠

담 대신 늘어서 있는 정원수, 파라솔을 펼쳐 놓은 서양식 정원, 빨간색 벽돌 발코니, 통나무 외벽….
경기도 성남시 판교신도시 인근 동원동, 대장동, 하산운동, 백현동 등지에 조성되어 있는 고급 전원주택들의 모습이다. 이들 고급 전원주택들은 보통 150~200평 규모로 매매가는 평당 2,000만 원을 호가한다. 이들 주택에 거주하는 사람들은 대부분 의사, 변호사, 교수, 연예인 등 고소득층이다.
인근 부동산중개업소에 따르면 판교신도시 개발이 가시화되면서 고급 전원주택 개발이 더욱 활발해지는 추세라고 한다.

내가 살 전원주택,
내가 짓는다

전원주택 투자 방법은 크게 세 가지로 나뉜다. 바로 완성된 집을 구입하는 방법, 단지형 전원주택 부지를 분양 받아 건축하는 방법, 임야나 농지 등 관리지역 부지를 매입해 대지를 조성하고 주택을 짓는 방법 등이다.

이미 지어진 주택을 매입하는 것이 가장 편하고 안전하지만 가격이 많이 올라 있어 투자수익을 기대하기는 어렵다. 단지형 전원주택 부지를 분양 받는 방법은 복잡한 인허가나 토목공사 등에 신경쓸 필요가 없다. 세 가지 투자 방법 중에서 임야나 농지를 매입해 직접 전원주택지로 조성할 경우가 수익률은 가장 높지만 지세나 지형 등을 면밀히 검토해야 하고 인허가 절차를 직접 받아야 한다.

각각의 방법마다 장·단점이 있는 만큼 어떤 방법이 가장 좋은 투자 방법이라고 단정지을 수는 없다. 무엇보다 투자금과 건축기간, 입주시기 등 자신의 조건에 맞는 유형을 고르는 것이 중요하다. 여기서는 초보 투자자들이 가장 접근하기 힘든 농지나 임야를 사서 전용허가를 받아 직접 전원주택을 짓는 방법에 대해 소개한다.

부지 매입하기

전원주택 투자에서 가장 중요한 부분이다. 땅의 위치나 모양, 가격 등을 따져보는 것은 기본이고 농지전용허가 및 형질변경허가를 할 수 있는지 여부를 꼼꼼히 따져봐야 한다. 마을에서 멀리 떨어져 있는 곳, 주변이 농림지역으로 둘러싸여 있는 곳, 사적지 주변인 곳, 보전산지 등은 사실상 용도 변경이 불가능하다. 지역마다 건축 가능한 건폐율이 다르므로 해당 지역의 건폐율을 미리 체크해야 한다.

진입로가 있는지도 꼭 확인한다. 도로가 없는 땅(맹지)은 반드시 폭 4m 이상 도로에 해당하는 인접토지의 토지사용승낙서(인감 첨부)를 받든지, 도로부분의 땅을 별도로 매입해야 건축 및 준공허가를 받을 수 있다. 추가 비용을 치르고라도 토지사용승낙을 받으면 다행이지만 손 쓸 방법이 없어 투자금 전액을 날리는 경우도 많다.

전기 및 전화 인입 여부도 살펴봐야 한다. 기존 전기가 가설된 곳에서 200m까지는 전기 인입은 기본요금으로 해결되지만 그 이후부터는 1m를 초과할 때마다 5만 원에 달하는 비용을 부담해야 한다. 전화도 400m까지는 기본요금으로 처리되지만 그 이후부터는 거리에 따라 따로 비용을 직접 부담해야 한다.

기존 상하수도 시설을 이용할 수 있는 곳이 좋다. 그렇지 않을 경우 지역 주민들과 상의해 지하수 개설 및 하수관 매립 공사를 따로 해야 한다.

용도 변경하기, 건축허가 받기 

관리지역 내 농지나 임야에 건물을 지을 수 있도록 용도를 변경하는 행위는 까다롭게 제한되어 있다. 농지전용허가를 받으려면 m²당 1만 300원, 산림훼손의 경우 m²당 1,280원의 부담금도 내야 한다.

매입한 부지의 용도를 변경하려면 관할 지방자치단체 도시계에 사업계획개요서와 개발행위신고서, 건축허가 관련 서류, 전용할 농지 및 형질변경할 임야 소유증명서 또는 사용승낙서, 지적도, 지형도, 용도변경부담금 납부확인서 등을 제출해야 한다.

설계 및 건축허가는 전문 설계업체에 의뢰하는 것이 좋다. 설계비는 평당 10만~15만 원 선이다. 가급적이면 중간에 설계를 바꾸지 않도록 한다.

시공하기

계약을 맺기 전에 도면을 놓고 시공 내용을 확인하는 것은 기본이다. 건축비는 자재 품질과 옵션에 따라 천차만별인 만큼 주요 자재 비용을 정확히 산출한다.

평당 공사비는 건축 구조별로 목조주택 270만~300만 원, 통나무주택 300만~330만 원, 스틸하우스 270만~340만 원, 황토주택 230만~250만 원, 조립식주택 180만~230만 원 선이 일반적이다.

　자금계획을 세울 때 토목공사비도 포함해야 한다. 경사도 등 부지여건에 따라서 차이가 있지만 보통 평당 5만~10만 원 정도가 든다.

　여러 시공업체를 방문해 비교 검토한 후 시공 경험이 많은 업체를 골라야 한다. 목조, 통나무, 황토 등 재료에 따라 전문화된 곳이 많다. 영세한 지역업체의 경우 나중에 하자보수를 받기 어려울 수 있으므로 피하는 것이 좋다. 공사로 인해 이웃에게 불편을 주지는 않는지도 각별히 신경 쓴다.

✠ 전원주택 0순위는 '목조' ✠

전원주택 건축 유형 가운데 선호도가 가장 높은 것은 목재구조로 전체 건축물의 60~70%가 여기에 해당한다. 이는 유럽풍의 화려한 외관과 환경친화적인 건강주택이라는 인식이 강하기 때문이다.

실제로 목재는 습도조절과 단열효과가 뛰어나다. 여름에는 시원하고 겨울에는 따뜻해 에너지 활용면에서도 유리한 소재이다. 또 다른 재료에 비해 가공이 쉬워 여러 가지 모양으로 건축할 수 있고 내구성과 안전성도 높다. 한편 통기성이 뛰어난 천연재료이므로 인체에도 무해하다.

목재구조는 공법에 따라 경량구조와 기둥보목구조로 나뉘는데, 우리 나라의 전원주택은 대부분 가로 2인치, 세로 4인치 두께의 미국식 경량구조이다.

외벽은 구조용 패널 위에 방습지를 바른 후 외부마감재로 마감한다. 내벽은 불에 타지 않고 물이 새는 것을 방지하는 석고보드를 많이 사용한다. 그 위에 내벽마감재인 루바나 도배, 칠로 마감하는 것이 일반적이다.

✠ 준공된 단지형 전원주택의 선택요령 ✠

단지형 전원주택을 구입할 때는 생활 시설이 빠짐없이 설치되었는지, 주택 건축은 꼼꼼하게 되었는지 확인해야 한다.

등기부등본과 토지대장을 열람하는 것은 필수 사항이다. 준공이 끝난 단지는 필지별로 분할, 개별등기가 되어 있는 것은 물론이고 소유권 보존등기도 되어 있다. 토지대장은 지목과 개별면적을 확인할 수 있으므로 분양면적과 공부상면적이 다르지 않은지 꼭 따져본다.

미비된 기반시설은 없는지도 살펴본다. 전기 및 전화, 상하수도 관로 등이 완벽히 갖춰져야 생활하는데 불편이 없다.

집 안팎의 마감이 매끄럽게 잘되었는지 마감 상태를 체크한다. 마감 수준은 집 전체의 수준을 좌우한다고 해도 과언이 아닐 만큼 중요하다.

전원주택,
너무 크게 짓지 마라

경기도 남양주시 평내동에서 공장을 운영하고 있는 S씨는 2년 전 가평 지역에 전원주택을 마련했다. 처음에는 아내와 두 자녀 등 네 식구가 살기에 30평이면 충분하다고 생각했지만 건축을 시작하고 보니 욕심이 생겼다. 결국 무리해서 60평짜리 목조주택을 지었다. 하지만 막상 전원생활을 시작하고 보니 건축 전에 예상하지 못했던 문제들이 발생했다. 우선 난방비 등 주택유지비가 많이 들었고, 청소하기도 너무 힘들었다. 이제는 1년 넘게 방치한 정원과 텃밭을 볼 때마다 하루 빨리 처분하고 아파트로 이사가야겠다는 조급함에 시달린다.

전원주택하면 자연경관이 빼어난 곳에 위치한 으리으리한 별장을 떠올리기 마련이다. 하지만 전원주택이 확산되면서 입지나 규모 면에서 변화가 일기 시작했다. 수려한 자연경관 못지않게 편리한 교통여건과 편의시설이 중요해졌고, 호화롭고 널찍한 주택보다는 30~40평형대의 중소형이 인기를 끌고 있다.

클수록 환금성이 떨어진다 

　예전에 지어진 전원주택들은 대부분 규모가 크다. 노부부 둘이 살아도 50～60평이 기본이다. 전원주택하면 일부 계층만 향유하는 특수한 상품으로 여겨졌기 때문에 짓는 김에 될 수 있으면 크게 짓자는 기조가 팽배했기 때문이다.

　하지만 가족수에 맞지 않게 크게 지은 전원주택에서는 전원생활을 즐기기가 어렵다. 어쩌다 한번 들르는 별장용이라면 모를까 상시 거주용이라면 클수록 문제가 많다. S씨의 경우처럼 관리나 청소가 만만치 않고 연료비도 엄청나게 소모된다. 그래서 소일거리 삼아 텃밭을 가꾸는 일은 아예 꿈도 못 꾼다.

　무엇보다 환금성이 떨어진다는 것이 가장 큰 문제다. 그렇지 않아도 환금성이 떨어지는 대표 상품인데 주택의 규모까지 크면 사겠다는 사람을 찾기가 더욱 어렵다는 얘기다.

30~40평형대
중소형 규모의 건립이 늘어난다 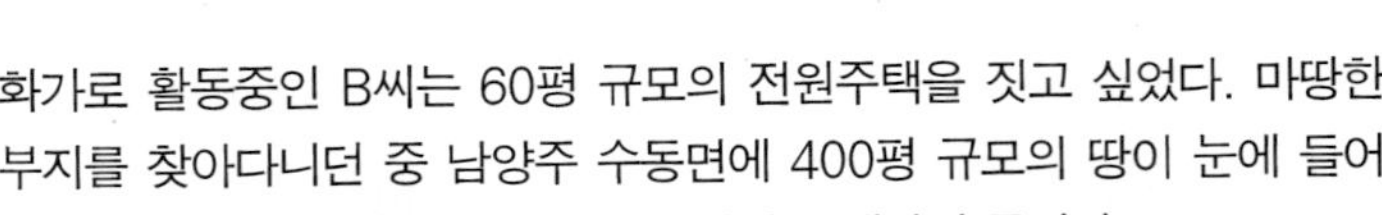

> 화가로 활동중인 B씨는 60평 규모의 전원주택을 짓고 싶었다. 마땅한
> 부지를 찾아다니던 중 남양주 수동면에 400평 규모의 땅이 눈에 들어
> 왔다. 60평짜리 집을 짓기에도 적당하다는 생각이 들었다.
> 하지만 전문가에게 의뢰하니 근처의 다른 땅을 추천했다. 300평짜리
> 땅으로 남향이었다. 60평짜리 집을 짓기에는 조금 작은 듯 했다. 이에
> 전문가는 전원주택이 너무 크면 환금성이 떨어지므로 30평 규모의 주
> 택이 적당하다고 조언했다.
> 인근 50~60평 규모의 전원주택 주민들에게 문의해보니 관리가 힘들
> 어 고생을 했고 팔기도 힘들다고 했다. B씨는 2003년 가을 전문가의
> 추천대로 300평짜리 땅을 구입해 30평 규모의 전원주택을 지어 생활하
> 고 있다.

부지 200평에 연건평 30~40평, 평당 건축비 200만 원대 전원주택이 늘고 있다. 부지 매입에서 건축까지 총투자비 2억 5,000만~3억 원 안팎의 실속 있는 전원주택을 원하는 수요자들이 증가하고 있기 때문이다.

전세로 나온 전원주택 매물을 찾는 사람들도 생겼다. 도시 환경에 익숙해진 라이프 스타일로 인해 전원생활에 실패할 가능성이 있는 만큼 시험삼아 한두 해 살아보고 결정하겠다는 계산을 해보고 물건을 찾는 사람들이다.

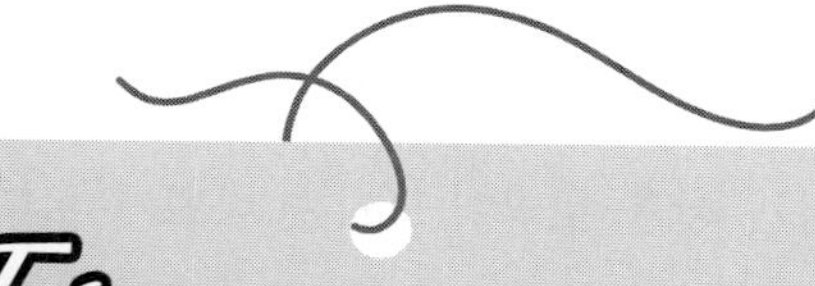

✠ 전원주택 수요층이 젊어졌다 ✠

전원으로 이주를 희망하는 사람들의 연령층이 낮아지고 있다. 1990년대까지만 해도 비교적 출퇴근이 자유로운 40~50대의 자영업자나 퇴직자 등이 주류를 이뤘다. 하지만 최근의 조사에 따르면 전원 이주 희망자 중 30대가 41%로 가장 높은 비율을 차지했다. 이어 40대 28%, 20대 19%, 50대 10%, 60대 2% 등의 순이었다 이처럼 전원 이주 희망자의 연령층이 낮아진 것은 수도권을 격자형으로 가로지르는 간선도로가 개통된 데다 주5일 근무제 확산으로 출퇴근에 대한 부담이 줄어들었기 때문이다. 갈수록 전원주택 규모가 작아지는 것도 실수요자의 연령층이 변화한데 따른 것으로 분석할 수 있다.

05

전원주택 투자의
성공 사례, 실패 사례

전원주택 투자의 성공 사례 

개인사업을 하는 서울 토박이 H씨는 바쁘게 살다보니 경제적인
안정은 이뤘지만 젊었을 때 여유를 즐기지 못한 것이 후회가 됐다.
그래서 생각한 것이 전원주택.

초등학교 교사인 부인과 함께 주말마다 경기도와 강원도 일대로
답사 여행을 다녔다. 서두르지 않고 1년여를 기다린 H씨 부부는
지난 2002년 6월 경기도 가평 청평호반 근처에서 마음에 드는 땅
을 찾아냈다.

개발회사가 이미 대지 조성을 마친 상태였고 배산임수의 양지였
다. 지방자치단체에 확인해 본 결과 도로 여건이나 인허가를 받는
데도 문제가 없었다. 이 일대에 청량리~춘천간 복선전철공사가
진행중이라는 것도 마음에 들었다.

H씨는 평당 65만 원에 부지 260평을 사들여 설계 및 시공 기간 8

개월을 거쳐 건평 50평짜리 목조주택을 지었다. 소요된 건축비는 평당 350만 원. 조경에도 2,500만 원이 들어갔다. 총 3억 6,900만 원이 투자된 셈이다.

전원생활을 시작한 H씨는 집을 개조해 펜션으로 꾸미기로 마음을 먹었다. 4,000만 원에 달하는 추가 투자비가 부담스러웠지만 수익을 얻을 수 있다는 확신이 들었다. 결국 2003년 10월 방 5개 중 1층 안방만 남기고 방 4개를 숙박용으로 바꿨다.

H씨의 펜션 객실 가동률은 50% 선으로 월 600만~800만 원의 수익을 올리고 있다. 관리비 등을 뺀 순수익은 400만~600만 원 선이다. 교통개발 등이 호재로 작용하면서 땅값도 평당 90만~150만 원을 호가하고 있다.

전원주택 투자의 실패 사례 

금융회사에 다니던 L씨는 퇴직 후 지낼 전원주택지를 찾았다. 하지만 서울에서 가까운 수도권 몇 군데만 둘러봤을 뿐 많은 지역을 물색하지는 못했다. 막상 투자답사를 다니자니 어디로 가야 할 지 막막했기 때문이다.

그러던 중 2003년 9월 지인으로부터 경기도 양평군에 있는 500평짜리 부지를 소개받았다. 부지 앞 개울까지 도로가 있었고 이것만 연결하면 진입로 문제는 해결될 것 같았다. 매매가도 평당 35만 원으로 인근 전원주택지 시세의 절반 수준이었다. L씨는 망설이지 않고 계약을 했다. 계약 후에도 땅에 대해 제대로 알아보지도 않고 잔금을 치뤘다.

하지만 이 때부터 문제가 생겼다. 진입로 중 일부가 다른 사람 명의로 되어 있어 토지사용 승낙서를 받아야 한다는 것이었다. 수소문 끝에 땅주인을 찾아 200만 원을 주고 승낙서를 받았다.

다음에는 전기와 전화가 문제였다. 기존 마을에서 1km 가량 떨어져 있어 전기와 통신망을 끌어와야 하는데, 기본거리(전기 200m, 전화 400m)까지만 무료이고 그 다음부터는 m당 추가 비용을 내야 한다는 것이었다. 계산해보니 전기만 끌어오는데도 4,000만 원 정도가 더 들어갔다.

결국 이러한 문제로 어려움을 겪다 부동산중개업소에 땅을 내놨지만 수개월이 지나도 사겠다는 사람이 나타나지 않고 있다.

성공 사례와 실패 사례 분석

전원주택에 투자해 성공한 사례와 실패한 사례를 알아봤다. 이를 통해 나만의 투자 노하우를 마련해 보자.

전원주택지를 고를 때는 직접 매입해 인허가를 받아 집을 지을 것인지, 개발회사가 개발해 놓은 단지형 부지를 살 것인지를 결정해야 한다. 사업을 진행할 자신이 없다면 H씨처럼 아예 부지로 조성된 단지형 용지를 구입하는 것이 낫다.

땅을 매입해 당장 집을 짓고 생활할 것인지, 몇 년 후 지을 것인지, 보유하고 있다가 그냥 팔 것인지 투자목적도 확실히 해야 한다. 하지만 어떤 경우라도 현장답사는 꼭 해야 한다.

전원주택지는 물 좋고 산 좋은 곳에 자리잡아야 하지만 너무 경치에만 신경쓰다보면 정작 중요한 사항은 지나쳐 버리기 쉽다. 특히 전원주택지 인근의 도로 상태를 점검하는 것은 필수 사항이다.

전원주택 부지까지 진입할 수 있는 도로가 있는지, 도로가 있다면 개인 소유의 사도는 아닌지 확인해야 한다. 농촌지역 도로 중 포장이 되어 있지 않다면 사도일 가능성이 높다. 사도일 경우 소유자와 합의해 토지사용 승낙서를 받아두고 이를 지역권으로 설정해두는 것이 안전하다. L씨의 경우 이를 꼼꼼히 확인하지 않아 피해를 본 사례이다.

투자 안전성을 고려한다면 1~2채씩 흩어진 전원주택보다는 20~30가구 이상 모여 있는 단지형이 유리하다. 개발회사의 말만 믿지 말고 인허가상 문제는 없는지 해당 지방자치단체에 문의해야 한다.

교통 상황이나 개발계획 등을 따져보는 것도 중요하다. 도로 확충이나 개설 등으로 교통여건이 좋아지면 부동산 값이 올라가기 마련이다.

마지막으로 자금 계획을 철저히 세워야 한다. 땅은 실제 개발까지 많은 시간과 비용이 들어가는 데다 환금성도 떨어진다. 따라서 가급적 자기 자금을 가지고 투자하는 것이 바람직하다.

제2장 펜 션

펜션

펜션시장 따라잡기

　펜션(Pension)은 '연금'이란 뜻으로 유럽의 노인들이 연금과 민박경영으로 여생을 보내는 데서 유래되었다. 펜션은 유럽이나 일본 등지에서는 이미 오래 전부터 인기를 끌고 있는 대표적인 수익형 숙박시설로 규모는 방 10개 정도이며, 호텔에 버금가는 시설을 갖추고 있는 것이 보통이다. 특히 독일, 프랑스 등 일부 지역의 경우 레저활동이 활발한 곳뿐 아니라 도시, 농어촌까지 확산되어 있어서 전체 숙박시설의 50% 이상을 차지할 정도이다.

　우리 나라에서는 관광지 등 전원에 들어서 있는 고급 민박을 펜션으로 규정하고 있다. 지난 2000년쯤 유명 관광지를 중심으로 기존 시설을 리모델링 하거나 신축한 형태로 하나둘씩 늘어나기 시작하더니 최근에는 농장이나 산, 강, 호수가 있는 전원지역에 고루 퍼져 있다.

펜션의 종류

펜션의 종류는 별장형, 농원형, 카페형, 전원형, 레저형, 테마형
등으로 다양하다.

- **별장형 펜션** : 도시의 번잡함에서 벗어나 고즈넉한 휴식을 취하
  기에 좋은 곳으로 주변경관이 수려한 곳에 위치해 있다. 주로
  건물 전체를 독채로 빌려주는 형태이어서 가족이나 단체 여행
  객이 사용하기에 적합하다.

- **농원형 펜션** : 기존의 농원, 목장, 과수원, 양식장, 화원, 수목원
  등을 운영하는 사람들이 기존 시설과 건물을 펜션으로 전환한
  형태이다. 1000평 이상 대규모로 운영되는 경우가 많으며 운
  영자가 재배하거나 기르는 동식물을 직접 접하는 체험을 할
  수 있다.

- **카페형 펜션** : 카페와 식당 등이 숙박시설과 결합된 형태로 수
  익을 이중으로 올릴 수 있다는 것이 특징이다. 일본에서는 주
  인이 직접 식사나 차를 판매하는 펜션이 대다수로 유동인구가
  많거나 유명 관광지에 위치하는 것이 유리하다. 인테리어를
  고급스럽게 하고 음식 맛, 청결 등에 각별히 신경 써야 한다.

- **전원형 펜션** : 대지 300~500평에 60평 규모의 건축물로 가장
  대중적인 유형이다. 객실수는 3~5개로 소규모이지만 주인이

살고 있기 때문에 가족 같은 분위기가 연출된다. 농원형이나 카페형처럼 특별히 많은 투자비 없이도 안정적인 수익이 보장된다.

● **레저형 펜션** : 레저활동을 즐기는 수요자를 주고객으로 한다. 따라서 스키장, 낚시터, 등산코스, 하이킹코스, 래프팅장 주변에 위치하는 것이 유리하다. 운동 등 레저를 즐기는 고객이 많으므로 실용적인 시설을 갖춰야 한다.

● **테마형 펜션** : 이색적인 숙박과 문화체험이 결합된 유형이다. 시인이나 화가 등 예술가가 운영하기에 적합하다. 이용객들에게 시낭송, 도자기공예, 판화, 조각, 갤러리, 영화감상, 별자리 관찰 등 다양한 문화체험의 기회를 제공해야 한다.

입지가 좋고 차별화된 테마를 갖춰야 한다 

국내 펜션시장은 운영방법 등이 걸음마 단계로 대부분 민박 형태를 크게 벗어나지 못하고 있는 것이 사실이다. 하지만 앞으로는 이용객들에게 다양한 프로그램을 제공하는 테마형으로 바뀌어 갈 것으로 보인다. 펜션 공급량은 점점 늘고 있는데 반해 수요는 한정되어 있는 만큼 잠자리만 제공하는 형태의 펜션으로는 살아 남기 어렵기 때문이다.

취미 삼아 펜션을 운영할 생각이 아니라면 전원생활을 즐기며 돈도 벌어보겠다는 생각으로 펜션사업에 뛰어드는 오류는 범하지 않는 것이 좋다. 펜션은 입소문으로 찾아오는 수요가 많기 때문에 이용객에게 강한 인상을 심어주지 못하면 외면당할 수밖에 없다.

최고의 시설과 테마를 갖춘 펜션이라야 수익 상품으로써 제 기능을 할 수 있다. 따라서 펜션을 운영하려면 펜션시장 흐름을 제대로 읽고 차별화된 운영전략을 짤 수 있는 능력을 갖춰야 한다.

Tip

뉴 트렌드, 동호인 펜션

주택업체로부터 분양 받기보다 마음 맞는 사람끼리 직접 집을 짓는 동호인 펜션이 유행하고 있다.
동호인 펜션은 직장동료들이나 동창 등 지인을 중심으로 여럿이 모여 공동으로 펜션을 짓는 것으로 가족용 별장과 수익형 민박시설로 함께 활용할 수 있다는 것이 최대 장점이다.
토지 구입부터 건축까지 직접 사업을 진행하므로 투자비도 일반 분양펜션보다 30~50% 정도 저렴하다.

달라지는 펜션시장

펜션 투자환경이 확 바뀐다. 농어촌정비법 개정안에 따라 펜션 운영 기준이 크게 달라지고 이 기준에 맞지 않을 경우 사실상 펜션 영업이 어려워지기 때문이다.

그 동안은 물 좋고, 산 좋은 곳에 펜션을 짓기만 하면 영업하는데 큰 문제가 없었지만 앞으로는 꼭 갖춰야 할 시설 기준이 까다로워지고 규모에 따라서는 숙박업 신고도 해야 한다.

정부의 규제 발표 직후 시설 설치비나 세금 등으로 펜션 사업 수익률에 빨간 불이 켜질 것이라는 전문가들의 의견이 쏟아졌다. 하지만 주5일 근무제 시행으로 레저·관광 인구가 증가해 숙박시설 가동률은 높아질 것이라는 전망이 더 우세하다. 연 8~15%대에 달하는 수익률은 다소 떨어질지 몰라도 은행의 예금 금리를 훨씬 웃도는 대표적인 부동산 틈새상품임에 틀림없다는 분석이다.

7실이냐, 8실이냐 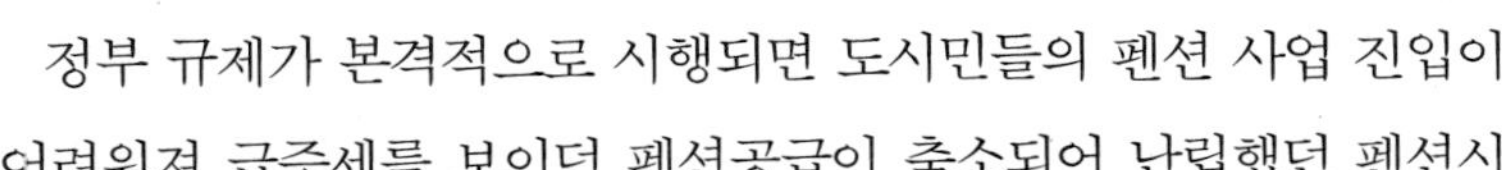

2005년 4월 시행될 농어촌정비법 개정안에 따르면 여러 가지 혜택이 주어지는 농어촌 민박 형태로 펜션을 운영하기 위해서는 전체 규모가 7실 이하여야 하고, 소유자가 해당 펜션으로 주민등록을 이전하여 실제 거주해야 한다.

실거주 요건을 충족시킬 수 없을 때는 숙박업 허가를 받아야만 민박 영업을 할 수 있게 된다. 다만 7실 이하 펜션의 경우 노후 생계 목적으로 투자한 소유자는 소유자와 현지 거주 조건을 갖춘 자에게 운영을 위탁하면 농어촌 민박으로 운영할 수 있다.

전체 규모가 8실 이상인 펜션은 정식 숙박업으로 신고해야 영업할 수 있다. 숙박업으로 신고하면 투숙객의 안전과 위생을 위해 경보기, 소화기, 오수처리시설 등을 의무적으로 설치해야 한다. 농어촌 민박과 달리 소득세와 부가가치세도 내야 한다.

농어촌 민박에 해당하지 않으면서 숙박업으로 등록하지 않은 채 영업을 할 경우 적발될 때마다 1년 이하 징역이나 1,000만 원 이하 벌금형에 처해진다. 별장 등으로 이름을 바꿔 펜션 형태로 운영해도 규제 대상이 된다.

펜션시장 재편될 듯

정부 규제가 본격적으로 시행되면 도시민들의 펜션 사업 진입이 어려워져 급증세를 보이던 펜션공급이 축소되어 난립했던 펜션시장의 질서가 확립될 것으로 보인다. 소규모 펜션시장 진입이 어려워지는 만큼 합법적인 테두리 안에서 운영하는 펜션은 수익률이 높아질 전망이다.

특히 단지형 테마펜션 등은 농어촌 민박과 확연히 구분되어 숙박시설로 정비되는 만큼 점차 부상할 가능성이 높다. 7실 이하 펜션은 본인이 주소를 이전하거나 현지 거주가 가능한 운영자를 확보해야 하는 번거로움이 있지만 정부에서 인정하는 숙박시설로 정비된 8실 이상 펜션은 제도권 안에서 체계적으로 영업활동을 할 수 있기 때문이다.

숙박업 허가받을 수 있는지가 관건 

주거지역이나 상수원보호구역 등 숙박시설이 들어설 수 없는 지역에 이미 지어진 대규모 펜션은 아예 숙박업 신고를 할 수 없기 때문에 사실상 영업이 불가능해진다. 따라서 8실 이상 펜션은 앞으로 주택으로만 사용해야 한다.

강원도 평창 흥청계곡 주변과 용평리조트 주변 용산리 및 수하리 일대는 개발제한구역으로 숙박시설 허가를 내주지 않고 있다. 또 경치가 좋은 지방에서는 도시이용계획확인원에는 나와 있지 않지만 지방자치단체 내규로 개발 허가를 내주지 않는 곳이 의외로 많으므로 주의해야 한다.

펜션 단속 기준

통합 기준

- 8실 이상 펜션은 숙박업 등록
- 객실수는 실제 영업용 객실 기준
- 위반시에는 최고 1년 이하 징역 또는 1,000만 원 이하 벌금

단지형 펜션
(업체가 투자자 모집 후 운영해 수익 배분)

- 외지인, 1실 펜션도 숙박업 등록 대상
- 현지 주민 위탁관리는 민박 인정 안함

개별형 펜션
(소유자가 소규모 펜션을 지어 직접 운영)

- 현지 주민 위탁관리(7실 이하)는 민박 인정
- 방을 통합해 7실 이하로 낮추면 민박 인정
- 7실 초과도 초과분을 창고 · 사무실로 쓰면 민박 인정

- 숙박업 등록이 불가능한 상수원보호구역 등에서는 폐업 불가피
- 투자수익률 10~15% 하락 예상
- 단속을 피한 몰래 영업 기승 예상

- 상수원보호구역도 7실 이하는 민박 영업이 가능해 영향 미미
- 친인척 명의로 분산하는 편법 기승 예상
- 지방자치단체별로 민박 인정 기준이 달라 혼선

- 숙박업 등록 가능 여부 확인
- 마케팅 능력을 갖춘 관리업체 유리

- 공급과잉인 평창 · 제주도 등은 피해야 함
- 테마 개발 필수

03 펜션사업은
이런 곳에서

모든 부동산이 그렇듯 펜션 역시 입지가 사업의 성패를 가늠한다고 해도 과언이 아니다. 많은 돈을 들여 아무리 멋진 펜션을 지어놓아도 찾는 사람들이 많지 않다면 수익을 낼 수 없다. 따라서 입지 선정을 위해 사전에 치밀한 시장조사를 거쳐야 한다. 이미 펜션이 많이 들어선 강원도 평창, 충남 태안, 제주도 일대에는 공급과잉을 빚고 있는 만큼 치밀한 사업 분석 없이 뛰어들었다가는 자칫 낭패를 볼 수 있다.

사람이 많이 모이는 곳, 땅값이 비싸지 않은 곳

펜션 입지의 기본은 사람이 많이 모이는 곳이다. 스키장, 대형 레저타운 등처럼 관광객을 끌어들일 수 있는 곳이어야 객실 가동률을 높일 수 있다. 하지만 관광지 입구나 도로변보다는 1~2km 이

내 주변 지역이 낫다. 펜션을 찾는 사람들은 대부분 복잡하고 시끄러운 곳을 피해 편안히 쉬다 가고 싶어하기 때문이다. 이런 조건을 갖춘 땅들은 가격이 비싸기 마련이다. 주변 시세와 꼼꼼히 비교해보고 지나치게 비싸다면 미련을 버리는 것이 낫다. 비싼 땅은 투자비 대비 수익률이 낮다. 입지 여건이 아무리 좋아도 주중이나 비수기에는 손님을 채우기 어려워 투자비 회수 기간이 길어진다.

관광 특수를 노릴 수 있는 지역이 아니라면 이동시간도 중요한 변수로 작용한다. 휴가 일정이 넉넉하다면 몰라도 주말을 이용해 1박 2일 또는 2박 3일 단기 여행을 떠나는 사람에게 이동 거리와 시간은 매우 중요하기 때문이다. 가는데 4시간 이상 걸린다면 출발 전부터 부담을 갖게 된다.

펜션 유망지역은 어디인가 

펜션의 1번지는 뭐니뭐니해도 강원도. 그 중에서도 평창과 횡성이 펜션으로 유명하다. 스키장과 리조트가 많아 고객 유치가 수월한 평창 봉평면, 방림면, 도암면 일대는 공급과잉 현상을 보일 정도로 펜션이 밀집되어 있다.

강원도 인제, 고성, 홍천 일대는 평창, 횡성에 비해 땅값이 저렴해 펜션 공급이 증가하는 추세이다. 하지만 객실 가동률이 평창이나 횡성에 비해 현저히 낮은 것이 흠이다.

제주도의 경우 조천읍, 애월읍, 구좌읍, 성산읍 일대에 펜션이 집중 공급되어 있다. 비수기에도 펜션 수요가 꾸준하다는 것이 장점이지만 건축 규제가 까다롭고 숙박업 등록을 할 수 없는 곳이 많으므로 투자에 유의해야 한다.

서해안고속도로 개통으로 펜션시장이 급성장한 충남 태안의 경우 안면읍 일대에 펜션이 집중되어 있다. 유명 해수욕장 주변은 개발 바람을 타고 땅값도 많이 오른 상태이다. 비교적 땅값이 저렴한 남면, 고남면, 근흥면 일대에 관심을 가져볼 만하다.

수도권에서는 가평과 청평, 양평, 강화, 용인, 포천 일대에 펜션이 조성되어 있다. 특히 가평, 청평 지역은 주변경관이 수려하고 레저시설 이용도 수월해 인기가 많다. 수도권 펜션의 경우 주5일 근무제 시행 이후 객실 가동률은 크게 높아졌으나 땅값이 비싸 초기 자금이 많이 든다. 이 밖에 충청도에서는 충주·제천·단양, 경상도에서는 창원·통영·거제 등이 유망지역으로 꼽힌다. 전라도의 경우 녹차단지로 유명한 보성과 지리산, 덕유산 인근인 남원과 무주 등이 관심지역이다.

✠ 서구형 목조건물이 가장 인기있다 ✠

펜션을 찾는 사람들은 어떤 형태를 선호할까?
최근 실시된 한 조사에 따르면 펜션 이용객들은 목조건물을 가장 선호하는 것으로 나타났다. 좋아하는 펜션 구조를 묻는 질문에는 전체 응답자의 57.1%가 서구형 정통 목조건물이라고 답했고, 통나무 펜션이 28.1%로 2위를 기록했다.
한국적인 정서가 묻어나는 황토방 등 전통 펜션의 선호도는 7.4%에 그쳤다.

04 개별형 펜션 vs. 단지형 펜션

펜션은 크게 개별형 펜션과 단지형 펜션으로 나뉜다.

개별형 펜션은 개인이 전원생활을 하면서 고객을 유치해 수입을 올리는 형태로 주로 은퇴한 노년층이 노후대책용으로 운영하는 경우가 많다. 수익률은 투자금 대비 연 12~18%로 단지형 펜션에 비해 높지만 단지 규모가 작아 고객 유치면에서 단지형 펜션보다 불리하다. 개별형 펜션이 주로 리조트와 스키장 등 대형 휴양시설 부근에 들어서는 것도 이 때문이다.

그러나 따로 관리인을 두지 않고 부부가 운영할 경우 객실이 너무 많으면 청소 등 관리가 어렵고 서비스가 부실해질 수 있다. 또 지속적인 투자가 필요하다. 내부구조에서 외부조경까지 특성을 살리거나 이용객의 선호도에 맞추어 계속 바꿔 줘야 경쟁에서 뒤지지 않는다. 차별화된 테마 개발도 게을리해서는 안 된다.

고객 유치를 위해 홍보에 특별히 신경 써야 한다. 펜션의 주이용객은 젊은층이므로 인터넷 홈페이지 등을 통해 입지여건과 교통편 등을 자세히 소개하는 것은 기본이다. 예약까지 인터넷으로 처리하는 것이 좋다.

혼자 힘으로 운영하는 것이 벅찰 때는 펜션전문 컨설팅업체를 활용하는 것도 한 방법이다. 인근 지역의 펜션과 연계해 공동브랜드를 사용하거나 프랜차이즈에 가입하는 방안도 바람직하다.

단지형 펜션은 전문관리업체가 단지 전체를 위탁 관리하기 때문에 객실 운영에 신경을 쓰지 않고 일정한 수익을 올릴 수 있다.

시설 보수뿐 아니라 고객 관리에서 홍보, 마케팅까지 공동 관리하므로 경비절감 효과도 있고 단지 전체를 하나의 컨셉트로 꾸며 고객의 인지도를 높일 수 있는 것이 장점이다. 농구장, 수영장, 족구장, 선착장, 낚시터, 도자기공방 등 개별형 펜션 투자에서는 엄두도 낼 수 없는 부대시설을 적은 비용에 확보할 수 있다.

수익률은 연 8~12% 정도로 관리자와 수익을 나누기 때문에 개별형 펜션에 비해 낮다.

개별형 펜션을 지으려면 

펜션을 지으려면 입지 선정, 개발 허가 여부, 자금 마련 등 사전에 준비해야 할 사항이 많다.

스키장, 종합리조트, 골프장 인근지역 등 관광객들을 많이 끌어들일 수 있는 곳에 입지를 정하는 것이 좋다. 일반 계곡이나 바닷가, 강 주변도 괜찮지만 객실 가동률을 높이기 위해서는 여행사와 연계하는 등 고객을 확보할 수 있는 전략을 짜야 한다.

수지가 맞으려면 객실 가동률이 연평균 40%는 넘어야 한다. 나

홀로 펜션보다 이미 펜션타운이 형성된 지역 인근이 좋다. 도로 확보도 필수다. 적어도 도로 폭이 4m 정도는 되어야 한다.

펜션의 건축비는 평당 300만~350만 원 선으로 일반주택(평당 250만~300만 원)보다 비싸다. 대부분 목조로 짓는 데다 객실마다 화장실, 욕조, 싱크대 등이 설치되기 때문이다. 관리지역 내 논밭 500평을 평당 20만 원 정도에 매입한 뒤 연면적 60평(객실 4~5개) 의 펜션을 지을 경우 총 3억~4억 원 정도의 비용이 들어간다.

공사기간은 3~6개월 정도로 아파트 등에 비해 짧으므로 자금을 충분히 확보한 뒤 공사를 시작해야 한다. 대부분 산간이나 계곡 일 대에 들어서기 때문에 인부 확보나 자재 운반이 쉽지 않다는 점도 미리 알아둬야 한다. 시공은 일반건축업자보다는 펜션전문업체에 맡기는 것이 좋다.

단지형 펜션을 분양 받으려면 

펜션시장에는 자금력이 약한 개발업체들이 난립해 있는 만큼 분양자금으로 사업비를 충당하는 경우가 많다. 이 경우는 분양이 잘 안 되면 사업이 중단되어 투자금을 날릴 수도 있다는 얘기다. 따라서 펜션을 분양 받기 전에 공급업체의 재무구조는 튼튼한지, 믿을 만한 업체인지 알아봐야 한다.

분양업체와 운영관리업체가 다를 경우 분양 당시 계약 사항이 무효가 될 우려가 있다. 따라서 계약을 맺기 전에 분양업체와 운영관리업체가 일치하는지, 다르다면 운영관리업체에 계약 사항을 확인해야 한다. 펜션 부지에 개발행위가 가능한 지 해당 지방자치단체에 문의해 보는 것은 기본 사항이다. 펜션 부지로는 연 10만 명 이상의 사람이 찾는 관광지 주변이 좋다.

단지 전체 공사가 끝나지 않은 채 일부만 오픈할 경우 이용객들이 싫어할 수도 있다는 점에 유의한다. 펜션은 투자금이 많이 들지는 않지만 큰돈을 벌 수 있는 아이템도 아니므로 전 재산을 쏟아 붓는 것은 바람직하지 않다. 8실 이상의 규모일 경우 숙박업으로 등록해야 하고 소득세 및 부가가치세를 내야 한다. 개별형 펜션에 비해 수익률이 낮다는 점도 감안해야 한다.

✠ 국세청, 펜션은 주택이 아니다 ✠

일반주택 1채와 펜션 1채를 소유하고 있는 사람이 일반주택을 팔 때는 1가구 1주택 비과세 혜택을 받을 수 있다. 국세청이 호텔과 민박의 중간형태 숙박시설로 최근 인기를 끌고 있는 펜션은 등기부나 건축물대장에 단독주택이나 다가구주택으로 등재되어 있더라도 주택으로 볼 수 없고 1가구 2주택 판정에서도 제외된다는 유권해석을 내렸기 때문이다. 단, 일반주택 1채와 펜션 1채를 소유하고 있는 사람이 주택은 그대로 보유하고 펜션을 팔 때는 양도세를 내야 한다. 1가구 1주택 비과세 규정을 적용할 때 주택은 건축물대장 등 공부상 용도구분에 관계없이 사실상 주거용으로 사용하는 건물을 말한다. 이 기준에 따라 양도세 펜션 보유자가 해당 건물을 주거용으로 사용한다면 주택으로 인정받을 수 있고 비과세 혜택도 주어진다.

05

실패하지 않는
펜션 투자법

보험회사에서 임원으로 일하다가 퇴직한 K씨는 강원도 평창에서 통나무 펜션을 운영하고 있다. K씨의 펜션은 20평짜리 객실 총 5채로 이뤄져 있다. 내부구조는 호텔식으로 꾸며져 있고 1박 요금은 4인 가족 기준으로 18만 원이다. 성수기에는 객실 가동률이 90%에 달한다. K씨가 펜션에 투자한 돈은 땅 매입비와 건축비, 각종 비품 구입비 등 총 5억 원이다. 월 평균 순수익은 500만~600만 원, 연 12%에 달하는 투자수익을 올리고 있는 셈이다.

전원생활과 투자수익을 동시에 누릴 수 있는 펜션 사업에 대한 관심이 날로 높아지고 있다. 하지만 펜션 사업은 그리 호락호락한 것이 아니어서 핑크빛 기대만 가지고 준비 없이 덤볐다가는 실패할 수도 있다. 개별형 펜션에 투자하기 전에 꼭 알아둬야 할 사항을 소개한다.

펜션은 '돈벌이' 수단만이 아니다 

펜션을 운영하는 목적은 수익을 내는 것이지만 돈벌이만을 위한 수단으로 삼아서는 안 된다. 단순한 숙박시설이 아닌 자연친화적인 레저문화사업이라는 인식을 가지고 접근해야 한다. 그렇지 않으면 오히려 경쟁력을 잃어 수익이 떨어지는 결과를 초래할 수도 있다.

지역 주민들과 친해지는 것도 중요하다. 외지인이 들어와 동네분위기를 해친다고 생각할 수도 있기 때문에 주민들과 친밀도를 높여 융화를 이뤄야 한다. 지역 주민들에게 인심을 잃을 경우 손님과 마찰을 빚거나 각종 민원이 제기될 수 있다.

투자 성패는 입지에 달렸다 

한 번 입지를 정하면 되돌리기가 쉽지 않으므로 입지 선정에 심혈을 기울여야 한다. 같은 지역 내에서도 어디에 위치해 있느냐에 따라 수익률이 천차만별이라는 점도 염두에 둬야 한다.

관광지 인근이면서 산이나 계곡을 끼고 있는 곳이 가장 좋다. 물론 용도변경 등 건축이 가능한 땅인지, 도로는 있는지, 전기·전화·상하수도 등 기반시설은 쉽게 끌어올 수 있는지 꼼꼼히 따져봐야 한다. 운영수익 외에 매도할 때 시세차익을 기대할 만한 곳인지도 계산해야 한다. 도로 개통 등 개발계획이 있는 곳이라면 더 많은 차익을 올릴 수 있다.

규모는
너무 크지 않게, 시설은 고급스럽게 

욕심이 앞서 대규모로 개발할 경우 투자금도 많이 들어가지만 경영상 어려움을 겪을 가능성이 높다. 관리인을 따로 둔다면 몰라도 가족들과 직접 운영할 계획이라면 5~6실 이하가 적당하다. 그래야 모든 이용객들에게 정성을 쏟을 수 있다. 가구나 가전, 생활집기 등 비품은 고급화해야 한다. 이용객들이 보다 쾌적한 환경에서 전원생활을 즐기려고 펜션을 찾았다는 사실을 잊어서는 안 된다.

'톡톡 튀는' 아이디어는 필수 

펜션은 특색이 있어야 한다. 한 번 다녀간 이용객이 다음 여행 때 다시 찾고 싶고, 다른 사람들에게 추천해주고 싶을 정도는 되어야 한다. 이것은 펜션 밀집지역일수록 더 절실하다.

한 지역에 여러 펜션이 있더라도 외국 관광객을 위한 문화체험 테마를 갖췄다던가, 중·장년 고객을 위해 찜질방을 설치했다면 지역 대표 펜션으로 자리잡는데 어려움이 없을 것이다.

펜션 부지 내에 주차장, 텃밭, 소운동장 등 부대시설을 확보하는 것도 좋은 방법이다. 자연체험이나 레포츠 프로그램 등 각종 테마를 지속적으로 발굴하는 것도 중요하다. 나름의 특화전략을 세웠다면 인터넷 등을 통해 널리 홍보하는 것을 잊어서는 안 된다. 펜션이나 관광 전문사이트를 적극 활용하는 것이 좋다.

제3장 기타 웰빙상품

기타
웰빙상품

농가주택 활용법

농가주택이 새로운 부동산재테크 수단으로 떠오르고 있다.

주5일 근무제가 확산되면서 전원생활에 대한 일반인들의 관심이 높아진 데다 일정 규모 또는 일정 가격 이하의 농가주택은 별장으로 분류되지 않아 취득세와 종합토지세 등이 중과세 되지 않기 때문이다.

지역에 따라서는 도시민이 농가주택을 취득한 뒤 도시주택을 팔아도 1가구 2주택 양도세 부과 대상에서 제외되기도 한다. 경기도와 광역시를 제외한 면지역의 농가주택을 구입해 3년 이상 보유할 경우 일정 요건만 갖추면 양도세도 면제된다.

관심을 가져볼 만한 농가주택 

서울로의 접근성이 뛰어난 수도권 농가주택이 인기를 끌고 있다. 특히 서울에서 차로 1~2시간 거리인 경기도 포천이나 양평, 가평,

이천, 여주 등지 농가주택에는 투자자들의 발길이 끊이지 않고 있다. 하지만 무조건 수도권을 고집할 필요는 없다. 최근 수도권과 지방을 연결하는 교통망이 확충되고 있는 만큼 수도권에 비해 투자비용이 저렴하고 경관이 뛰어난 충청권이나 강원권도 투자하기에 좋다.

충청권에서는 신행정수도 이전지 주변이나 충주호, 변산반도, 태안반도 주변 등을 눈 여겨 볼 만하다. 강원권에서는 횡성과 홍천, 평창, 영월, 인제 등을 관심지역으로 꼽을 수 있다.

레저관광단지 조성이 가시화되고 있는 전북 새만금 일대와 전남 해남·영암 일대, 서해안 주요 섬 등에도 알짜배기 농가주택이 많다. 이 밖에 고속철도 역세권에서 1시간 이내 거리의 농가주택도 관심을 둘 만한 대상이다.

리모델링 후
전원주택으로 활용할 수 있다

농가주택이 인기를 끄는 이유는 다른 상품에 비해 투자비용이 적게 드는 데다 부분 리모델링을 거치면 전원주택이나 펜션으로 활용할 수 있기 때문이다.

실제로 전원주택이나 펜션에 투자하고 싶지만 비용이 많이 들어 부담스러워 했던 수요자들이 농가주택을 매입한 뒤 리모델링 하는 사례가 부쩍 늘고 있다.

농가주택을 전원주택 등으로 리모델링 할 경우 일반 토지를 구입해 짓는 것보다 비용과 절차면에서 많은 이점이 있다.

기존 농가는 지목상 대지인 경우가 많아 증 · 개축이 자유롭고 매매 형식만 취하면 되므로 농지전용이나 건축허가 등 절차가 필요없고 형질변경에 필요한 대체조성비도 내지 않아도 된다. 또 전기, 전화, 수도 등 주거에 필요한 기반시설을 대부분 갖추고 있기 때문에 이에 따른 비용도 절감할 수 있다.

Tip

농가주택 정보, 여기 가면 있다

농가주택은 조금만 개조하면 주말별장이나 체험학습장 등의 다양한 용도로 활용할 수 있다. 때문에 농가주택에 대한 다양한 정보를 제공하는 인터넷 사이트가 잇따라 개설되고 있다.

농협중앙회가 운영하는 농협하나로복덕방(www.hanaroland.co.kr), 주말농장닷컴(www.jumalnongjang.com), 전원주택정보업체인 OK시골(www.oksigol.com) 등이 그것이다. 이 밖에 각 시 · 군 · 구청 주택과의 농어촌빈집정보센터를 이용하면 전국 각지의 농촌, 농업 부동산에 대한 다양한 정보를 얻을 수 있다.

농가주택 투자시 유의 사항 

　농가주택은 분명 투자 이점이 많은 상품이지만 대박이 날 만한 로또는 아니다. 각종 호재를 갖추고 있으면 가격이 많이 올라 있어 일반인들이 접근하기 어렵고, 가격이 낮을 경우는 향후 수년간 가격 상승을 기대하기 어렵다.

　교통여건은 물론 기존도로, 도로 신설 및 확장 계획 등을 꼼꼼히 따져봐야 한다. 대지가 아닌 농지에 지어진 농가주택의 경우 증·개축이나 신축 등에 제약이 따르므로 등기부등본 및 건축물대장 등을 반드시 열람해야 한다. 해당 지방자치단체에 건축 가능 여부를 미리 확인하는 것도 잊어서는 안 된다.

　농가주택은 환금성이 떨어지는 만큼 장기적인 관점에서 투자해야 한다. 구입하려는 주택이 양도세, 지방세 등 세제혜택을 받을 수 있는지도 점검해야 할 사항이다.

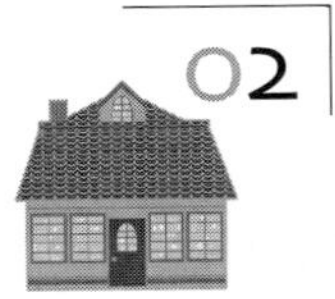

전원형 저층 공동주택, 타운 하우스

얼마 전에 방영된 KBS드라마 '로즈마리'에 나오는 주택들을 보면 일반 단독주택과는 사뭇 다르다는 느낌이 든다. 아파트도 아니면서 공동 마당에 공동 휴식공간이 마련되어 있고 관리인이 화단 등 조경시설을 관리한다. 이처럼 전원형 단독주택과 아파트의 장점을 접목시킨 주택상품이 바로 '타운 하우스(Town House)'이다.

타운 하우스는 단독주택의 벽을 붙이는 합벽식 구조로 2~3가구가 지붕을 공유하며, 1개 동을 이루기 때문에 외형상 공동주택과 비슷하다. 똑같은 모양의 단독주택들이 연이어 붙어 있다고 해서 듀얼 하우스(Dual House)라고도 한다. 하지만 독립된 출입문과 지하층부터 지상층까지 통째로 사용하는 내부구조는 영락없는 단독주택이다.

타운 하우스의 필수요건 중 하나는 공동 마당이다. 이곳은 입주민간에 커뮤니티가 형성되는 곳이다. 가구 사이를 구분하는 울타리도 없다. 공동 야외식탁이나 레저시설을 설치하는 경우도 있다. 공동 관리가 가능하면서도 단독주택의 독립생활이 가능한 셈이다.

어디에 있는가

　북미와 유럽에서 발달한 타운 하우스는 지난 1984년 서울 구로구 항동에 그린빌라가 지어지면서 국내에 첫선을 보였다. 이후 분당신도시 이매동에 동호인들이 지은 조이빌리지와 조이테라스빌, 분당동 빌라단지 내에 하나빌라, 양평군 단월면의 분지울마을, 발길이머무는마을 등이 속속 건립되었다.

　이들 단지는 대부분 50평 안팎의 중대형으로 내·외부 인테리어, 단지 시설 등이 최고급으로 설계된다. 외국의 타운 하우스가 서민형부터 최고급형까지 종류와 형태가 다양한 데 비해 국내에서는 고급주택의 한 형태로 도입된 것이다.

　국내 타운 하우스의 효시로 불리는 항동 그린빌라의 경우 주민 공동 소유의 골프연습장과 농장이 있고 단지 내부에는 수영장, 테니스장 등이 갖춰져 있다. 33/50/65평형, 35개 동, 137가구 규모로 외부에서는 2층 주택으로 보이지만 내부는 4층 복층형으로 설계되었다. 특히 대지지분이 100~198평으로 큰 것이 특징이다.

　분당 이매동 조이빌리지는 배후에 산을 두고 단지 옆으로는 밭이 펼쳐진 전원 속의 타운 하우스다. 70평형, 15가구 규모로 원목으로 마감한 실내와 시스템 주방·욕실 등의 인테리어가 고급스럽다. 단지 내부는 잔디와 화분으로 장식되어 있다.

왜 타운 하우스인가 

　복잡한 도시에서 벗어나 여유로운 삶을 즐기고 싶은 사람이라면 흔히 전원주택을 꿈꾼다. 1990년대 중반부터 양평, 용인 등 수도권을 중심으로 전원주택이 개발되기 시작했고 단지형 전원주택들도 곳곳에 들어서 있다.

　하지만 상당수의 전원주택들이 교통과 편의시설, 보안 등 생활여건이 제대로 갖춰지지 않아 입주자들이 불편함을 느끼는 경우가 많다. 때문에 다시 도시로 주거지를 옮기거나, 별장으로 이용하는 사례도 적지 않다.

　타운 하우스는 이 같은 전원주택의 단점을 크게 줄인 대신 쾌적성과 여유로움 등을 살린 주택 형태라는 점에서 남다른 관심을 끌고 있다. 건강과 자연환경을 중시하는 웰빙 트렌드에 부합하는 전원형 단독주택과 아파트의 장점을 고루 갖추고 있는 것도 특징이다. 수년간 주택시장을 풍미한 초고층 주상복합아파트를 대체하는 고급 주택상품으로 가치가 충분하다는 분석도 나오고 있다.

주말농장 마련법

서울 신대방동에 사는 L씨는 주말이 되면 과천에 있는 작은 농장으로 향한다. 200평 규모의 비닐하우스를 만들어 배추와 고추, 호박 등 각종 채소를 직접 재배하고 있다. 가끔 지인을 농장으로 데려가 원하는 만큼 수확하게 하는 인심도 베푼다. 우연히 시작하게 된 주말농장을 통해 생활에 활력을 얻고 있는 셈이다.

주말만이라도 전원의 여유로움을 즐기고 싶은 웰빙족이라면 주말농장에 관심을 가져보자.

많은 투자비용 없이도 자연을 만끽할 수 있어 초보 투자자들이 구입하기에 적합하다. 농촌경제 활성화를 위해 정부가 도시민의 농지 취득 규제를 대폭 완화한 것도 투자 메리트로 작용하고 있다.

주말농장 분양 받기 

주말농장을 가장 손쉽게 마련하는 방법은 임대분양을 받는 것이다. 임대분양은 공공기관에서 하는 분양과 민간에서 하는 분양으로 나뉜다. 임대분양을 실시하는 공공기관으로는 서울시와 경기도, 농협 등이 있다.

서울시의 경우 농업기술센터에서 선착순으로 주말농장을 분양한다. 서울시 농업기술센터가 분양하는 주말농장은 모두 서울 시내에 자리잡고 있어 시민들이 부담 없이 찾아갈 수 있다. 도봉산을 배후에 둔 도봉구 소재 농장들과 청계산이 가까운 서초구 소재 농장들이 대표적이다. 강남구 자곡동과 강동구 상일동, 고덕동 등에 자리잡은 농장들도 눈 여겨 볼 만하다. 보통 4~11월까지 운영되는 주말농장은 재배에서 수확까지 모두 회원이 책임진다.

서울시 농업기술센터 홈페이지(http://agro.seoul.go.kr) '텃밭가꾸기' 코너에 접속하거나 전화(02-3462-7924)로 문의하면 자세한 정보를 얻을 수 있다.

경기도도 농촌지역 경제 활성화를 위해 주말농장을 체험농장 형식으로 운영한다. 경기도 홈페이지(http://www.kg21.net)에 접속해 생활문화, 농정소식 순으로 찾아가면 자세한 내용을 확인할 수 있다. 각 지역별 농협 본부에서도 주말농장, 과수원, 목장, 영농체험장 등을 분양 받을 수 있다.

개인이 분양하는 임대분양은 과천, 의왕 등 수도권 곳곳에서 이뤄지고 있다. 분양기사나 인터넷 검색을 통해 다양한 정보를 취득하면 된다.

주말농장 직접 사기 

직접 농지를 사는 것도 한 방법이다. 농지를 사면 주말농장으로
직접 농사를 지을 수도 있고 전원주택이나 펜션 등으로 활용할 수
도 있다.

소규모 주말주택으로 15~20평 정도를 짓고 나머지는 자연학습
장이나 텃밭 등으로 이용할 수 있다. 오랫동안 보유했다가 직접 집
을 짓고 땅값이 상승하면 그 자체가 재테크가 되는 것이다.

농지 취득에 대한 규제가 완화되면서 수도권 일대 농지값이 크게
뛰었지만 발품만 팔면 저렴한 농지를 찾을 수 있다. 관광지를 끼고
있는 곳이라면 더욱 좋다.

주말농장 투자시 유의 사항

임대분양의 경우 4인 가족 기준으로 5~10평 안팎이 적절하다.
농장주에게 조언을 구하거나 계절에 맞는 품목을 선택해 기르는
것이 바람직하다. 처음에는 재배가 쉽고 빨리 자라는 채소류부터
시작하는 것도 좋은 방법이다. 수확에 중점을 두기보다는 농촌 및
자연체험에 더 큰 의미를 둬야 한다.

직접 농지를 살 경우 감당할 수 있는 한도 내에서 구입해야 한다.
농사를 지어본 경험이 전혀 없는 사람이라면 너무 큰 규모의 농지
를 구입하는 것은 피해야 한다.

힘들다는 이유로 농사를 짓지 않으면 해당 지방자치단체로부터

처분 명령을 받을 수도 있다.

　논보다는 밭을 사는 것이 유리하다. 논은 벼농사 외에는 짓기가 힘들어 활용성이 떨어진다. 집을 지으려 해도 지대가 낮아 건축비가 더 든다.

✠ 주말농장은 도심서 1시간 거리가 적당하다 ✠

주말마다 농장을 찾으려면 너무 멀지 않은 곳이 좋다. 도심이나 주거지에서 1시간 안팎의 거리가 적당하다.

서울, 경기, 인천 등 수도권을 비롯해 고속철도 개통으로 접근성이 좋아진 충청권을 중심으로 고르는 것이 좋다. 지방일 경우도 각 지방 도심에서 1시간 이내 거리에 위치한 곳을 선택하는 것이 바람직하다.

나도 콘도 회원이 되어 볼까

여름 휴가철, 콘도 예약에 어려움을 겪을 때면 '콘도 하나 분양받아 둘 걸…' 이라는 아쉬움이 들기 마련이다. 여름 휴가를 전후로 콘도 회원권 거래가 활발한 것도 이 때문일 것이다.

최근에는 주5일 근무제 도입으로 주말 여행을 즐기는 수요가 늘면서 유명 관광지 콘도들이 주목받고 있다. 특히 단순한 숙박기능을 넘어서 골프, 스키, 레저 등을 함께 즐길 수 있는 종합테마형 콘도들은 회원권 매매가격이 오르는 등 인기를 끌고 있다.

장기적 관점에서 투자하기 

콘도는 크게 일반 체인형과 종합테마형 콘도로 나뉜다.

체인형 콘도란 한화리조트같이 전국에 체인망을 갖고 있는 것을 말한다. 종합테마형 콘도란 대명비발디, 보광휘닉스파크 등과 같이 숙박은 물론 레저 등이 결합된 시설이다.

내수 경기 위축에도 불구하고 여행, 레저 등과 관련된 지출은 꾸준한 편이다. 이는 종합테마형 콘도 회원권에 대한 인기로 연결되는 추세이다. 또 최근의 콘도 투자는 단기매매 차익보다는 이용자 중심의 매매 패턴을 보이고 있는 만큼 장기적 관점으로 접근해야 한다.

회원권인지 이용권인지 확인 

회원권이냐, 이용권이냐에 따라 콘도 이용은 물론 환금성이 떨어질 수도 있다는 점에 유의해야 한다. 신문에 회원권을 100만 원 이하로 할인판매한다는 광고 등은 이용권일 가능성이 높다. 놀이공원에서 놀이기구를 이용할 수 있는 이용권을 구입하라는 얘기이다.

따라서 계약 만료 후 돈을 되돌려 받을 수 있는지 확인해야 한다. 이용권은 콘도 이용이 가장 필요한 여름이나 겨울 성수기에 제대로 콘도를 이용하지 못할 확률이 높다.

반면 회원권은 계약기간이 만료되면 투자금액을 전액 환불받을 수 있다. 객실 배정에서도 이용권 회원보다 유리하다.

10분 1구좌가 유리 

콘도 투자는 구좌 단위로 일반적으로 이뤄진다. 따라서 10분 1구좌란 객실 하나를 10개로 쪼개 분양하는 방식이다. 분양가가 2억 원인 콘도를 10분 1구좌로 분양할 경우 1인당 2,000만 원 정도의 분양가가 책정된다. 30분 1 등 구좌가 많이 배정되면 분양가는 낮아지지만 그만큼 회원이 많아져 콘도 이용에 불편을 겪을 수도 있다. 회원권 만기일은 물론 업체의 재무구조를 확인하는 것은 기본이다. 시설이나 인지도는 마음에 들지만 회사의 재무구조가 의심스럽다면 보장성이 강한 등기제를 선택하는 것이 좋다.

신규상품을 노리는 것이 좋아 

콘도 회원권을 분양 받으려는 수요자라면 각 업체들이 신규상품으로 내놓은 분양권을 노리는 것이 바람직하다. 일반적으로 성수기를 노리고 출시되는 신규상품은 각종 할인 혜택 등 이용 조건이 유리하기 때문이다. 숙박권이나 골프장, 수영장, 사우나 등 시설 이용권을 제공하는 경우가 많다.

자신이 원하는 테마에 맞춰 콘도를 고르는 것도 좋은 방법이다. 롯데건설이 서해안 덕산에 짓고 있는 스파캐슬은 스파가 테마이다. 370여 실 규모로 2005년 6월에 완공될 예정이다. 실내스파, 노천스파, 뷰티세라피 등 40여 개 스파 및 레저시설이 갖춰진다.

충북 제천 클럽ES는 자연을 테마로 하고 있다. 충주호, 월악산 등을 끼고 있어 쾌적한 자연환경을 만끽할 수 있다. 철저한 회원제로 운영되고 있는 것도 특징이다. 대명비발디, 골드훼밀리, 한솔오크밸리 등은 골프를 테마로 한 콘도이다.

✠ 콘도 등기제 ✠

등기제는 분양 받은 콘도의 소유권 이전 등기를 하는 회원권이다. 만기일까지 분양 받은 회원의 개인 재산이 되며 만기일에는 반드시 매각해야 한다. 부가세, 취득세, 등기비용 등 부대비용이 들어가며 매년 재산세를 내야 한다.

골프회원권
투자가이드

골프를 치지 않는 사람에게 골프회원권은 너무 멀게 느껴질 수 있다. 하지만 저금리 기조에다 웰빙 열풍까지 불면서 골프회원권은 짭짤한 재테크 수단으로 각광받고 있다.

골프회원권 값은 지난 몇 년간 단기적인 등락은 있었지만 지속적인 상승세를 이어 왔다. 특히 2003년 6월말부터 2004년 5월말까지 1년여 동안은 대부분의 회원권이 높은 상승률을 유지해 왔다. 최근 하락세를 보이고는 있지만 당분간 조정을 받은 후에 다시 상승세로 돌아설 것이라는 전망이 지배적이다.

앞으로도 좋은 재테크 수단이 될까? 

　일본은 지난 10여 년 간 골프회원권 값이 급락했다. 자금난으로 골프장들이 줄줄이 도산하는가 하면 회원권 값이 1/10까지 폭락한 골프장도 있다.

　하지만 국내 골프장은 심한 수급 불균형을 이루고 있는 만큼 일본처럼 회원권 값이 빠질 가능성은 없다고 전문가들은 보고 있다. 2003년 말 현재 전국에서 운영중인 골프장은 180여 곳. 당장 두 배로 늘어난다고 해도 360여 개에 불과하다. 2200여 개에 이르는 일본의 골프장 수에 비하면 턱없이 적은 숫자이다.

　이헌재 부총리 겸 재정경제부 장관이 신규 골프장 건립 신청을 조기 허가할 방침이라고 밝히고는 있지만 허가를 받았다고 골프장이 모두 완공되는 것이 아닌데다 골프장을 건립하는데 시간이 걸리는 만큼 수급불균형이 짧은 기간에 해소되기는 어려울 전망이다.

　특히 서울에서 가까운 수도권에는 골프장을 건설할 땅이 거의 없어 교통여건이 뛰어난 골프장은 시세가 급락하기 어렵다는 분석이다. 전문가들이 적어도 향후 5년간은 금리를 웃도는 수익을 남길 수 있을 것으로 확신하는 것도 이 때문이다. 주5일 근무제 등 생활패턴의 변화로 골퍼 등 회원권 수요가 꾸준히 증가하는 것도 이 핑크빛 전망에 힘을 실어주고 있다.

언제 사야 할까? 

전국의 골프장에서 판매, 발행한 회원권 수는 대략 10만 개 정도이다. 주중 회원권까지 포함하면 그 수는 더 많아진다. 문제는 이 회원권을 언제 사야 하는가 이다.

전문가들은 회원권시장이 청개구리처럼 움직이므로 매수세가 많지 않을 때가 매수 타이밍이 될 수 있다고 조언한다. 값이 떨어질 것 같은 겨울철에 값이 오르고, 정작 가격이 오를 것 같은 봄에는 오히려 값이 떨어지는 경우가 많다는 것이다.

사실 골프회원권 시세 등락을 전망하기란 쉽지 않다. 공급의 균형추가 어디로 기우느냐에 따라 명암이 달라지는 데다 경기흐름, 국내외 정세 등 복합적인 요인이 작용하기 때문이다. 따라서 단순히 현재 시세만으로 회원권시장을 판단하기보다는 주변 상황을 종합적으로 체크하는 것이 중요하다.

그래도 회원권 투자자들이 쉽게 느낄 수 있는 회원권 시세 중 단기 예측 방법이 있다. 바로 골프장 예약률과 그린피 변동 여부다. 이를 잘 분석하면 매수 혹은 매도 타이밍을 판단하는데 큰 도움이 될 것이다.

골프장 예약이 어렵다면 회원권 수요는 그만큼 늘어난다. 이 때 투자자들은 골프장을 이용하려는 실수요자라는 점이고 실수요자가 몰리는 만큼 시장 분위기는 한동안 호황세를 유지한다.

그린피는 예약의 후속타로 감지되는 사항이다. 골프장을 이용하려는 사람들이 감소하고 있는데 무작정 그린피만 올리는 앞뒤 계산 없는 사업자는 없다. 골프장 이용 수요가 늘면 그린피가 뛰고

수요가 줄어들면 보합 또는 인하 쪽으로 가닥을 잡는 것이 당연한
시장 논리이다.

✠ 골프회원권 투자 포인트 ✠

❶ 투자할 골프장에 대한 충분한 사전조사가 필요하다

시장의 평가, 모기업의 건전성, 접근성, 부킹 편의성, 코스상태 등 투자할 골
프장에 대한 충분한 평가와 분석이 있어야 한다. 특히 공사·분양 중인 골프
장은 의외의 사태가 생길 수도 있으므로 각별히 주의해야 한다. 신설 골프장
은 반드시 현장답사를 해야 한다.

❷ 환금성이 높은 곳을 선택한다

홀당 회원수가 20명 이하로 회원수가 너무 적으면 거래가 쉽게 이뤄지지 않
는다. 환금성 측면에서는 홀당 회원수가 40명 정도인 골프장이 적당하다.
또 법인회원이 많으면 거래가 불편하다. 반면 회원수가 너무 많으면 부킹이
잘 안 되는 등 이용가치가 떨어지므로 홀당 회원수를 꼼꼼히 따져본다.

❸ 회원을 지나치게 세분화한 골프장은 피한다

일반회원 외에도 특별회원, VIP 회원 등으로 회원들이 세분화되어 있을 경우 일반회원권은 시세 하락 등 불이익을 당할 수 있다.

❹ 명의변경이 가능한지 확인한다

골프장 중에는 회원의 명의변경이 안 되는 만기 반납형이 30%를 차지한다. 이 경우 공증거래를 해야 하는 등의 번거로움과 위험성이 따르므로 투자 전에 반드시 확인해야 한다.

❺ 골퍼들 사이에서의 이미지도 중요하다

최근 서비스 비중이 높아지고 있는 만큼 골퍼들의 평가를 들어봐야 한다. 골프장에 지속적인 재투자가 이뤄지고 있는지도 확인해야 할 사항이다.

❻ 여유자금으로 투자하는 것이 좋다

골프회원권도 다른 부동산과 마찬가지로 거액이 소요된다. 하지만 사정이 여의치 않을 경우 투자액이 묶이는 상황이 발생할 수도 있으므로 유의한다.

❼ 간접투자상품 정도의 투자수익률이 적당하다

골프회원권을 단순 투자상품으로 보는 것은 시기상조이다. 6개월 이상 장기 보유해 자신의 목적에 맞게 골프장을 이용하면서 시중 금리 이상의 수익을 노리는 것이 바람직하다.

가림출판사 · 가림M&B · 가림Let's에서 나온 책들

문 학

바늘구멍
켄 폴리트 지음 / 홍영의 옮김 / 신국판 / 342쪽 / 5,300원

레베카의 열쇠
켄 폴리트 지음 / 손연숙 옮김 / 신국판 / 492쪽 / 6,800원

암병선
니시무라 쥬코 지음 / 홍영의 옮김 / 신국판 / 300쪽 / 4,800원

첫키스한 얘기 말해도 될까
김정미 외 7명 지음 / 신국판 / 228쪽 / 4,000원

사미인곡 上·中·下
김충호 지음 / 신국판 / 각 권 5,000원

이내의 끝자리
박수완 스님 지음 / 국판변형 / 132쪽 / 3,000원

너는 왜 나에게 다가서야 했는지
김충호 지음 / 국판변형 / 124쪽 / 3,000원

세계의 명언
편집부 엮음 / 신국판 / 322쪽 / 5,000원

여자가 알아야 할 101가지 지혜
제인 아서 엮음 / 지창국 옮김 / 4×6판 / 132쪽 / 5,000원

현명한 사람이 읽는 지혜로운 이야기
이정민 엮음 / 신국판 / 236쪽 / 6,500원

성공적인 표정이 당신을 바꾼다
마츠오 도오루 지음 / 홍영의 옮김 / 신국판 / 240쪽/ 7,500원

태양의 법
오오카와 류우호오 지음 /민병수 옮김 / 신국판 /246쪽 /8,500원

영원의 법
오오카와 류우호오지음 /민병수 옮김 /신국판 /240쪽 /8,000원

석가의 본심
오오카와 류우호오 지음 / 민병수 옮김 / 신국판 / 246쪽 / 10,000원

옛 사람들의 재치와 웃음
강형중 · 김경익 편저 / 신국판 / 316쪽 / 8,000원

지혜의 쉼터
쇼펜하우어 지음 / 김충호 엮음 / 4×6판 양장본 / 160쪽 / 4,300원

헤세가 너에게
헤르만 헤세 지음 / 홍영의 엮음 / 4×6판 양장본 / 144쪽 / 4,500원

사랑보다 소중한 삶의 의미
크리슈나무르티 지음 / 최윤영 엮음 / 신국판 / 180쪽 / 4,000원

장자-어찌하여 알 속에 털이 있다 하는가
홍영의 엮음 / 4×6판 / 180쪽 / 4,000원

논어-배우고 때로 익히면 즐겁지 아니한가
신도희 엮음 / 4×6판 / 180쪽 / 4,000원

맹자-가까이 있는데 어찌 먼 데서 구하려 하는가
홍영의 엮음 / 4×6판 / 180쪽 / 4,000원

아름다운 세상을 만드는 사랑의 메시지 365
DuMont monte Verlag 엮음 / 정성호 옮김 /
4×6판 변형 양장본 / 240쪽 / 8,000원

황금의 법
오오카와 류우호오 지음 / 민병수 옮김 / 신국판 / 320쪽 / 12,000원

왜 여자는 바람을 피우는가?
기젤라 룬테 지음 / 김현성 · 진정미 옮김 / 국판 / 200쪽 / 7,000원

건 강

식초건강요법 건강식품연구회 엮음 / 신재용(해성한의원 원장) 감수
가장 쉽게 구할 수 있고 경제적인 식품이면서 상상할 수 없을 정도
로 뛰어난 약효를 지닌 식초의 모든 것을 담은 건강지침서!
신국판 / 224쪽 / 6,000원

아름다운 피부미용법 이순희(한독피부미용학원 원장) 지음
피부조직에 대한 기초 이론과 우리 몸의 생리를 알려줌으로써 아
름다운 피부, 젊은 피부를 오래 유지할 수 있는 비결 제시!
신국판 / 296쪽 / 6,000원

버섯건강요법 김병각 외 6명 지음
종양 억제율 100%에 가까운 96.7%를 나타내는 기적의 약용버섯
등 신비의 버섯을 통하여 암을 치료하고 비만, 당뇨, 고혈압, 동맥
경화 등 각종 성인병 예방을 위한 생활 건강 지침서!
신국판 / 286쪽 / 8,000원

성인병과 암을 정복하는 유기게르마늄
이상현 편저 / 카오 샤오이 감수
최근 들어 각광을 받고 있는 새로운 치료제인 유기게르마늄을 통
한 성인병, 각종 암의 치료에 대해 상세히 소개.
신국판 / 312쪽 / 9,000원

난치성 피부병 생약효소연구원 지음
현대의학으로도 치유불가능했던 난치성 피부병인 건선 · 아토피
(태열)의 완치요법이 수록된 건강 지침서. 신국판 / 232쪽 / 7,500원

新 방약합편 정도명 편역
자신의 병을 알고 증세에 맞춰 스스로 처방을 할 수 있고 조제할
수 있는 보약 506가지 수록. 신국판 / 416쪽 / 15,000원

자연치료의학 오홍근(신경정신과 의학박사 · 자연의학박사) 지음
대한민국 최초의 자연의학박사가 밝힌 신비의 자연치료의학으로
자연산물을 이용하여 부작용 없이 치료하는 건강 생활 비법 공
개!! 신국판 / 472쪽 / 15,000원

약초의 활용과 가정한방 이인성 지음
주변의 흔한 식물과 약초를 활용하여 각종 질병을 간편하게 예
방 · 치료할 수 있는 비법제시. 신국판 / 384쪽 / 8,500원

역전의학 이시하라 유미 지음 / 유태종 감수
일반상식으로 알고 있는 건강상식에 대해 전혀 새로운 관점에서
비판하고 아울러 새로운 방법들을 제시한 건강 혁명 서적!!
신국판 / 286쪽 / 8,500원

이순희식 순수피부미용법 이순희(한독피부미용학원 원장) 지음
자신의 피부에 맞는 관리법으로 스스로 피부관리를 할 수 있는 방
법을 제시하고 책 속 부록으로 천연팩 재료 사전과 피부 타입별 팩
고르기. 신국판 / 304쪽 / 7,000원

21세기 당뇨병 예방과 치료법 이현철(연세대 의대 내과 교수) 지음
세계 최초 유전자 치료법을 개발한 저자가 당뇨병과 대항하여 가
장 확실하게 이길 수 있는 당뇨병에 대한 올바른 이론과 발병시 대
처 방법을 상세히 수록! 신국판 / 360쪽 / 9,500원

신재용의 민의학 동의보감 신재용(해성한의원 원장) 지음
주변의 흔한 먹거리를 이용해 신비의 명약이나 보약으로 활용할
수 있는 건강 지침서로서 저자가 TV나 라디오에서 다 밝히지 못한
한방 및 민간요법까지 상세히 수록!! 신국판 / 476쪽 / 10,000원

치매 알면 치매 이긴다 배오성(백상한방병원 원장) 지음
B.O.S.요법으로 뇌세포의 기능을 활성화시키고 엔돌핀의 분비효
과를 극대화시켜 증상에 맞는 한약 처방을 병행하여 치매를 치유
하는 획기적인 치유법 제시. 신국판 / 312쪽 / 10,000원

21세기 건강혁명 밥상 위의 보약 생식 최경순 지음
항암식품으로, 다이어트식으로, 젊고 탄력적인 피부를 유지할 수
있게 해주는 자연식으로의 생식을 소개하여 현대인들의 건강 길라
잡이가 되도록 하였다. 신국판 / 348쪽 / 9,800원

기치유와 기공수련 윤한홍(기치유 연구회 회장) 지음
누구나 노력만 하면 개발할 수 있고 활용할 수 있는 기 수련 방법
과 기치유 개발 방법 소개. 신국판 / 340쪽 / 12,000원

만병의 근원 스트레스 원인과 퇴치 김지혁(김지혁한의원 원장) 지음
만병의 근원인 스트레스를 속속들이 파헤치고 예방법까지 속시원
하게 제시!! 신국판 / 324쪽 / 9,500원

김종성 박사의 뇌졸중 119 김종성 지음
우리나라 사망원인 1위. 뇌졸중 분야의 최고 권위자인 저자가 일
상생활에서의 건강관리부터 환자간호에 이르기까지 뇌졸중의 예

방, 치료법 등 모든 것 수록. 신국판 / 356쪽 / 12,000원

탈모 예방과 모발 클리닉 장정훈 · 전재홍 지음
미용적인 측면과 우리가 일상적으로 고민하고 궁금해 하는 털에
관한 내용들을 다양하고 재미있게 예들을 들어가면서 흥미롭게 풀
어간 것이 이 책의 특징. 신국판 / 252쪽 / 8,000원

구태규의 100% 성공 다이어트 구태규 지음
하이틴 영화배우의 다이어트 체험서. 저자만의 다이어트법을 제시
하면서 바람직한 다이어트에 대해서도 알려준다. 건강하게 날씬해
지고 싶은 사람들을 위한 필독서! 4×6배판 변형 / 240쪽 / 9,900원

암 예방과 치료법 이춘기 지음
암환자와 가족들을 위해서 암의 치료방법에서부터 합병증의 예방
및 암이 생기기 전에 알 수 있는 방법에 이르기까지 상세하게 해설
해 놓은 책. 신국판 / 296쪽 / 11,000원

알기 쉬운 위장병 예방과 치료법 민영일 지음
소화기관인 위와 관련 기관들의 여러 질환을 발병 원인, 증상, 치
료법을 중심으로 알기 쉽게 해설해 놓은 건강서.
신국판 / 328쪽 / 9,900원

이온 체내혁명 노보루 야마노이 지음 / 김병관 옮김
새로운 건강관리 이론으로 주목을 받고 있는 음이온을 통해 건강
을 돌볼 수 있는 방법 제시. 신국판 / 272쪽 / 9,500원

어혈과 사혈요법 정지천 지음
침과 부항요법 등을 사용하여 모든 질병을 다스릴 수 방법과 우리
주변에서 흔하게 접할 수 있는 각 질병의 상황별 처치를 혈자리
그림과 함께 해설. 신국판 / 308쪽 / 12,000원

약손 경락마사지로 건강미인 만들기 고정환 지음
경락과 민족 고유의 정신 약손을 결합시킨 약손 성형경락 마사지
로 수술하지 않고도 자신이 원하는 부위를 고치는 방법을 제시하
는 건강 미용서. 4×6배판 변형 / 284쪽 / 15,000원

정유정의 LOVE DIET 정유정 지음
널리 알려진 온갖 다이어트 방법으로 살을 빼려고 노력했던 저자
의 고통스러웠던 다이어트 체험담이 실려 있어 지금 살 때문에 고
민하는 사람들이 가슴에 와 닿는 나만의 다이어트 계획을 나름대
로 세울 수 있을 것이다. 4×6배판 변형 / 196쪽 / 10,500원

머리에서 발끝까지 예뻐지는 부분다이어트 신상만 · 김선민 지음
한약을 먹거나 침을 맞아 살을 빼는 방법, 아로마요법을 이용한 다
이어트법, 운동을 이용한 부분비만 해소법 등이 실려 있으므로 나
에게 맞는 방법을 선택해 날씬하고 예쁜 몸매를 만들 수 있을 것이
다. 4×6배판 변형 / 196쪽 / 11,000원

알기 쉬운 심장병 119 박승정 지음
심장병에 관해 심장질환이 생기는 원인, 증상, 치료법을 중심으로
내용을 상세하게 해설해 놓은 건강서. 신국판 / 248쪽 / 9,000원

알기 쉬운 고혈압 119 이정균 지음
생활 속의 고혈압에 관해 일반인들이 관심을 가지고 예방할 수 있
도록 고혈압의 원인, 증상, 합병증 등을 상세하게 해설해 놓은 건
강서. 신국판 / 304쪽 / 10,000원

여성을 위한 부인과질환의 예방과 치료 차선희 지음
남들에게는 말할 수 없는 증상들로 고민하고 있는 여성들을 위해
부인암, 골다공증, 빈혈 등 부인과질환을 원인 및 치료방법을 중심
으로 설명한 여성건강 정보서. 신국판 / 304쪽 / 10,000원

알기 쉬운 아토피 119 이승규 · 임승엽 · 김문호 · 안유일 지음
감기처럼 흔하지만 암만큼 무서운 아토피 피부염의 원인에서부터
증상, 치료방법, 임상사례, 민간요법을 적용한 환자들의 경험담 등
수록. 신국판 / 232쪽 / 9,500원

120세에 도전한다 이권행 지음
아프지 않고 건강하게 오래 살기를 바라는 현대인들에게 우리 체
질에 맞는 식생활습관, 심신 활동, 생활습관, 체질별 · 나이별 양생
법을 소개. 장수하고픈 독자들의 궁금증을 풀어줄 것이다.
신국판 / 308쪽 / 11,000원

건강과 아름다움을 만드는 요가 정판식 지음
책을 보고서 집에서 혼자서도 할 수 있는 요가법 수록. 각종 질병
에 따른 요가 수정체조법도 담았으며, 별책 부록으로 한눈에 보는
요가 차트 수록. 4×6배판 변형 / 224쪽 / 14,000원

우리 아이 건강하고 아름다운 롱다리 만들기 김성훈 지음
키 작은 우리 아이를 롱다리로 만드는 비법공개. 식사습관과 생활
습관만의 변화로도 키를 크게 할 수 있으므로 키 작은 자녀를 둔
부모의 고민을 해결해 준다. 대국전판 / 236쪽 / 10,500원

알기 쉬운 허리디스크 예방과 치료 이종서 지음
전문가들의 의견, 허리병의 치료에서 가장 중요한 운동치료, 허리
디스크와 요통에 관해 언론에서 잘못 소개한 기사나 과장 보도한
기사, 대상이 광범위함으로써 생기고 있는 사이비 의술 및 상업적
인 의술을 시행하는 상업적인 병원 등을 소개함으로써 허리병을
앓고 있는 사람들에게 정확하고 올바른 지식을 전달하고자 하는
길라잡이서. 대국전판 / 336쪽 / 12,000원

소아과 전문의에게 듣는 알기 쉬운 소아과 119
신영규 · 이강우 · 최성항 지음
새내기 엄마, 아빠를 위해 올바른 육아법을 제시하고 각종 질병에
대한 치료법 및 예방법, 응급처치법을 소개.
4×6배판 변형 / 280쪽 / 14,000원

피가 맑아야 건강하게 오래 살 수 있다 김영찬 지음
현대인이 앓고 있는 고혈압, 당뇨병, 심장병 등은 피가 끈적거리고
혈관이 너덜거려서 생기는 질병이다. 이러한 성인병을 치료하려면
식이요법, 생활습관 개선 등을 통해 피를 맑게 해야 한다. 이 책에
서는 피를 맑게 하기 위해 필요한 처방, 생활습관 개선법을 한의학
적 관점에서 상세하게 설명하고 있다. 신국판 / 256쪽 / 10,000원

웰빙형 피부 미인을 만드는 나만의 셀프 피부건강 양해원 지음
모든 사람들이 관심 있어 하는 피부 관리를 집에서 할 수 있게 해
주는 실용서. 집에서 간단하게 만들 수 있는 화장수, 팩 등을 소개
하여 손안의 미용서 역할을 하고 있다. 대국전판 / 144쪽 / 10,000원

내 몸을 살리는 생활 속의 웰빙 항암 식품 이승남 지음
암=사형 선고라는 고정 관념을 깨자는 전제 아래 우리 밥상에서
흔히 볼 수 있는 먹거리로 암을 예방하며 치료하는 방법 소개. 암
환자와 그 가족들에게 희망을 안겨 줄 것이다.
대국전판 / 248쪽 / 9,800원

마음한글, 느낌한글 박완식 지음
훈민정음의 창제원리를 이용한 한글명상, 한글요가, 한글체조로
지금까지의 요가나 명상과는 차원이 다른 더욱 더 효과적인 수련
으로 이제 당신 앞에 새로운 세계가 펼쳐진다.
4×6배판 / 300쪽 / 15,000원

웰빙 동의보감식 발마사지 10분 최미희 지음, 신재용 감수
발이 병나면 몸에도 병이 생긴다. 우리 몸 중에서 가장 천대받으면
서도 가장 많은 일을 하는 발을 새롭게 인식하는 추세에 맞추어 발
을 가꾸어 건강을 지키는 방법 제시. 각 질병별 발마사지 방법, 부
위를 구체적으로 설명하고 있다. 텔레비전을 보면서 하는 15분의
발마사지가 피로를 풀어주고 건강을 지켜줄 것이다.
4×6배판 변형 / 204쪽 / 13,000원

아름다운 몸, 건강한 몸을 위한 목욕 건강 30분 임하성 지음
우리가 흔히 대수롭지 않게 여기고 하는 습관 중에 하나가 목욕일
것이다. 그러나 이제 목욕도 건강과 관련시켜 올바른 방법으로 해
야 한다. 웰빙 시대, 웰빙 라이프에 맞는 올바른 목욕법을 피부 관
리 및 우리들의 생활 패턴에 맞추어 제시해 본다.
대국전판 / 176쪽 / 9,500원

내가 만드는 한방생주스 60 김영섭 지음
일반적인 과일 · 야채 주스에 21가지 한약재로 기본 음료를 만들어
맛과 영양을 고루 갖춘 최초의 웰빙 한방 건강음료 만드는 법 60가
지 수록!! 각 음료마다 만드는 법과 효능을 실어 우리 가족 건강을
지키는 건강지침서의 역할을 한다. 국판 / 112쪽 / 7,000원

교 육

우리 교육의 창조적 백색혁명
원상기 지음 / 신국판 / 206쪽 / 6,000원

현대생활과 체육
조창남 외 5명 공저 / 신국판 / 340쪽 / 10,000원

퍼펙트 MBA
IAE유학네트 지음 / 신국판 / 400쪽 / 12,000원

유학길라잡이 I -미국편
IAE유학네트 지음 / 4×6배판 / 372쪽 / 13,900원

유학길라잡이 II - 4개국편
IAE유학네트 지음 / 4×6배판 / 348쪽 / 13,900원

조기유학길라잡이.com
IAE유학네트 지음 / 4×6배판 / 428쪽 / 15,000원

현대인의 건강생활
박상호 외 5명 공저 / 4×6배판 / 268쪽 / 15,000원

천재아이로 키우는 두뇌훈련
나카마츠 요시로 지음 / 민병수 옮김
머리가 좋은 아이로 키우기 위한 환경 만들기, 식사, 운동 등 연령
별 두뇌 훈련법 소개.　국판 / 288쪽 / 9,500원

두뇌혁명　나카마츠 요시로 지음 / 민병수 옮김
『뇌내혁명』하루야마 시게오의 추천작!! 어른들을 위한 두뇌 개발
서로, 풍요로운 인생을 만들기 위한 '뇌'와 '몸' 자극법 제시.
4×6판 양장본 / 288쪽 / 12,000원

테마별 고사성어로 익히는 한자
김경익 지음 / 4×6배판 변형 / 248쪽 / 9,800원

生생 공부비법　이은승 지음
국내 최초 수학과외 수출의 주인공 이은승이 개발한 자기만의 맞
춤식 공부학습법 소개. 공부도 하는 법을 알면 목표를 달성할 수
있다고 용기를 북돋우어 주는 실전 공부 비법서.
대국전판 / 272쪽 / 9,500원

자녀를 성공시키는 습관만들기　배은경 지음
성공하는 자녀를 꿈꾸는 부모들이 알아야 할 자녀 교육법 소개. 부
모는 자녀 인생의 주연이 아님을 알아야 하며 부모의 좋은 습관,
건전한 생각이 자녀의 성공 인생을 가져온다는 내용을 담은 부모
및 자녀 모두를 위한 자기 계발서.　대국전판 / 232쪽 / 9,500원

취미 · 실용

김진국과 같이 배우는 와인의 세계　김진국 지음
포도주 역사에서 분류, 원료 포도의 종류와 재배, 양조 · 숙성 · 저
장, 시음법, 어울리는 요리와 와인의 유통과 소비, 와인 시장의 현
황과 전망, 와인 판매 요령, 와인의 보관과 재고의 회전, '와인 양
조 비밀의 모든 것'을 동영상으로 담은 CD까지, 와인의 모든 것이
담긴 종합학습서. 국배판 변형양장본(올 컬러판) / 208쪽 / 30,000원

경제 · 경영

CEO가 될 수 있는 성공법칙 101가지
김승룡 편역 / 신국판 / 320쪽 / 9,500원

정보소프트　김승룡 지음 / 신국판 / 324쪽 / 6,000원

기획대사전　다카하시 겐코 지음 / 홍영의 옮김
기획에 관련된 모든 사항을 실례와 도표를 통하여 초보자에서 프
로기획맨에 이르기까지 효율적으로 활용할 수 있도록 체계적으로
총망라하였다.　신국판 / 552쪽 / 19,500원

맨손창업 · 맞춤창업 BEST 74　양혜숙 지음
창업대행 현장 전문가가 추천하는 유망업종을 7가지 주제별로 나
누어 수록한 맞춤창업서로 창업예비자들에게 창업의 길을 밝혀줄
발로 뛰면서 만든 실무 지침서!!　신국판 / 416쪽 / 12,000원

무자본, 무점포 창업! FAX 한 대면 성공한다
다카시로 고시 지음 / 홍영의 옮김 / 신국판 / 226쪽 / 7,500원

성공하는 기업의 인간경영　중소기업 노무 연구회 편저 / 홍영의 옮김
무한경쟁시대에서 각 기업들의 다양한 경영 실태 속에서 인사 · 노
무 관리 개선에 있어서 기업의 효율을 높이고 발전을 이룰 수 있는
원칙을 제시.　신국판 / 368쪽 / 11,000원

21세기 IT가 세계를 지배한다　김광희 지음
21세기 화두로 떠오른 IT혁명의 경쟁력에 대해서 전문가의 논리적
이고 철저한 해설과 더불어 매장 끝까지 실제 사례를 곁들여 설명.
신국판 / 380쪽 / 12,000원

경제기사로 부자아빠 만들기　김기태 · 신현태 · 박근수 공저
날마다 배달되는 경제기사를 꼼꼼히 챙겨보는 사람만이 현대생활
에서 부자가 될 수 있다. 언론인의 현장감각과 학자의 전문성을 접
목시킨 것이 이 책의 특성! 누구나 이 책을 읽고 경제원리를 체득,
경제예측을 할 수 있게 준비된 생활경제서적.
신국판 / 388쪽 / 12,000원

포스트 PC의 주역 정보가전과 무선인터넷　김광희 지음
포스트 PC의 주역으로 급부상하고 있는 정보가전과 무선인터넷 그
리고 이를 구현하기 위한 관련 테크놀러지를 체계적으로 소개.
신국판 / 356쪽 / 12,000원

성공하는 사람들의 마케팅 바이블　채수명 지음
최근의 이론을 보완하여 내놓은 마케팅 관련 실무서. 마케팅의 정

보전략, 핵심요소, 컨설팅실무까지 저자의 노하우와 창의적인 이
론이 결합된 마케팅서.　신국판 / 328쪽 / 12,000원

느린 비즈니스로 돌아가라
사카모토 게이이치 지음 / 정성호 옮김
미국식 스피드 경영에 익숙해져 현실의 오류를 간과하고 있는 사
람들을 위한 어떻게 팔 것인가보다 무엇을 팔 것인가를 설명하는
마케팅 컨설턴트의 대안 제시서!　신국판 / 276쪽 / 9,000원

적은 돈으로 큰돈 벌 수 있는 부동산 재테크　이원재 지음
700만 원으로 부동산 재테크에 뛰어들어 100배 불린 저자가 부동산
재테크를 계획하고 있는 사람들이 반드시 알아두어야 할 내용을
경험담을 담아 해설해 놓은 경제서.　신국판 / 340쪽 / 12,000원

바이오혁명　이주영 지음
21세기 국가간 경쟁부문으로 새로이 떠오르고 있는 바이오혁명에
관한 기초지식을 언론사에 몸담고 있는 현직 기자가 아주 쉽게 해
설해 놓은 바이오 가이드서. 바이오 관련 용어 해설 수록.
신국판 / 328쪽 / 12,000원

성공하는 사람들의 자기혁신 경영기술　채수명 지음
자기 계발을 통한 신지식 자기경영마인드를 갖추어야 한다는 전제
아래 그 방법을 자세하게 알려주는 자기계발 지침서.
신국판 / 344쪽 / 12,000원

CFO　교텐 토요오 · 타하라 오키시 지음 / 민병수 옮김
일반인들에게 생소한 용어인 CFO, 즉 최고 재무책임자의 역할이
지금까지와는 완전히 달라져야 한다. 기업을 이끌어가는 새로운
키잡이로서의 CFO의 역할, 위상 등을 일본의 기업을 중심으로 하
여 알아보고 바람직한 방향을 제시한다.　신국판 / 312쪽 / 12,000원

네트워크시대 네트워크마케팅　임동학 지음
학력, 사회적 지위 등에 관계 없이 자신이 노력한 만큼 돈을 벌 수
있는 네트워크마케팅에 관해 알려주는 안내서.
신국판 / 376쪽 / 12,000원

성공리더의 7가지 조건
다이앤 트레이시 · 윌리엄 모건 지음 / 지창영 옮김
개인과 팀, 조직관계의 개선을 위한 방향제시 및 실천을 위한 안내
자 역할을 해주는 책. 현장에서 활용할 수 있는 실용서.
신국판 / 360쪽 / 13,000원

김종결의 성공창업　김종결 지음
누구나 창업을 할 수는 있지만 아무나 돈을 버는 것은 아니다라는
전제 아래 중견 연기자로서, 음식점 사장님으로 성공한 탤런트 김
종결의 성공비결을 통해 창업전략과 성공전략을 제시한다.
신국판 / 340쪽 / 12,000원

최적의 타이밍에 내 집 마련하는 기술　이원재 지음
부동산을 통한 재테크의 첫걸음 '내 집 마련'의 결정판. 체계적이
고 한눈에 쏙 들어 오는 '내 집 장만 과정'을 쉽게 풀어놓은 부동
산재테크서.　신국판 / 248쪽 / 10,500원

컨설팅 세일즈 *Consulting sales*　임동학 지음
발로 뛰는 영업이 아니라 머리로 하는 영업이 절실히 요구되는 시
대 상황에 맞추어 고객지향의 세일즈, 과제해결 세일즈, 구매자와
공급자 간에 서로 만족하는 세일즈법 제시.
대국전판 / 336쪽 / 13,000원

연봉 10억 만들기　김농주 지음
연봉으로 말해지는 임금을 재테크 하여 부자가 될 수 있는 방법 제
시. 고액의 연봉을 받기 위해서 개인이 갖추어야 할 실무적 능력,
태도, 마음가짐, 재테크 수단 등을 각 주제에 따라 구체적으로 제
시함으로써 부자를 꿈꾸는 사람들이 그 희망을 이룰 수 있게 해준
다. 국판 / 216쪽 / 10,000원

주5일제 근무에 따른 한국형 주말창업　최효진 지음
우리나라 실정에 맞는 주말창업 아이템의 제시 및 창업시 필요한
정보를 얻을 수 있는 곳, 주의해야 할 점, 실전 인터넷 쇼핑몰 창
업, 표준사업계획서 등을 수록하여 지금 당장이라도 내 사업을 할
수 있게 해주는 창업 길라잡이서.
신국판 변형 양장본 / 216쪽 / 10,000원

돈 되는 땅 돈 안되는 땅　김영준 지음
부동산 틈새시장에서 성공하는 투자 노하우를 신행정수도 예정지
및 고속철도 역세권 등 투자 유망지역을 중심으로 완벽하게 수록
해 놓은 부동산 재테크서.　신국판 / 300쪽 / 13,000원

돈 버는 회사로 만들 수 있는 109가지
다카하시 도시노리 지음 / 민병수 옮김
회사경영에서 경영자가 꼭 알아야 할 기본 사항 수록. 내용이 항목
별로 정리되어 있어 원하는 자료를 바로 찾아 볼 수 있는 것이 최

대의 장점. 이 책을 통해서 불필요한 군살을 빼고 강한 근육질을 가진 돈 버는 회사를 만들어 보자. 신국판 / 344쪽 / 13,000원

프로는 디테일에 강하다 김미현 지음
탄탄하게 자리를 잡은 15군데 중소기업의 여성 CEO들이 회사를 운영하면서 겪은 어려움, 기쁨 등을 자서전 형식을 빌어 솔직 담백하게 얘기했다. 예비 창업자들을 위한 조언, 경영 철학, 성공 요인도 담고 있어 창업을 준비하는 사람들에게 도움이 될 것이다.
신국판 / 248쪽 / 9,000원

머니투데이 송복규 기자의 부동산으로 주머니돈 100배 만들기 송복규 지음
재테크 수단으로 새롭게 각광 받고 있는 부동산을 이용한 재산 증식 방법 수록. 부동산 재료별 특성에 따른 맞춤 투자전략을 제시하고 알아두면 편리한 부동산 상식도 알려준다. 현직 전문 기자의 예리한 분석과 최신 정보가 담겨 있는 부동산재테크 가이드서.
신국판 / 328쪽 / 13,000원

주 식

개미군단 대박맞이 주식투자
홍성걸(한양증권 투자분석팀 팀장) 지음
초보에서 인터넷을 활용한 주식투자까지 필자의 현장에서의 경험을 바탕으로 한 주식 성공전략의 모든 정보 수록.
신국판 / 310쪽 / 9,500원

알고 하자! 돈 되는 주식투자 이길영 외 2명 공저
일본과 미국의 주식시장을 철저한 분석과 데이터화를 통해 한국 주식시장의 투자의 흐름을 파악함으로써 한국 주식시장에서의 확실한 성공전략 제시!! 신국판 / 388쪽 / 12,500원

항상 당하기만 하는 개미들의 매도 · 매수타이밍 999% 적중 노하우
강경무 지음
승부사를 꿈꾸며 와신상담하는 모든 이들에게 희망의 등불이 될 것을 확신하는 Jusicman이 주식시장에서 돈벌고 성공할 수 있는 비결 전격공개!! 신국판 / 336쪽 / 12,000원

부자 만들기 주식성공클리닉 이창희 지음
저자의 경험담을 섞어서 주식이란 무엇인가를 풀어서 써놓은 주식 입문서. 초보자와 자신을 성찰해볼 기회를 가지려는 기존의 투자자를 위해 태어났다. 신국판 / 372쪽 / 11,500원

선물 · 옵션 이론과 실전매매 이창희 지음
선물과 옵션시장에서 일반인들이 실패하는 원인을 분석하고, 반드시 지켜야 할 투자원칙에 따라 유형별로 실전 매매 테크닉을 터득함으로써 투자를 성공적으로 할 수 있게 한 지침서!!
신국판 / 372쪽 / 12,000원

너무나 쉬워 재미있는 주가차트 홍성무 지음
주식시장에서는 차트 분석을 통해 주가를 예측하는 투자자만이 주식투자에서 성공하므로 차트에서 급소를 신속, 정확하게 뽑아내 매매타이밍을 잡는 방법을 알려주는 주식투자 지침서.
4×6배판 / 216쪽 / 15,000원

역 학

역리종합 만세력 중도명 편저 / 신국판 532쪽 / 10,500원

작명대전 정보국 지음 / 신국판 / 460쪽 / 12,000원

하락이수 해설 이천교 편저 / 신국판 / 620쪽 / 27,000원

현대인의 창조적 관상과 수상
백운산 지음 / 신국판 / 344쪽 / 9,000원

대운용신영부적 정재원 지음 / 신국판 양장본 / 750쪽 / 39,000원

사주비결활용법 이세진 지음 / 신국판 / 392쪽 / 12,000원

컴퓨터세대를 위한 新 성명학대전
박용찬 지음 / 신국판 / 388쪽 / 11,000원

길흉화복 꿈풀이 비법 백운산 지음 / 신국판 / 410쪽 / 12,000원

새천년 작명컨설팅 정재원 지음 / 신국판 / 470쪽 / 13,000원

백운산의 신세대 궁합 백운산 지음 / 신국판 / 304쪽 / 9,500원

동자삼 작명학 남시모 지음 / 신국판 / 496쪽 / 15,000원

구성학의 기초 문길여 지음 / 신국판 / 412쪽 / 12,000원

법률 일반

여성을 위한 성범죄 법률상식 조명원(변호사) 지음
성희롱에서 성폭력범죄까지 여성이었기 때문에 특히 말 못하고 당해야만 했던 이 땅의 여성들을 위한 성범죄 법률상식서. 사례별 법적 대응방법 제시. 신국판 / 248쪽 / 8,000원

아파트 난방비 75% 절감방법 고영근 지음
예비역 공군소장이 잘못 부과된 아파트 난방비를 최고 75%까지 줄일 수 있는 방법을 구체적인 법적 근거를 토대로 작성한 아파트 난방비 절감방법 제시. 신국판 / 238쪽 / 8,000원

일반인이 꼭 알아야 할 절세전략 173선 최성호(공인회계사) 지음
세법을 제대로 알면 돈이 보인다. 현직 공인중계사가 알려주는 합법적으로 세금을 덜 내고 돈을 버는 절세전략의 모든 것!
신국판 / 392쪽 / 12,000원

변호사와 함께하는 부동산 경매 최환주(변호사) 지음
새 상가건물임대차보호법에 따른 권리분석과 채무자나 세입자의 권리방어기법은 제시한다. 또한 새 민사집행법에 따른 각 사례별 해설도 수록. 신국판 / 404쪽 / 13,000원

혼자서 쉽고 빠르게 할 수 있는 소액재판 김재용 · 김종철 공저
나홀로 소액재판을 할 수 있도록 소장작성에서 판결까지의 실제 재판과정을 상세하게 수록하여 이 책 한 권이면 모든 것을 완벽하게 해결할 수 있다. 신국판 / 312쪽 / 9,500원

"술 한 잔 사겠다"는 말에서 찾아보는 채권 · 채무 변환철(변호사) 지음
일반인들이 꼭 알아야 할 채권 · 채무에 관한 법률 사항을 빠짐없이 수록. 신국판 / 408쪽 / 13,000원

알기쉬운 부동산 세무 길라잡이 이건우(세무서 재산계장) 지음
부동산에 관련된 모든 세금을 알기 쉽게 단계별로 해설. 합리적이고 탈세가 아닌 적법한 절세방법 제시. 신국판 / 400쪽 / 13,000원

알기쉬운 어음, 수표 길라잡이 변환철(변호사) 지음
어음, 수표의 발행에서부터 도난 또는 분실한 경우의 공시최고와 제권판결에 이르기까지 어음, 수표 관련 법률사항을 쉽고도 상세하게 압축해 놓은 생활법률서. 신국판 / 328쪽 / 11,000원

제조물책임법 강동근(변호사) · 윤종성(검사) 공저
제품의 설계, 제조, 표시상의 결함으로 소비자가 피해를 입었을 때 제조업자가 배상책임을 져야 하는 제조물책임 시대를 맞아 제조업자가 갖춰야 할 법률적 지식을 조목조목 설명해 놓은 법률서.
신국판 / 368쪽 / 13,000원

알기 쉬운 주5일근무에 따른 임금 · 연봉제 실무
문강분(공인노무사) 지음
최근의 행정해석과 판례를 중심으로 임금관련 문제를 정리하고 기업에서 관심이 많은 연봉제 및 성과배분제, 비정규직문제, 여성근로자문제 등의 이슈들과 주40시간제 법개정, 퇴직연금제 도입 등 최근의 법 · 시행령 개정사항을 모두 수록한 임금 · 연봉제실무 지침서. 4×6배판 변형 / 544쪽 / 35,000원

변호사 없이 당당히 이길 수 있는 형사소송 김대환 지음
우리 생활과 함께 숨쉬는 형사법 서식을 구체적인 사례와 함께 소개. 내 손으로 간결하고 명확한 고소장 · 항소장 · 상고장 등 형사소송서식을 작성할 수 있다. 형사소송 관련 서식 CD 수록.
신국판 / 304쪽 / 13,000원

변호사 없이 당당히 이길 수 있는 민사소송 김대환 지음
민사, 호적과 가사를 포함한 생활과 밀접한 관련이 있는 생활법률 전반을 보통 사람들이 가장 궁금해하는 내용을 위주로 하여 사례를 들어가며 아주 쉽게 풀어놓은 민사 실무서.
신국판 / 412쪽 / 14,500원

혼자서 해결할 수 있는 교통사고 Q&A 조명원(변호사) 지음
현실에서 본인이 아무리 원하지 않더라도 운명처럼 누구에게나 닥칠 수 있는 교통사고 문제를 사례, 각급 법원의 주요 판례와 함께 정리하여 일반인들도 쉽게 이해할 수 있도록 내용 구성.
신국판 / 336쪽 / 12,000원

생활법률

부동산 생활법률의 기본지식 대한법률연구회 지음 / 김원중(변호사) 감수 / 신국판 / 480쪽 / 12,000원

고소장 · 내용증명 생활법률의 기본지식
하태웅(변호사) 지음 / 신국판 / 440쪽 / 12,000원

노동 관련 생활법률의 기본지식
남동희(공인노무사) 지음 / 신국판 / 528쪽 / 14,000원

외국인 근로자 생활법률의 기본지식
남동희(공인노무사) 지음 / 신국판 / 400쪽 / 12,000원

계약작성 생활법률의 기본지식
이상도(변호사) 지음 / 신국판 / 560쪽 / 14,500원

지적재산 생활법률의 기본지식
이상도(변호사) · 조의제(변리사) 공저 / 신국판 / 496쪽 / 14,000원

부당노동행위와 부당해고 생활법률의 기본지식
박영수(공인노무사) 지음 / 신국판 / 432쪽 / 14,000원

주택 · 상가임대차 생활법률의 기본지식
김운용(변호사) 지음 / 신국판 / 480쪽 / 14,000원

하도급거래 생활법률의 기본지식
김진흥(변호사) 지음 / 신국판 / 440쪽 / 14,000원

이혼소송과 재산분할 생활법률의 기본지식
박동섭(변호사) 지음 / 신국판 / 460쪽 / 14,000원

부동산등기 생활법률의 기본지식
정상태(법무사) 지음 / 신국판 / 456쪽 / 14,000원

기업경영 생활법률의 기본지식
안동섭(단국대 교수) 지음 / 신국판 / 466쪽 / 14,000원

교통사고 생활법률의 기본지식
박정무(변호사) · 전병찬 공저 / 신국판 / 480쪽 / 14,000원

소송서식 생활법률의 기본지식
김대환 지음 / 신국판 / 480쪽 / 14,000원

호적 · 가사소송 생활법률의 기본지식
정주수(법무사) 지음 / 신국판 / 516쪽 / 14,000원

상속과 세금 생활법률의 기본지식
박동섭(변호사) 지음 / 신국판 / 480쪽 / 14,000원

담보 · 보증 생활법률의 기본지식
류창호(법학박사) 지음 / 신국판 / 436쪽 / 14,000원

소비자보호 생활법률의 기본지식
김성천(법학박사) 지음 / 신국판 / 504쪽 / 15,000원

판결 · 공정증서 생활법률의 기본지식
정상태(법무사) 지음 / 신국판 / 312쪽 / 13,000원

처 세

성공적인 삶을 추구하는 여성들에게 우먼파워
조안 커너 · 모이라 레이너 공저 / 지창영 옮김
사회의 여성을 향한 냉대와 편견의 벽을 깨뜨리고 성공적인 삶을
이루려는 여성들이 갖추어야 할 자세 및 삶의 이정표 제시!!
신국판 / 352쪽 / 8,800원

聽 이익이 되는 말 話 손해가 되는 말
우메시마 미요 지음 / 정성호 옮김
직장이나 집안에서 언제나 주고받는 일상의 화제를 모아 실음으로
써 대화의 참의미를 깨닫고 비즈니스를 성공적으로 이끌기 위한
대화술을 키우는 방법 제시!! 신국판 / 304쪽 / 9,000원

성공하는 사람들의 화술테크닉 민영욱 지음
개인간의 사적인 대화에서부터 대중을 위한 공적인 강연에 이르기
까지 어떻게 말하고 어떻게 스피치를 할 것인가에 관한 지침서.
신국판 / 320쪽 / 9,500원

부자들의 생활습관 가난한 사람들의 생활습관
다케우치 야스오 지음 / 홍영의 옮김
경제학의 발상을 기본으로 하여 사람들이 살아가면서 생활에서 생
각해 볼 수 있는 이익을 보는 생활습관과 손해를 보는 생활습관을
수록, 독자 자신에게 맞는 생활습관의 기본 전략을 설계할 수 있도
록 제시. 신국판 / 320쪽 / 9,800원

코끼리 귀를 당긴 원숭이-히딩크식 창의력을 배우자
강충인 지음
코끼리와 원숭이의 우화를 히딩크의 창조적 경영기법과 리더십에
대비하여 자기혁신, 기업혁신을 꾀하는 창의력 개발법을 제시.
신국판 / 208쪽 / 8,500원

성공하려면 유머와 위트로 무장하라 민영욱 지음
21세기에 들어 새로운 추세를 형성하고 있는 말 잘하기. 이러한 추
세에 맞추어 현재 스피치 강사로 활약하고 있는 저자가 말을 잘하
는 방법과 유머와 위트를 만들고 즐기는 방법을 제시한다.
신국판 / 292쪽 / 9,500원

등소평의 오뚝이전략 조창남 편저
중국 역사상 정치 · 경제 · 학문 등의 분야에서 최고 위치에 오른
리더들의 인재활용, 상황 극복법 등 처세 전략 · 전술을 통해 이 시
대의 성공인으로 자리매김하는 해법 제시. 신국판 / 304쪽 / 9,500원

노무현 화술과 화법을 통한 이미지 변화 이현정 지음
현재 불교방송에서 활동하고 있는 이현정 아나운서의 화술 길라잡
이서. 노무현 대통령의 독특한 화술과 화법을 통해 리더로서, 성공
인으로서 갖추어야 할 화술 화법을 배우는 화술 실용서.
신국판 / 320쪽 / 10,000원

성공하는 사람들의 토론의 법칙 민영욱 지음
다양한 사람들의 다양한 욕구를 하나로 응집시키는 수단으로 등장
하고 있는 토론에 관해 간단하고 쉽게 제시한 토론 길라잡이서.
신국판 / 280쪽 / 9,500원

사람은 칭찬을 먹고산다 민영욱 지음
현대에서 성공하는 사람으로 남기 위해서는 남을 칭찬할 줄도 알
아야 한다. 성공하는 사람이 되기 위해서 알아야 할 칭찬 스피치의
기법, 특징 등을 실생활에 적용해 설명해놓은 성공처세 지침서.
신국판 / 268쪽 / 9,500원

사과의 기술 김농주 지음
미안하다는 말에 인색한 한국인들에게 "I' sorry."가 성공을 위한
처세 기법으로 다가온다. 직장, 가정 등 다양한 환경에서 사과 한
마디의 의미, 기능을 알아보고 효율성을 가진 사과가 되기 위해 갖
추어야 할 조건을 제시한다. 신국판 변형 양장본 / 200쪽 / 10,000원

취업 경쟁력을 높여라 김농주 지음
각 기업별 특성 및 취업 정보 분석과 예비 취업자의 능력 개발, 자
신의 적성에 맞는 직종과 직장을 잡는 법을 상세하게 수록.
신국판 / 280쪽 / 12,000원

명 상

명상으로 얻는 깨달음 달라이 라마 지음 / 지창영 옮김
티베트의 정신적 지도자이자 실질적 지도자인 달라이 라마의 수많
은 가르침 가운데 현대인에게 필요해지고 있는 인내에 대한 이야
기. 국판 / 320쪽 / 9,000원

어 학

2진법 영어 이상도 지음
2진법 영어의 비결을 통해서 기존 영어학습 방법의 단점을 말끔히
해소시켜 주는 최초로 공개되는 고효율 영어학습 방법. 적은 시간
을 투자하여 영어의 모든 것을 획기적으로 향상시킬 수 있는 비법
을 제시한다. 4×6배판 변형 / 328쪽 / 13,000원

한 방으로 끝내는 영어 고제윤 지음
일상생활에서의 이야기를 바탕으로 하는 영어강의로 영어문법은
재미없고 지루하다고 생각하는 이 땅의 모든 사람들의 상식을 깨
면서 학습 효과를 높이기 위한 공부방법을 제시하는 새로운 영어
학습서. 신국판 / 316쪽 / 9,800원

한 방으로 끝내는 영단어 김승엽 지음 / 김수경 · 카렌다 감수
일상생활에서 우리가 무심코 던지는 영어 한마디가 당신의 영어수
준을 드러낸다는 사실을 깨닫게 하는 영어 실용서. 풍부한 예문을
통해 참영어를 배우겠다는 사람, 무역이나 관광 안내업에 종사
하는 사람, 영어권 나라로 이민을 가려는 사람들에게 많은 도움을
줄 것이다. 4×6배판 변형 / 236쪽 / 9,800원

해도해도 안 되던 영어회화 하루에 30분씩 90일이면 끝낸다
Carrot Korea 편집부 지음
온라인과 오프라인을 넘나들면서 영어학습자들의 각광을 받고 있
는 린다의 현지 생활 영어 수록. 교과서에서 배울 수 없었던 생생
한 실생활 영어를 90일 학습으로 모두 끝낼 수 있다.
4×6배판 변형 / 260쪽 / 11,000원

바로 활용할 수 있는 기초생활영어 김수경 지음
다양한 상황에 대처할 수 있도록 인사나 감정 표현, 전화나 교통,
장소 및 기타 여러 사항에 관한 기초생활영어를 총망라.
신국판 / 240쪽 / 10,000원

바로 활용할 수 있는 비즈니스영어 김수경 지음
해외 출장시, 외국의 바이어 접견시 기본적으로 사용할 수 있는 상황별 센텐스를 수록하여 해외 출장 준비 및 외국 바이어 접견을 완벽하게 끝낼 수 있게 했다. 신국판 / 252쪽 / 10,000원

생존영어55 홍일록 지음
살아 있는 영어를 익힐 수 있는 기회 제공. 반드시 알아야 할 핵심 센텐스를 저자가 미국 현지에서 겪었던 황당한 사건들과 함께 수록, 재미도 느낄 수 있다. 신국판 / 224쪽 / 8,500원

필수 여행영어회화 한현숙 지음
해외로 여행을 갔을 때 원어민에게 바로 통할 수 있는 발음 수록. 자신 있고 당당한 자기 표현으로 즐거운 여행을 할 수 있도록 손안의 가이드 역할을 해줄 것이다. 4×6판 변형 / 328쪽 / 7,000원

필수 여행일어회화 윤영자 지음
가깝고도 먼 나라라고 흔히 말해지는 일본을 제대로 알기 위해 노력하는 사람들에게 손안의 가이드 역할을 하는 실전 일어회화집. 일어 초보자들을 위한 한글 발음 표기 및 필수 단어 수록.
4×6판 변형 / 264쪽 / 6,500원

필수 여행중국어회화 이은진 지음
중국에서의 생활이나 여행에 꼭 필요한 상황별 회화, 반드시 알아야 할 1500여 개의 단어에 한자병음과 우리말 표기를 원음에 가깝게 달아 놓았으므로 든든한 도우미가 되어 줄 것이다.
4×6판 변형 / 256쪽 / 7,000원

영어로 배우는 중국어 김승엽 지음
중국으로 여행을 가거나 출장을 가는 사람들이 알아두어야 할 기초 생활 회화와 여행 회화를 영어, 중국어 동시에 익힐 수 있게 내용을 구성. 신국판 / 216쪽 / 9,000원

필수 여행스페인어회화 유연창 지음
은행, 병원, 교통 수단 이용하기 등 외국에서 직접적으로 맞닥뜨리게 되는 상황을 설정하여 바로바로 도움을 받을 수 있게 간단한 회화를 한글 발음 표기와 같이 수록하여 손안의 도우미 역할을 해줄 것이다. 4×6판 변형 / 288쪽 / 7,000원

바로 활용할 수 있는 홈스테이 영어 김형주 지음
일반 가정생활, 학교생활에서 꼭 알아야 할 상황별 회화 · 문법 · 단어를 수록, 유학생활 동안 원어민 가족과 살면서 영어를 좀더 쉽게 배울 수 있도록 알려주는 안내서. 신국판 / 184쪽 / 9,000원

레포츠

수열이의 브라질 축구 탐방 삼바 축구, 그들은 강하다 이수열 지음
축구에 대한 관심만으로 각 나라의 축구팀, 특히 브라질 축구팀에 애정을 가지고 브라질 축구팀의 전력 및 각 선수들의 장단점을 나름대로 분석하고 연구하여 자신의 의견을 피력하고 있는 축구 길라잡이서. 신국판 / 280쪽 / 8,500원

마라톤, 그 아름다운 도전을 향하여 빌 로저스 · 프리실라 웰치 · 조 헨더슨 공저 / 오인환 감수 / 지창영 옮김
마라톤에 입문하고자 하는 초보 주자들을 위한 마라톤 가이드서. 올바르게 달리는 법, 음식 조절법, 달리기 전 준비운동, 주자에게 맞는 프로그램 짜기, 부상 예방법을 상세하게 설명하고 있다.
4×6배판 / 320쪽 / 15,000원

퍼팅 메커닉 이근택 지음
감각에 의존하는 기존 방식의 퍼팅은 이제 그만!!
저자 특유의 과학적 이론을 신체근육 운동학에 접목시켜 몸의 무리를 최소한으로 덜고 최대한의 정확성과 거리감을 갖게 하는 새로운 퍼팅 메커닉 북. 4×6배판 변형 / 192쪽 / 18,000원

아마골프 가이드 정영호 지음
골프를 처음 시작하는 모든 아마추어 골퍼를 위해 보다 쉽고 빠르게 이해할 수 있도록 내용이 구성된 아마골프 레슨 프로그램서.
4×6배판 변형 / 216쪽 / 12,000원

인라인스케이팅 100%즐기기 임미숙 지음
레저 문화에 새로운 강자로 자리매김하고 있는 인라인 스케이팅을 안전하고 재미있게 즐길 수 있도록 알려주는 인라인 스케이팅 지침서. 각단계별 동작을 한눈에 알아볼 수 있도록 세부 동작별 일러스트 수록. 4×6배판 변형 / 172쪽 / 11,000원

배스낚시 테크닉 이종건 지음
현재 한국배스스쿨에서 강사로 활약하고 있는 아마추어 배스 낚시꾼이 중급 수준의 배스 낚시꾼들이 자신의 실력을 한 단계 업그레이드 시킬 수 있도록 루어의 활용, 응용법 등을 상세하게 해설.

4×6배판 / 440쪽 / 20,000원

나도 디지털 전문가 될 수 있다!!! 이승훈 지음
깜찍한 디자인과 간편하게 휴대할 수 있다는 장점 때문에 새로운 생활필수품으로 자리를 잡아가고 있는 디카 · 디캠을 짧은 시간 안에 쉽게 배울 수 있도록 해놓은 초보자를 위한 디카 · 디캠길라잡이서. 4×6배판 / 320쪽 / 19,200원

스키 100% 즐기기 김동환 지음
스키 인구의 확산 추세에 따라 스키의 기초 이론 및 기본 동작부터 상급의 기술까지 단계별 동작을 전문가의 동작사진을 곁들여 내용 구성. 4×6배판 변형 / 184쪽 / 12,000원

태권도 총론 하웅의 지음
우리의 국기 태권도에 관한 실용 이론서. 지도자가 알아야 할 사항, 태권도장 운영이론, 응급처치법 및 태권도 경기규칙 등 필수 내용만 수록. 4×6배판 / 288쪽 / 15,000원

건강하고 아름다운 동양란 기르기 난마을 지음
동양란 재배의 첫걸음부터 전시회 출품까지 동양란의 모든 것 수록. 동양란의 구조 · 특징 · 종류 · 감상법, 꽃대 관리 · 꽃 피우기 · 발색 요령 등 건강하고 아름다운 동양란 만들기로 구성.
4×6배판 변형 / 184쪽 / 12,000원

수영 100% 즐기기 김종만 지음
물 적응하기부터 수영용품, 수영과 건강, 응용수영 및 고급 수영기술에 이르기까지 주옥 같은 수중촬영 연속사진으로 자세히 설명해주는 수영기법 Q&A. 4×6배판 변형 / 248쪽 / 13,000원

애완견114 황양원 엮음
애완견 길들이기, 애완견의 먹거리, 멋진 애완견 만들기, 애완견의 질병 예방과 건강, 애완견의 임신과 출산, 애완견에 대한 기타 관리 등 애완견을 기를 때 반드시 알아야 할 내용 수록.
4×6배판 변형 / 228쪽 / 13,000원

건강을 위한 웰빙 걷기 이강옥 지음
건강 운동으로서 많은 사람들의 관심을 모으고 있는 걷기운동을 상세하게 설명. 걷기시 필요한 장비, 올바른 걷기 자세를 설명하고 고혈압 · 당뇨병 · 비만증 · 골다공증 등 성인병과 관련해 걷기운동을 했을 때 얻을 수 있는 효과를 수록하여 성인병을 예방하고 치료할 수 있도록 하였다. 대국전판 / 280쪽 / 10,000원

우리 땅 우리 문화가 살아 숨쉬는 옛터 이형권 지음
우리나라에서 가장 가보고 싶은 역사의 현장 19곳을 선정, 그 터에 어린 조상의 숨결과 역사적 증언을 만날 수 있는 시간 제공. 맛있는 집, 찾아가는 길, 꼭 가봐야 할 유적지 등 핵심 내용 선별 수록.
대국전판 올컬러 / 208쪽 / 9,500원

아름다운 산사 이형권 지음
우리나라의 대표적인 산사를 찾아 계절 따라 산사가 주는 이미지, 산사가 안고 있는 역사적 의미를 되새겨 본다. 동시에 산사를 찾음으로써 생활에 찌든 현대인들이 삶의 활력을 되찾는 시간을 갖게 한다. 대국전판 올컬러 / 208쪽 / 9,500원

골프 100타 깨기 김준모 지음
읽고 따라 하기만 해도 100타를 깰 수 있는 골프의 전략 · 전술의 비법 공개. 뛰어난 골프 실력은 올바른 그립과 어드레스에서 비롯됨을 강조한 초보자를 위한 실전 골프 지침서.
4×6배판 변형 / 136쪽 / 10,000원

쉽고 즐겁게! 신나게! 배우는 재즈댄스 최재선 지음
몸치인 사람도 쉽게 따라 하고 배우는 재즈댄스 안내서. 이 책에 실려 있는 기본 동작을 익혀 재즈댄스를 하면 생활 속의 긴장과 스트레스를 털어버리고 활력을 되찾을 수 있으며, 다이어트 효과도 얻을 수 있다. 4×6배판 변형 / 200쪽 / 12,000원

맛과 멋이 있는 낭만의 카페 박성찬 지음
가족끼리, 연인끼리 추억을 만들고 행복한 시간을 보낼 수 있는 서울 근교의 카페를 엄선하여 소개. 카페에 대한 인상 및 기본 정보, 인근 볼거리 등도 함께 수록하여 손안의 인터넷 정보서가 될 수 있게 했다. 대국전판 올컬러 / 168쪽 / 9,900원

머니투데이 송복규 기자의

부동산으로 주머니돈 100배 만들기

2004년 10월 30일 제1판 1쇄 발행

지은이/송복규
펴낸이/강선희
펴낸곳/가림출판사

등록/1992. 10. 6. 제4-191호
주소/서울시 광진구 구의동 57-71 부원빌딩 4층
대표전화/458-6451   팩스/458-6450
홈페이지 http://www.galim.co.kr
e-mail galim@galim.co.kr

값 . 13,000원

ISBN 89-7895-182-1 13320